入門
地方財政論

浅羽隆史
Takashi Asaba

同友館

はしがき

　地方財政とは、地方公共団体が支出を行うことや、財源を調達するといった経済行為のすべてを指すものである。そして、地方財政論では、そうした経済行為を分析し、地方財政の構造や問題点、あり方などを考察する。地方財政論は、英語でLocal Public Financeと称するように、まず貨幣の流れ（Finance）に着目する。それを一会計年度に集約したものが、予算及び決算である。地方公共団体の貨幣の流れを理解するためには、予算及び決算の内容を把握するとともに、それを支える諸制度を知ることも重要である。とくに地方財政の特徴のひとつに、国から地方への移転財源制度の複雑さがあげられる。日本の地方税と地方交付税の関係など、資金の流れだけを追っていては、その本質を理解できない可能性がある。

　地方財政論は、より広い概念として捉えられることが多い財政学の一部として取り扱うことも可能である。しかし、地方財政論を財政学の地方公共団体限定版と考えれば良い、というものではない。日本のような単一制国家であれば、一定の自治は保障されるものの、地方公共団体が国家の主権と同様のものを有する訳ではない。連邦制国家においても、州を含めず純粋に地方公共団体ということであれば、主権は持たない。そうすると、課税権や立法権はある程度制限されることになる。ナショナル・ミニマムあるいはナショナル・スタンダードを国が定め、それを地方公共団体が実施することもある。こうした様々な制約のもとで、地方公共団体は住民などに対して行政サービスを提供し、その財源を調達している。こうした国との関係や、地方自治の内容を理解することも、地方財政論において求められる。

　また、地方財政を学ぶ際、数あるポイントのひとつに、個別の地方公共団体の財政と全体としての地方財政の問題がある。言うまでもなく、実際に住民などが行政サービスの提供を受け、また議会などを通じて予算の中身などを議論するのは、個別の地方公共団体である。しかし、地方財政全体の実態や制度を把握することは、個別の地方公共団体の姿を知るうえでもとても重要である。

例えば日本において、国から地方への最大の移転財源である地方交付税の総額は、翌年度の地方財政全体を示す地方財政計画で決まる。各地方公共団体へは、総額が決まった後に配分額が決められる。また、地方財政全体で統一的に用いられている諸制度と、各地方公共団体独自の仕組みが混在している。複眼的なアプローチの必要性は、地方財政論の特徴のひとつである。さらに、地方財政においては、地方公共団体の複層制の存在も忘れてはならない。日本について言えば、基礎的自治体としての市町村と広域的自治体の都道府県が存在し、相互に影響を与えている。住民などへの行政サービスにかかった費用を知るには、都道府県と市町村の間の資金のやりとりがあるので、単純合計では把握できず、重複分を除いてやらなければならない。

　日本の地方財政を取り巻く環境は、これまでになく厳しいものになっている。国は巨額の財政赤字に直面しており、地方への移転財源を増やすことができないばかりか、圧縮傾向にある。他の主要国と比較すれば、必ずしも税負担が重いとは言えないものの、簡単に増税ができる環境でないことは明らかである。一方、高齢化に伴い、支出の膨張圧力は続いている。現在では価値観の多様化を背景として、街づくりなど地域ごとに地方公共団体が提供する行政サービスの内容を考えることができるようにする地方分権は、必要不可欠である。しかし、地方分権も十分な財源が伴わなければ、地方財政を逼迫させる要因となる。住民の地方公共団体への目も厳しくなっており、行政の効率化や透明化などが常に求められるようになり、例えば公務員定員の削減や人件費の圧縮、外部委託の推進などが進められている。

　この他にも、日本の地方財政には、多くの課題や問題が山積している。厳しい財政再建、地方債残高の累増、地方交付税に関連した巨額の債務、国と地方の役割分担をどうすべきか、財源の分権をどう進めるか、など挙げていけば切りがないだろう。様々な課題に直面した際、まずは諸外国の類似した例を探すというのも、解決法を見出すひとつの方策であろう。しかし、地方財政には国際的に見た標準形が存在しないという特徴があり、諸外国の制度を日本流に多少アレンジすれば事が足りるという訳にはいかない。

はしがき

　地方財政論は、経済学の一部として取り扱われることが多いものの、その中身は社会学、政治学、法学などの要素を併せ持つ学際的な学問である。本書は、マクロ経済学やミクロ経済学の履修を前提としない内容となっている。財政学についても、事前に勉強すると地方財政論の理解が早いことは確かだが、それを必要としない内容である。題名通り、入門書として、読者が仕組みや内容、果たしている役割など、地方財政に関する基本的な考え方を理解でき、必要な知識を身に付けることができるようになることを第一の目的としている。基礎が身に付けば、発展や応用に進むことは努力次第でいくらでも可能になるだろう。また、それぞれ自分なりの意見をもち、それに基づいた投票行動などによって、地域社会を動かすことができるようになることも期待できる。

　より深い研究を志す者には、その端緒を与えるべく、様々な問題点や課題を紹介している。また、諸制度や動向については日本の地方財政を念頭に置いているが、その特徴を浮き彫りにするためにも、海外の主要国の制度や実態を必要に応じて紹介している。さらに、普遍的な理論や歴史的背景など、幅広い知識を提供するように心掛けている。

　地方財政論において学ぶべきことの中心は、税などを財源として独立採算や収益性を念頭におかない普通会計（個別の地方公共団体の財政では一般会計と特別会計の一部）である。しかし、地方公共団体の役割には、上下水道や公立病院など独立採算を原則としている公営企業の設置や運営もある。地方公共団体が運営する公営企業は、我々の生活と密接に関わるものが多く、また普通会計から事実上の補てんがなされているケースも多い。そのため、本書では公営企業にもふれることにする。

　本書では、最新の統計を用い最新の制度を取り扱っているものの、地方財政は常に変化にさらされている。予算や決算をはじめ統計が毎年度新しくなるのはもちろん、制度変更もしばしば行われている。その変化をきちんと理解することも、地方財政論を勉強することの一部と言えるかもしれない。常に最新の情報を取り入れるように、心掛けていただきたい。

目次

はしがき …………………………………………………………………… Ⅰ

第1章　地方自治と地方制度 ………………………………………… 1
　1　地方自治の意義　1　　2　地方制度　5　　3　地方公共団体の統治の仕組み　10

第2章　地方行政と地方分権 ………………………………………… 21
　1　地方公共財　21　　2　地方公共財の最適供給理論　24
　3　地方行政の範囲と地方分権　28　　4　行政マネジメント　33
　5　地方財政の役割　34

第3章　予算制度 ……………………………………………………… 39
　1　予算とは　39　　2　予算の種類　42　　3　主な財政ルール　46
　4　予算編成から決算まで　51　　5　地方財政計画　55

第4章　歳出の全体像 ………………………………………………… 59
　1　規模　59　　2　国と地方の関係　63　　3　歳出規模膨張の理論仮説と現実　66

第5章　歳出の内訳 …………………………………………………… 71
　1　歳出の分類方法　71　　2　目的別分類　73　　3　性質別分類　76
　4　人件費と定員管理　79　　5　扶助費と地域福祉　83
　6　普通建設事業費と社会資本整備　86

第6章　歳入の全体像 ………………………………………………… 93
　1　内訳　93　　2　分類　97　　3　推移　100　　4　国際比較　104
　5　主要財源以外の概略　104　　6　三位一体の改革　109

第7章　地方税 ………………………………………………………… 117
　1　課税の根拠　117　　2　課税権の国際比較　117　　3　地方税の租税原則　123

4　日本の地方税の内容　128　　5　課税自主権の実態　136
　　6　日本の地方税の課題　141　　7　ふるさと納税制度　143

第8章　地方交付税　……………………………………………………147
　　1　財政調整制度　147　　2　地方交付税とは　151　　3　総額　153
　　4　財源　156　　5　普通交付税の配分　160　　6　特別交付税の配分　169
　　7　都区制度と都区財政調整制度　177

第9章　国庫支出金　……………………………………………………183
　　1　位置付け　183　　2　規模と内訳　185　　3　問題点と最近の動き　190
　　4　都道府県支出金　192

第10章　地方債　…………………………………………………………197
　　1　地方債制度　197　　2　種類と規模　203　　3　推移　207　　4　国際比較　214
　　5　弊害　217

第11章　地方公営企業　…………………………………………………221
　　1　地方公営企業　221　　2　その他の事業等　228
　　3　地方公共団体が密接に関わる組織　231

第12章　地方財政健全化法と財政指標　………………………………235
　　1　地方財政健全化法成立の背景　235　　2　地方財政健全化法　238
　　3　健全化判断比率等の実態　244　　4　地方財政健全化法以外の主要指標　249

あとがき　………………………………………………………………………255
参考文献　………………………………………………………………………257
索引　……………………………………………………………………………260

第1章 地方自治と地方制度

1 地方自治の意義

①地方自治の必要性

　地方財政の主体は、地方公共団体である。地方財政論を学ぶには、まず地方公共団体について理解する必要がある。

　地方公共団体は、一定の地域において自治が保障されていなければならない。これを、地方自治という。日本の第二次世界大戦直後のように、経済水準が低く、ヒト（優秀な人材）、モノ（様々な物資）、カネ（資本）のすべてが不足し、まずは経済水準の向上が急務だと、多くの人にとって目指すべき方向性が近い場合は、地方自治の範囲を狭くした中央集権もひとつの選択肢となるだろう。例えば限られた諸資源を国に集め、そこから産業政策をはじめ様々なインフラの整備や行政サービスの提供の差配、国全体で統一的な制度を整備し国民にナショナル・ミニマムを保障する、といったことである。あるいは、高度経済成長時代のように典型的な右肩上がりの経済状況にあり、国の財源が豊かな状況では、ナショナル・スタンダードを高く設定したうえ、各地で行政サービスを実施してもそれに見合う財源を国が保障することもある程度可能であった。

　しかし、社会資本や各種制度が整備され、その水準や分配の中身に議論はあるものの、一定の豊かさを実現した現在の日本では、様々な価値観が存在している。現実問題として、国の財源難が顕著な状況で、多様化した価値観の多くを叶えるだけの財源移転は、到底不可能である。例えば街づくりについて、限られた財源で国が中心に実施すれば、国全体としての統一性や公平性を重視せざるを得なくなり、画一的な姿になりかねない。限られた財源のなかで個性豊かな地域づくりを行うためには、計画段階から決定に至るまで、地方自治の存在が不可欠である。国全体で統一的に実現する必要がない政策であっても、特

定の地域でそれを選択できることは重要である。

　また、ジェームズ・ブライス（James Bryce）の「地方自治は民主主義の最良の学校であり、その成功の最良の保証人となる」[1]という言葉に代表されるように、我々の生活に近い行政サービスを提供する地方公共団体における自治の存在は、民主主義の醸成という点でも優れたものである。とくに基礎的自治体では、自分達の地域のことを自分達で決定する過程が身近で分かりやすく、また参加する際の障壁が低い。そして選択の結果もたらされた成果についても、原因を含め理解しやすいことが多い。

　なお、地方公共団体について、一般的な名称として自治体、地方自治体、地方政府などあるが、日本では憲法第92条の地方自治の基本原則において「地方公共団体」と明記している。また、地方自治を担う法人について定めた地方自治法（第1条）でも、地方公共団体としている。そのため本書では、統一的に地方公共団体と称する。ただし、国際統計を用いた海外との比較をはじめ、必要に応じて、地方政府、基礎的自治体、広域自治体などを用いる。また、「地方」という言葉には、地方公共団体を意味する場合の他、都市圏と対置される地方圏を意味する場合がある。地方圏の意味で用いる場合、過疎の進んだ地域などを漠然と指すことが多い。一方、地方公共団体を意味する場合、都道府県や市区町村などすべて含まれるため、都市圏に位置する東京都も地方となる。

②自治の考え方

　地方自治には団体自治と住民自治という2つの考え方があり、豊かで安定し個性ある地方公共団体を創造するためには、その両者ともに重要である。まず団体自治は、地方公共団体が国から独立して、当該地域において自治権を行使可能なことを意味する。歴史的にドイツやフランスなど、ヨーロッパの大陸諸国においてとくに団体自治を重視することが多い。日本において第二次世界大戦後に日本国憲法ができる前まで、不十分ながらも地方自治としてある程度保障されていたのは、事実上この団体自治のみであった。

　住民自治は、当該地域の住民の意思や参加によって、地方公共団体を運営す

ることである。イギリスやアメリカなどで、とくに重視されることが多い考え方である。日本においては、日本国憲法が施行（1947年）されて、保障されるようになった考え方である。

　団体自治と住民自治は、ともに地方自治を保障するために必要な概念であり、片方だけで地方自治が担保される訳ではない。例えば、地方公共団体の運営に住民が参加することを約束されても、その地方公共団体が自己決定できる権限を持たず、国の出先機関のような扱いであれば、十分な自治が確立されているとは言えないだろう。

　地方自治に関して、地方公共団体が実施する行政サービスを、明確に限定するか否かという区分もある。イギリスやアメリカでは、地方公共団体の権限を、国や州から認められたもののみ限定して認めている。これを制限列挙方式と呼び、認められた権限を逸脱して行政サービスを提供した場合、そうした行為は無効となる。これを、権限踰越の法理と言う。一方、フランスやドイツなどでは、地方公共団体の権限を個別に列挙するのではなく、包括的に規定している。これを、包括授権方式と呼ぶ。日本の地方公共団体の権限は、地方自治法第2条第2項において「普通地方公共団体は、地域における事務及びその他の事務で法律又はこれに基づく政令により処理することとされるものを処理する。」と規定しているように、包括授権方式となっている。

　制限列挙方式に比べ、包括授権方式の方が地方公共団体の権限の範囲は大きくなる傾向にある。しかし、制限列挙方式では認められた権限の範囲内ならば、地方公共団体が自律して行使することができる傾向にあるのに対して、包括授権方式の場合には地方公共団体への国の関与が起こりやすい[2]。

③**自治権の根拠と日本国憲法**

　地方自治の根拠には、大きく固有説、伝来説、制度的保障説がある。固有説とは、地方公共団体が固有の権限として自治権を有しているという考え方である。我々が基本的人権を生まれながらにして有していると想定するのと同様に、自治権を地方公共団体が本源的に持ち、国の主権と並立するものと考える。な

お、固有説は、固有権説と呼ぶこともある[3]。

一方、伝来説における自治権は、国家の主権の一部を地方公共団体に対して付与あるいは委託したものだという考え方である。伝来説を、承認説と呼ぶことがあることからもわかる通り[4]、自治権は国が法令等によって承認したものに限られると考える。

制度的保障説は、固有説と伝来説の中間的、あるいは複合的な性格を持つ考えである。自治権は、地方公共団体に対して伝統的・歴史的に認められているものであり、それを憲法によって確認していると考えるもので、日本国憲法は制度的保障説に則っているという解釈が一般的である。

日本国憲法では、第8章において地方自治を規定している。まず第92条において、「地方公共団体の組織及び運営に関する事項は、地方自治の本旨に基いて、法律でこれを定める。」として、地方自治の基本原則を示している。とくにここでは、「地方自治の本旨」が団体自治と住民自治の両方を含む意味で用いられていると解される[5]。また、第93条で「1　地方公共団体には、法律の定めるところにより、その議事機関として議会を設置する。　2　地方公共団体の長、その議会の議員及び法律の定めるその他の吏員は、その地方公共団体の住民が、直接これを選挙する。」として、議会の設置や首長、議員等の選挙を住民が直接行うことで、住民自治を保障している。

さらに、第94条「地方公共団体は、その財産を管理し、事務を処理し、及び行政を執行する権能を有し、法律の範囲内で条例を制定することができる。」、第95条「一の地方公共団体のみに適用される特別法は、法律の定めるところにより、その地方公共団体の住民の投票においてその過半数の同意を得なければ、国会は、これを制定することができない。」によって、一定の範囲内で国から独立して地方公共団体を運営できるように、団体自治を保障している。

ただし、日本国憲法では自治権の内容について詳しく触れていない。地方自治の本旨をどのように具体化するかは、地方自治法などに委ねられており、具体的な自治権の中身については、時期や状況によって変化している。

2 地方制度

①地方公共団体の種類

　地方公共団体は、地域における行政を自主的かつ総合的に実施する役割を広く担う法人である。日本において地方公共団体は、制度上大きく2つに分けることができる。それが、普通地方公共団体と特別地方公共団体である。一般的に地方公共団体と呼ぶ場合、都道府県と市町村からなる普通地方公共団体を指すことが多い。一方、特別地方公共団体とは、特別区、地方公共団体の組合、そして財産区からなる。

　特別地方公共団体のうち特別区とは、都に設置される基礎的自治体で、市町村が一般的に実施している事務のうち、当該区域を通じて都により一体的に処理することが必要と認められるもの（消防や都市計画決定など）以外を行う。財源についても、市町村が課す税のうち固定資産税や市町村民税（法人分）などが都の税とされる一方、特別区財政調整交付金を受ける。特別区は基礎的自治体のため、とくに断りがない限り、統計上は市町村に含めて取り扱われることが多い（都区制度について詳しくは第8章7節）。地方公共団体の組合とは、一部事務組合及び広域連合を指し、事務の一部を共同して処理するため複数の普通地方公共団体によって設置される。消防関係組合、ごみ処理組合、退職手当支給事務を共同処理する退職手当組合などがある。財産区とは、市町村などの一部が土地、施設、権利などの財産を保有する法人である。

　市は、人口などを要件として、行うことができる事業の内容が変わる。人口50万以上の市のなかから政令で指定されたものが政令指定都市で、2015年1月1日現在で20市ある。人口30万以上の市の申し出に基づき、政令で指定される特例市は43市、人口20万以上が中核市で40市指定されている。中核市になると、都道府県の事務のうち市街化区域や市街化調整区域内の開発行為の許可などができるようになり、特例市ではそれに保育所の設置の認可・監督や保健所の設置などが可能になり、政令指定都市になるとさらに、区域区分に関する都市計画決定や児童相談所の設置などができるようになる。

②地方公共団体の多様性

　2015年1月1日現在、都道府県47、市町村1,718、特別区23である。地方公共団体の組合は2012年度末1,360、財産区が2012年度首で4,019にのぼる[6]。これらが日本の地方公共団体だが、すべての住民にとって関わりを持つ都道府県と市区町村に限っても、その実態はきわめて多様である。例えば人口（2015年1月1日）を見ると、都道府県最大の東京都の1,339万人に対して、最少の鳥取県は57万人と20倍以上の差がある。東京都は首都機能を有し、特別区を抱えることもあり、他の道府県と必ずしも同じ行政サービスを提供している訳ではないが、両者ともに都道府県として類似の事務を遂行している。市区町村は、より差が激しい。人口が最大の神奈川県横浜市の371万人に対して、最少の東京都青ヶ島村は167人と、2万倍強の差がある。政令指定都市であり大学、総合病院、地下鉄なども設置する横浜市と離島の村では、提供する行政サービスに大きな差があるものの、同じ市町村に区分される。

　人口ほどではないが、面積で見ても大きな差がある。都道府県で最大の面積を有するのは北海道の78,460km²で、最小の香川県1,877km²の41.8倍になる。市町村では、岐阜県高山市の2,178km²が最大で、香川県全体より広く、最小は3.5km²の富山県舟橋村である。この他、経済規模、産業構造、高齢化率など、同じ都道府県あるいは市町村といっても千差万別である。これを、同じような制度の下で運営しなければならない点に、地方財政の難しさの一端がある。

　都道府県を比較する場合、47都道府県すべてを比較したり、地域で比較したりする。また、財政力指数でグループ分けし、そのなかで比べることもある。市町村の場合、数が多いうえ規模など実に多様である。同一県内での比較の他、有益な比較の方法として、類似団体（類団）によるものがあげられる。類似団体とは、国勢調査の結果に基づいて、人口と産業構造によって市町村を区分するものである。市町村の財政状況など態様を決定する要素は多岐にわたるものの、そのなかで人口と産業構造は、財政などへの影響度が強い他、データが容易にそして客観的に把握できるものである。

2012年度の類似団体は、政令指定都市、特例市、中核市、特別区がそれぞれ1類型、都市は16類型、町村については15類型に区分され、総務省から公表されている。都市は、人口で50,000人未満（Ⅰ）、50,000〜100,000人（Ⅱ）、100,000〜150,000人（Ⅲ）、150,000人以上（Ⅳ）に分ける。そして、産業構造において第二次産業と第三次産業が占める比率が95%未満で第三次産業の比率が55%未満（0）、55%以上（1）、第二次産業と第三次産業が占める比率が95%以上で第三次産業の比率が65%未満（2）、65%以上（3）に分ける。例えば、北海道小樽市は人口131,928人、第二次産業と第三次産業が占める比率が98.6%で第三次産業の比率は80.4%のため、都市類型Ⅲ-3に区分される。町村は、人口が5,000人未満（Ⅰ）、5,000〜10,000人（Ⅱ）、10,000〜15,000人（Ⅲ）、15,000〜20,000人（Ⅳ）、20,000人以上（Ⅴ）に区分され、産業構造では、第二次産業と第三次産業が占める比率が80%未満（0）、同80%以上で第三次産業の比率が55%未満（1）、55%以上（2）に区分する。同じ類似団体に属する市町村間で比較することによって、各地方公共団体の財政状況などの特徴を見出しやすくなる。

③連邦制国家と単一制国家

　グローバル化が急速に進むなか、企業統治、会計制度、各種金融市場などにおける様々な仕組みについて、少なくとも主要先進国ではいわゆるグローバル・スタンダードといったものができている。しかし、地方公共団体の姿は、歴史的経緯が色濃く反映され、国によって千差万別である。まず、国家体制として見ると、連邦制国家と単一制国家に分けることができる。
　連邦制国家と単一制国家の相違点は、主権の数にある。連邦制国家の場合、より広範な地域に対して主権を有する連邦、連邦より狭い地域に主権を有する州が同時に存在する。そして、連邦と州がそれぞれ憲法を持ち、立法権を有する。ただし、連邦制国家のなかでも、その形態は様々であり、アメリカのように連邦と州の関係が比較的薄い国もあれば、ドイツのような連邦と州の関係が濃い協調的連邦主義の国もある。一方、単一制国家では、単一の主権のもと、

国のみが憲法を持つ。

　G7諸国のなかで、連邦制国家はアメリカ、ドイツ、カナダ、単一制国家は日本の他、イギリス、フランス、イタリアである。なお、フランスのRégionは、一般的に州と訳されることが多いものの、主権を持つ訳ではなく、連邦制国家の州（例えばドイツのLand）とはその権能が異なる。

　連邦制国家における州は、国家に準じるものと解されるため、純粋に地方公共団体と呼べるのは、州の下に設置されているものである。また、地方公共団体の位置付けについての根拠は、州の憲法等によって定められることが多い。そのため、多くの連邦制国家における地方公共団体は、州によってその役割が異なる。なお、州は国そのものでもないので、連邦政府と峻別する意味で、州と地方を合計した区分を用いて単一制国家の地方公共団体と比較したり、統計上の処理を行うこともある。一方、日本のような単一制国家における地方公共団体は、国の憲法等でその根拠や権限を規定していることが多い。

　このように、連邦制国家における州や地方公共団体と、単一制国家における地方公共団体は、その位置付けがかなり異なっている。そのため、連邦制国家の州における仕組みを、日本の地方公共団体にそのまま導入するのは困難なことが多い。例えばドイツには、州間での水平的財政調整制度がある。これは、ドイツが協調的連邦主義のもと、州間の財源のやり取りをめぐる規定を州が主体となって決定できることが大きい。しかし、それを日本の都道府県に取り入れようとすると、結局、国が定める法律によって規定を決めるしかなく、導入しても実質的に国の差配によりその運営が行われる恐れの強いことを指摘できる。

④地方公共団体の層

　例えば日本に居住している場合、都道府県の住民であると同時に、市区町村の住民になる。このような地方公共団体の連なりを、層という。日本の場合、都道府県と市町村の2層制である。この層の姿は、国によってかなり異なっている。

第 1 章　地方自治と地方制度

　日本と同じ単一制国家では、フランスが州（Région）、県（Département）、市町村（Commune）の 3 層制となっている。この他、複数の市町村からなる小郡（Canton）、複数の小郡からなる郡（Arrondissement）、そしてパリのような大都市では区（Arrondissement Municipal）があるものの、これらはいずれも行政区画を示し、法人格を持つ州・県・市町村とは異なる。フランスの地方制度の特徴のひとつとして、基礎的自治体である市町村が多数存在することをあげることができる。2005 年において、州 26（海外 4 を含む）、県 100（同 4）に対して、市町村は 36,784（同 214）と多数の小規模市町村が存在する[7]。その為、日本の一部事務組合や広域連合に相当する、市町村間の協力機関が数多く組織されている。

　同じ単一制国家でも、イギリスは基本的に 2 層制で、1 層制が混在している。ロンドンは、大ロンドン市（Greator London Authority）の基礎的自治体として 32 の区（Borough）を持つ 2 層制だが、マンチェスターはじめ 36 ある大都市圏（Metropolitan District）は一層制である。ロンドンや大都市圏以外でも、2 層制と 1 層制が混在している。47 ある独立自治体（Unitary）は 1 層制で、34 ある県（County）には 238 の市（District）が存在する 2 層制となっている。イギリスは、層の数が時に変化するのも特徴である。例えばロンドンは、1986 年にそれまでの 2 層制が 1 層に変更されたものの、2000 年に再び 2 層制へ改められている。また、市や独立自治体には、行政教区（Parish）と呼ばれる法律上の自治組織が存在し、一定の役割を果たしている[8]。

　連邦制国家のドイツは、16 ある州（Land、3 つの都市州を含む）を除くと、基本的に広域自治体で 440 ある郡（Kreis、116 ある独立市を含む）と基礎的自治体で 13,845 ある市町村（Gemeinde）の 2 層制となっている。そして、小規模な市町村は、複数で行政共同体を組織している。ただし、ベルリン・ブレーメン・ハンブルクの都市州（Stadtstaat）は、郡や市の機能を併せ持つ。また、ミュンヘンやドレスデンをはじめとする独立市（Kreisfreae Stadt）は、広域自治体と基礎的自治体の機能を併せ持っており、州を除くと 1 層である。

　同じ連邦制国家でも、アメリカの地方公共団体の層は、州や地域によって大

きく異なる多層制となっている。連邦政府が直轄するワシントンD.C.を除く50州において、様々な地方制度が構築されている。それらを大別すると、郡（County）が3,043、市（City）、区（Borough）、町（Town）、村（Village）からなる市町村（Municipality）は19,372、タウン（Town）またはタウンシップ（Township）16,629、学校区（School District）13,726、特別区（Special District）34,683である。そしてこれらは、州や地域によって複層的に存在したり、あるいは存在しなかったりと多様である。

3 地方公共団体の統治の仕組み

①首長

　日本では、憲法第93条の規定により、地方公共団体の長と地方議会の議員は、それぞれ住民から直接選ばれる二元代表制を採用している。執行機関である長と議決機関である議会には、お互いを良い意味で監視しつつバランス良く地方公共団体を運営していくことが求められている。

　地方公共団体の長である都道府県知事や市町村長は、首長とも呼ばれ、地方公共団体の事務を管理及び執行する（地方自治法第148条）。首長の権限と責任は、地方公共団体の管理や執行に関わる広範なものである。地方自治法第149条に示されたものとして、議会への議案の提出、予算編成と執行、地方税の賦課徴収や分担金・使用料・加入金・手数料の徴収、決算、会計の監督、財産の取得・管理・処分、公共施設の設置・管理・廃止、証書及び公文書類の保管、その他の事務の執行、がある。それ以外にも、首長はその補助機関である、副知事や副市町村長の選任（議会の同意が必要）、会計管理者の任命、職員の任免を行う。また、多くの行政委員会の委員についても、議会の同意を得て首長が任命する。さらに、議会の議決を必要としない規則の制定も行う。

　首長の権限のなかでもとくに重要なものとして、議会への議案、すなわち条例の提出があげられる。2013年1月～12月に全国812市で、議会に提出された条例案は35,834件あった。そのうち市長提出のものが33,670件と全体の

94.0%を占め、議員提出の1,588件、委員会提出576件と比較して、圧倒的な比率であった[9]。予算の編成や提出も、首長のとても重要な権限のひとつである。地方公共団体の活動には必ず資金が必要であり、それは予算によって裏打ちされたものでなければならない。予算案の編成・提出権は議会に認められていないもので、首長の専管事項である。人事権も大切である。組織は人なりと言うように、首長がどれだけ有能であっても、それを補佐し代わりに実行していく人物は不可欠で、適正な人事配置ができなければ、良好な行政サービスの提供は適わないだろう。

首長の任期は4年で、その被選挙権は、都道府県知事が30歳以上、市町村長は25歳以上で、日本国民でなければならない。2014年11月1日現在、47都道府県知事のうち、在任期数で1期11名、2期19名、3期13名、4期2名、6期2名で構成されており、そのうち直近の選挙において無投票で当選した知事が3人いる。男女別では男性45人、女性2人で、年齢は40歳～75歳となっている。

②行政委員会

当該地方公共団体における首長の権限は広範かつ強大だが、政治的な中立性や公平性を確保する必要のある行政分野については、首長から独立した執行機関として、行政委員会が設置されている。このように、首長に権限を一元化しない仕組みを、執行機関多元主義と呼ぶ。

都道府県と市町村がともに設置しなければならない行政委員会は、教育委員会、選挙管理委員会、人事委員会または公平委員会、監査委員である。これに加えて都道府県が設置すべき行政委員会は、公安委員会、労働委員会、収用委員会、海区漁業調整委員会、内水面漁場管理委員会である。市町村のみ設置すべき行政委員会は、農業委員会と固定資産評価審査委員会である。

行政委員会の委員は非常勤で、委員会における決定は原則として合議制による。行政委員会では、関連する分野について規則を制定することが可能で、委員会によっては準司法的な機能を持つ。ただし、予算の編成及び執行、決算、

議会への議案の提出、地方税の賦課徴収等、については、例え担当分野のことでも行うことはできない。委員会の業務には、それぞれ事務局が設置されることが多く、職員が従事する。とくに教育委員会では、多くの事務局職員を必要とする場合が多い。

③職員

　実際に地方公共団体の行政実務を担うのは、首長に任命された職員である。地方公共団体で働く職員のことを、地方公務員と言う。地方公務員には、特別職と一般職がある。特別職の地方公務員とは、首長、副知事・副市長村長、行政委員会の委員、議員、などである。それに対して、職員は概ね一般職の地方公務員に相当する。

　地方公務員は、憲法第15条で定められているように、一部住民ではなく、住民全体の奉仕者でなければならない。また、政治的に中立な立場で業務を遂行するように、政治行為の制限によって、過度な政治活動はできない。勤務時間中は公務に専念する職務専念義務、業務上知り得た情報に関する守秘義務、法令順守義務などが課されている。さらに、労働権の一部または全部が制約されている。警察職員と消防職員には、労働三権のすべてが適用されない。それ以外の非技能労務職公務員は、団結権が認められるものの、団体交渉権と争議権は認められない。技能労務職公務員、公共企業体職員、特定独立行政法人職員には、団結権と団体交渉権が認められているものの、争議権は認められない。

　一方、地方公務員はその身分が保障されている。いわゆるリストラによって退職させられることはなく、定年退職の他、解雇は法令に違反した場合などに限られる。昇進等に関しても、成績主義によるものでなければならず、首長による政治目的などには左右されないことになっている。

　2013年度首における地方公務員（常勤職員）の総数は、275万人である（図1-1）。このうち、一般行政部門は91万人である。一般行政部門を、さらに民生部門（保育所や福祉事務所など）と衛生部門（保健所や保健センターなど）をあわせた福祉部門とそれ以外の一般管理部門に分けると、前者が37万人、

第 1 章 地方自治と地方制度

図 1-1 地方公務員数の推移と内訳

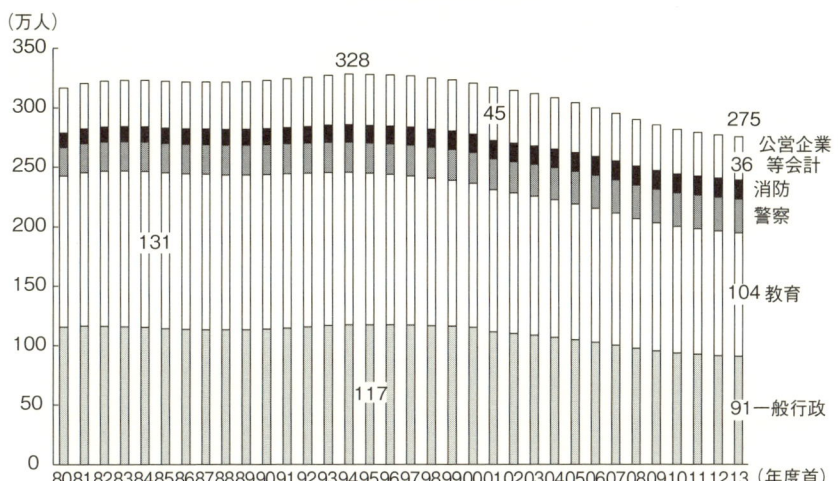

(注) 常勤職員のもので、特定地方独立行政法人の職員は含まない
(資料) 総務省自治行政局公務員部給与能率推進室『地方公共団体定員管理調査結果』により作成

後者は 54 万人である。部門別最大は教育部門で 104 万人、警察部門が 28 万人、消防部門 16 万人、公営企業等会計 36 万人となっている。このうち公営企業等会計とは、上下水道や公立病院などに勤める地方公務員のことである。都道府県と市町村で見ると、都道府県が 150 万人で市町村の 125 万人を上回るが、都道府県では教育部門が全体の 59.4% と過半を占め、警察部門の 18.9% と合わせると、それだけで 78.3% になる。市町村は、一般行政部門が 54.3% を占め、公営企業等会計の 22.9% がそれに続く。

地方公務員の総数は、1994 年度首の 328 万人をピークに減少を続け、2013 年度首までに 16.1% 減っている。しかし、部門によって増減は異なる。一般行政部門は、ピークが 1995 年度首の 117 万人で、2013 年度首までに 22.6% の大幅減である。教育部門は、少子化の影響でピークの到来が 1984 年度首と早く、2013 年度首までに 20.8% 減少している。公営企業等会計はピークが 2001 年度首と遅いものの、2013 年度までの減少ペースは速く、その間に 19.5% 減った。一方、警察部門と消防部門はほぼ一貫して増加傾向にある。地方公務員数のピー

クだった1994年度首と2013年度首を比較しても、警察部門が11.7%、消防部門は9.2%増加している。

　部門別に見ると、教育、警察、消防の各部門は、国が定員に関する基準を定めている。また、一般行政部門でも福祉部門は、国が定員を定めている。こうした部門は、各地方公共団体によって公務員数を大きく増減する（とくに一定の基準を下回る）余地は乏しい。そのため、退職者不補充など地方公共団体の人事政策により、地方公務員数を増減可能なのは、一般行政部門のなかの一般管理部門と公営企業等会計になる。

④地方公務員の給与の決定方法

　地方公務員の給与は、国家公務員の給与決定方法に準じた一定の枠組みのなかで決められている。国家公務員は労働権の一部または全部が制約されており、その代償措置として、人事院勧告がある。国の行政機関のひとつである人事院は、まず各年の5月から7月にかけて職種別民間給与実態調査を実施する。これは、企業規模50人以上で事業所規模50人以上の事業所を対象に実地調査を行い（給与は約50万人）、4月分の民間企業従業員の給与水準及び民間ボーナスの過去1年間（前年8月から当年7月まで）の支給実績を把握するものである。そして8月、国家公務員の給与と特別給について、民間企業との均衡（民間準拠）を基本に勧告を行う。その後政府は、人事院勧告の取り扱いに関する閣議決定を行い、国会に給与法改正法案を提出する。そして国会で給与法改正が成立すれば、年度当初分に遡って適用される。

　地方公共団体は、条例によって人事機関を設置する義務がある。その際、都道府県と政令指定都市は、人事委員会を設置しなければならない。特別区と人口15万以上の市は、人事委員会または公平委員会を設置する。そして、人口15万未満の市、町村、地方公共団体の組合は、公平委員会の設置が義務付けられている。このうち、人事委員会が置かれている地方公共団体は、人事委員会が当該地方公共団体における職種別民間給与実態調査を行って地元の民間賃金動向を把握し、国家公務員給与への人事院勧告の内容と合わせて勘案したう

えで（刷新された国公準拠）、首長及び議会へ勧告を行う。そして首長は、人事委員会勧告とともに、国の勧告の取扱いに関する閣議決定を受けて出される給与改定通知を受けて、具体的な給与改定方針を決定し、議会へ給与条例改正案を提出する。そして議会の議決により、給与条例が改正され執行される。

人事委員会が置かれていない地方公共団体では、国の取扱いや都道府県の勧告等を受けて、具体的な給与改定方針を決定する。そして、議会へ給与条例改正案を提出する。議会が議決することにより、給与条例が改正され執行される。

⑤**議会**

地方公共団体には議会が設置され、議員は住民による選挙で選ばれる。ただし、町村に限っては、議会を置かず選挙権を有する者の総会によって代替できる。議会の議員の任期は4年で、被選挙権者は、25歳以上の日本国民で引き続き3カ月以上当該地方公共団体に居住している必要がある。

議会における最大の権限は、議決である。議会では、条例、予算、決算、地方税の賦課徴収等、契約の締結、財産の交換や出資等、不動産信託、財産の取得や処分、負担付きの寄附や受贈、権利の放棄、公共施設の長期かつ独占的な利用の許可、審査請求その他の不服申立てや訴えの提起等、損害賠償額の決定、公共的団体等の活動の総合調整、その他議会の権限に属する事項、について議決する（地方自治法第96条）。なお、在任議員の総数が議員定数の半数に満たないなど議会が成立しない場合や、災害時対応など緊急を要するため議会招集の時間的余裕がない場合、議会が議決すべき事案を議決しない時には、首長が議会で議決すべき議案等を決定する専決処分を行うことができる。専決処分を行った場合、首長は次に議会に報告し承認を求めなければならない[10]。

議会が有する議決権のなかでも、条例制定はとくに重要である。首長から提案された条例案の議決の他、議員提案による条例制定も可能である。条例では、法令に違反しない限り、当該地方公共団体内に適用される独自の決まりを定めることが可能である。予算の議決も重要だが、予算案の編成や議会への提案は首長の専権事項のため、条例のような議員提案によるものは認められない。議

会の議決に首長が納得できない場合、審議と議決を再度求めることができる（再議）。ただし、議会が出席議員の3分の2以上によって再び同じ議決をした場合、その議決内容が確定する。

議会は、首長に対して不信任を議決することができる。ただし、不信任を議決するには、議員定数の3分の2以上が出席したうえで、その4分の3以上の同意が必要である。議会が不信任を議決した場合、首長は10日以内に議会を解散するか、自らが失職するかを選ばなければならない。

議会の招集は、首長による。ただし、議会の側から臨時会の開催が必要な事案がある場合、議長が議会運営委員会の議決を経るか、議員定数の4分の1以上の請求により、一定のルールの下、招集の途が開かれる。

地方議会の議員の定数は、各地方公共団体が条例で定める。かつては議員定数の上限が人口を基準に定められていたが、2011年、地方自治法の改正により撤廃された。ただし、上限が決まっていた時でも、各地方公共団体は定数を上限一杯まで設けていた訳ではない。例えば、2009年度首の都道府県議会において、旧地方自治で定められていた定数の上限は3,104人だが、実際に各都道府県の条例により定められた定数は2,783人で、上限まで設定していたのは和歌山県のみだった[11]。市町村における乖離はより大きく、旧地方自治法で定められた定数の上限44,400人に対し、実際に条例で定められていた定数は32,379人だった。

こうしたことからもわかる通り、地方議会の定数は減少傾向にある（図1-2）。1995年末に65,212人だった定数（実際の議員数は64,642人）が、2013年末には34,476人（同33,898人）まで減少している。この間、とくに大きく減少したのは2005年から2007年で、これは市町村合併による影響である。しかし、市町村合併による減少分を除いて考えても、地方議会の定数は長期継続的に減少している。地方議会の定数削減は、費用削減と言う長所がある反面、議員は条例の制定や地方公共団体の運営の監視、住民の要望を把握し議会や地方公共団体へ届けるなど、様々な重要な役割を担っており、削減の短所も大きいと考えられる。

図1-2　地方議会の定数と議員数の推移

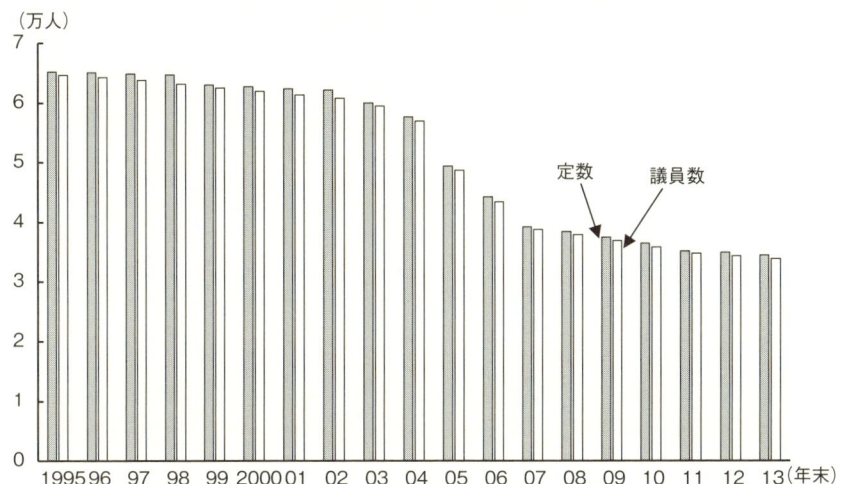

(注) 定数は、各地方公共団体が条例で定めたもの
(資料) 総務省「地方公共団体の議会の議員及び長の所属党派別人員調」により作成

⑥住民自治を保障する制度

　我々は、投票によって選んだ首長や議員を通じて、間接的に地方公共団体の運営に参加する形を原則としている。しかし、直接的に参画する途が閉ざされている訳ではない。

　住民自治を保障するため、住民が地方公共団体の運営に直接参画することができる制度として、直接請求（イニシアティブ）、解職請求（リコール）、住民投票（レファレンダム）、そして住民監査請求や住民訴訟がある。

　直接請求制度として、条例の制定改廃請求や事務の監査請求がある。条例の制定改廃と事務の監査に関しては、選挙権を有する者の50分の1以上の連署により、前者が首長、後者は監査委員に請求する。首長は意見を付して議会に提案し、監査委員は監査を実施する。直接請求はほとんどの条例について可能だが、地方税の賦課徴収、分担金、使用料、手数料の徴収に関するものは除か

れる。

　議会の解散請求、議員・首長・主要公務員の解職請求は、条例の制定改廃請求等より条件が厳しく、選挙権を有する者の3分の1以上の連署が必要である。なお、選挙権を有する者が40万人超の地方公共団体の場合、40万人分までは同じだが、40万人超80万人以下分は6分の1を乗じた数、80万人超分は8分の1を乗じた数との合算になる。また、議員の解職請求で選挙区がある議員の場合は、所属選挙区を単位として計算する。議会の解散、議員・首長の解職は、各地の選挙管理委員会に請求し、その後行われる選挙権者による投票で過半数の同意があれば、解散や解職が実施される。主要公務員の解職は、首長に請求し、首長によって議会に付議されて議員定数の3分の2以上が出席したうえでその4分の3以上の同意により実施される。主要公務員とは、副知事、副市町村長、選挙管理委員、監査委員、公安委員のことである。

　憲法第95条では、「一の地方公共団体のみに適用される特別法」の制定にあたり、住民投票を実施し過半数の同意を得ることが必要としている。また、市町村の合併にあたり、合併特例法の規定に基づき住民投票を実施する場合がある。住民投票には、こうした法律に基づくものの他、議会や首長などが住民の多数意見を知るために行われるものもある。

　住民が一人でも直接実施できるものに、住民監査請求がある。対象は公金の支出や財産の処分など財政上の問題に限定されるものの、多くの署名を集めなくても、監査委員に対して監査を求めることが可能である。監査結果に不満のある場合や勧告に対する執行機関等の措置に不服がある場合などは、住民訴訟を提起して争うことも可能である。

第 1 章 地方自治と地方制度

注

1) Bryce (1921),p.150.
2) 国と地方の関係を分類したものとしては、天川モデルが有名である。天川 (1983) を参照せよ。
3) 例えば、橋本 (2010)、4 頁。
4) 例えば、山田・代田 (2012)、7 頁。
5) 例えば、参議院憲法調査会 (2005)『日本国憲法に関する調査報告書』、200 頁。
6) 市町村の数は、総務省 Web サイト (http://www.soumu.go.jp/kouiki/kouiki.html 2015 年 1 月 1 日アクセス)、地方公共団体の組合数は総務省編『地方財政白書』、財産区数は総務省編『地方自治月報』第 56 号、による。
7) 諸外国の地方公共団体の数は、財務省財務総合政策研究所 (2006)「主要諸外国における国と地方の財政役割の状況」、による。イギリスとフランスは 2005 年、ドイツが 2004 年、アメリカは 2002 年のデータ。諸外国の地方公共団体の姿については、竹下 (2008) や山下 (2010) を参照せよ。
8) 竹下 (2008) によると、行政教区は「もう一つ別の基礎自治体」(19 頁) と位置付けられるもので、「このもう一つの基礎自治体を理解しない限り、イギリスの地方自治がわからないと言うこともできる」(20 頁) としている。
9) 条例案提出件数は、全国市議会議長会「市議会の活動に関する実態調査結果:平成 25 年中」による。
10) ただし、議会の承認が得られなかった場合でも、専決処分の効力には影響がない。
11) 旧地方自治法で定められた定数の上限と実際の定数は、総務省「議員定数に関する調 (平成 21 年 4 月 1 日現在)」による。

第2章 地方行政と地方分権

1 地方公共財

①公共財の特徴

　地方公共団体に限らず、政府は国民や住民のニーズに基づき、必要な財やサービスを提供する。ただし、提供する財やサービスは、原則として公共財に限られる。

　公共財とは、市場に任せていては供給や整備が不可能あるいは不十分な財やサービスのことである。公共財の性質として、非競合性と排除不可能性があげられる。非競合性とは、共同消費性とも呼ばれ、便益が特定の個人だけでなく同時に多数の個人に及ぶことを言う。例えば、一般道路は不特定多数の人が利用する。一人が利用しても、それによって他の人の利用は妨げられない。道路において交通量が増加して混雑した場合には、財やサービスの利用が競合的と感じる面も否定できないが、他の人の利用を妨げている訳ではない。

　排除不可能性（非排除性）は、対価の支払いに関係なく財やサービスを利用可能なことである。街路灯の下を通ったからといって、対価の支払いを求められる訳ではないし求めることも現実的ではない。警察や消防サービスの場合、システムとして有料化し排除することも可能かもしれないが、そもそも社会的に見て排除すべきではないものである。排除不可能性は、受動的消費とも呼ばれる。これは、仮に街路灯の明かりの下を通ろうと意図しなくても、結果的に街路灯が設置されている道を通るのであれば、そのサービスの受益を得ることを指す。

　民間企業による供給が可能な私的財を政府が提供すると、民業を圧迫するうえ、市場による最適な資源配分や効率性を妨げることになる。そのため、仮に国民や住民のニーズが高かったとしても、民間において十分な量を供給可能な

財やサービスについて、政府が供給することは望ましくない。ただし、教育のように、十分な量を無料あるいは安価で必ず提供すべきだが、民間に任せては不十分になる恐れがある財・サービスは、政府が提供すべきである。教育で言えば、とくに地方圏では市場に完全に委ねると、大幅に供給が不足するか、極めて高額な費用負担を需要者に強いることになるだろう。

　また、財・サービスのなかには、必ずしも公共財か私的財か明確に区分できないものもある。公共財と私的財の中間的な財・サービスのことを、準公共財という。準公共財の例として、電力、ガス、上下水道があげられる。これらは、公共財の性質のうち、非競合性（共同消費性）を持たないものである。一方、これらの財・サービスの提供を完全に市場に任せた場合、典型的な費用逓減産業のため、独占による高価格や過当競争による不安定供給を生む恐れがある。そこで、こうしたライフラインに相当する準公共財は、政府が直接有料で提供したり（上下水道など）、地域独占を認めたうえで価格規制する（電力など）など、公共財と私的財の中間的な扱いをする。

②地方公共財

　地方公共団体が提供する財・サービスは、地方公共財と呼ばれる。国が提供する財・サービスは、国家的公共財である。地方公共財は、そこから得られる便益が、当該地域内に留まる公共財を指す。例えば、消防、小規模公園、街路などは、その典型例としてあげることができるだろう。これらは、いずれも地域住民が利用し、その便益は設置・運営する地方公共団体に留まる可能性が高い。

　地方公共財の提供について、理論上の最適供給は、受益地域と負担地域の一致である。例えば小規模公園について、設置した地方公共団体の住民のみが利用し、その設置・運営の費用も、当該地方公共団体の住民のみが負担するという姿である。しかし、現実の地方公共財について見れば、完全な形で受益地域と負担地域の一致を見るのは困難である。どのような公共財であっても、多少のスピルオーバー（Spillover）効果は避けられない。スピルオーバー効果とは、

第2章 地方行政と地方分権

地方公共団体が提供する財・サービスの便益が、他の地方公共団体の住民等へ及ぶことを言う。

地方公共団体は、国境のように出入りが管理されている訳ではなく、また人口移動も多い。例えば市道であっても、市外の住民などの利用は大いに考えられる。市が提供する教育サービスを受けた住民が、将来、当該市外へ引っ越すことなど、当たり前のようにあるだろう。しかし、こうしたスピルオーバー効果をなくそうとすれば管理に多大な費用がかかったり、公共財の供給が過少になる恐れが強い。あるいは、効率性や多様性を軽視して、国が過剰に提供しなければならなくなる。そのため、多少のスピルオーバー効果の存在を前提として、国が地方に、あるいは広域的自治体が基礎的自治体に対して財源を移転することで、そうした事態を避けることができると考えられる。

準公共財についても、地方公共団体による提供が望ましい地方準公共財とでも言うべきものがある。代表的なものは、上水道だろう。一定の収益が見込まれ、生活に不可欠なインフラだが、普及には取水、浄水、配水等の多額の設備投資が必要な事業である。市場に任せておくと、採算の取れる地域のみ整備されたり、過当競争により不安定になったり、独占的価格が付けられるなどの恐れがある。そのため、政府が関わるべき準公共財に位置付けられるが、日本は多様な水源が存在する為、国全体は無論、それほど広域で実施する必要はなく、基礎的自治体である市町村の事業となっている。もちろん、使用料を課すことで独立採算が可能な事業のため、公営企業として扱われる。

上水道や下水道のように、すべての地域で提供すべき準公共財のほか、地域によって提供すべきか否か分かれる準公共財もある。例えば、公立病院の設置・運営がそれに該当する。病院は、安心して生活を送るために不可欠なものだが、民間において提供可能なサービスである。しかし、民間では採算が取りづらい先進医療や研究分野の一部などは、国が関与して提供している。一方、そうした分野以外でも、地域によって民間の病院がない、あるいは不足している、または特定の診療科がない、といったことがある。こうした場合、地方公共団体が病院や診療所を設置・運営することが望まれる。

2 地方公共財の最適供給理論

①足による投票

　地方公共財の提供については、「足による投票」によって最適供給がなされるという考え方がある。前提条件などが厳しく、現実への適用は不可能なものだが、その考え方の背景には重要な部分もあるので紹介しておこう。

　足による投票は、チャールズ・ティブー（Charles Tiebout）によってはじめて提起された考え方である[1]。これは、私的財に対して適用される市場メカニズムの考え方を、住民が居住する地方公共団体の選択や地方公共団体による行政サービス提供などに応用するものである。

　足による投票が十分に機能する状況では、各地方公共団体が、様々な行政サービスや公共施設の建設、税、保険料、手数料、使用料などの水準を競争することになる。一方、住民は、各人にとって望ましいと思われる地方公共団体を選択して居住する。住民が居住する地方公共団体を選択し移動することから、足による投票と呼ばれる。

　足による投票が機能する場合、地方公共団体はより効率的で魅力的な行政サービスや各種の社会資本を整備する必要がある。負担が重いにもかかわらず、行政サービス提供や社会資本が不十分な地方公共団体には住民が集まらず、一方、軽い負担で質の高い行政サービスなどを提供できる地方公共団体には、多くの住民が集まると考えられる。住民の足が遠のいた非効率な地方公共団体は、そのままでは住民サービスの質がより悪くなる恐れが高いため、行政サービスの質の向上やコストの削減などに努めなければならない。一方、住民が集まる地方公共団体では税収が多くなり、より質の高いサービスを提供できるようになる。ただし、住民の少ない地域では地価や家賃が下がるため、居住のコストは下がる。一方、住民が多く集まる地方公共団体では、地価が上昇し家賃も上がるため居住のコストはその分高くなるだろう。

　このような住民及び地方公共団体の行動が実際に起これば、長期的に見ると、国全体における地域の行政サービスは効率的で質の高いものが提供され、資源

の有効活用が図られるようになるというのが、足による投票のひとつの結論である。

　足による投票の考え方のもとでは、行政サービスや財源調達などの水準、市場における価格に相当する部分を地方公共団体が自由に決定できなければならない。この場合の価格に相当するものには、税、保険料、手数料、使用料、負担金などが含まれる。当然、ナショナル・ミニマムの部分は除かれるだろう（例えば義務教育における1学級の人数の上限）。ただし、ナショナル・ミニマムに該当する事業でも、上積み部分は各地方公共団体が自由に設定できる必要がある（例えば少人数学級の設置）。また、税率の変更なども原則として自由でなければならないことに加えて、税などの財源を補填する役割を果たす地方債の起債の完全自由化も含まれる。一方、ナショナル・ミニマムを超える行政サービスについて、国は財源を保障しないことになる。

②足による投票の現実性と教訓

　もちろん、現状の地方財政には多くの制約や財源の保障などがある。それを完全に自由化して足による投票を機能すべく試みることは、足による投票が前提とするいくつかの条件が充たされていないこと、そして足による投票がもたらすデメリットの大きさから、望ましくない。

　足による投票が機能し、期待される効果を得るには、財やサービスの市場と同様に、いくつかの前提条件を充たす必要がある。ティブー自身は、足による投票が成立する前提条件として、1.住民の移動と選択が可能、2.地方公共団体の歳出入の完全な情報を有する、3.多数の選択肢、4.雇用機会による選択制限がない、5.各地方公共団体による外部経済・外部不経済が存在しない、6.地方公共団体の最適人口数が存在、7.地方公共団体は最適人口数に適合するように行動する、という7点をあげている[2]。しかし、こうした7条件すべてを充たすことは、まず不可能であろう。

　なかでも、足による投票の最も重要な前提条件である「住民の移動と選択が可能」が成立しない。当面の移動のコストが高く、それを負担できないために、

長期的に見れば移動した方が有利だと理解していても、動けないケースは多いだろう。この点は、「雇用機会による選択制限がない」という前提条件とも密接に関連してくる。その土地や周辺の海域で農業、漁業、林業を営んでいる場合、移動のコストは極めて高く、少なくとも長距離の移動は非現実的である。自営業者も、その場所でこそ営業できる可能性は高く、移動した場合のコストは非常に高いであろう。また、そもそも引越代が負担できない、高齢者で新たに住宅を借りることが困難、住宅ローンを抱えている、勤務先の事業者が限定されている、転校が難しい、家族が入院していて離れられない、通院先の病院が他に代替できない、など様々なことが考えられる。また、社宅を含め、会社の命令等によって居住する場合も、転居は自由でないだろう。

　また、足による投票の考え方をもとに地方公共団体の行財政運営に市場メカニズムの考え方を大幅に導入すると、大きな問題点を生む恐れが強い。第一は、フリー・ライダー（Free Rider、ただ乗り）の発生である。ある地方公共団体が足による投票で住民に選ばれるため無理をして税率を下げる一方、地方債を発行して行政サービスの充実を図ったとしよう。それにより大幅な転入があり多額の税収増が実現しない限り、いずれ税率を引き上げる必要に迫られる。足による投票で想定される移動コストが低い住民にとって、最も合理的な選択は、公債発行により税率を下げ行政サービスが充実している時期、当該地方公共団体に居住し、それができなくなったら転出することである。こうしたフリー・ライダーを防ぐ現実的な方法はないだろう。また、こうした状況では、法人所得課税において国際間で顕在化している税の競争（税率の引き下げによる企業誘致）が、地方税の個人所得課税に及び、税の空洞化を招く恐れが強い。税の空洞化は多くの地方公共団体で深刻な税収不足を招き、恒常的かつ大規模な財源不足につながるだろう。

　所得分配の歪みも想定される。現状で必ずしも行政サービスの水準が秀逸という訳ではなくても、地価がかなり高く自主財源が多く、結果的に比較的高い財政力を持つ地域は存在する（大都市部やその近郊など）。一方、行政サービスや社会資本整備の水準は普通でも、地理的な条件（山間地や大都市から離れ

ているなど) から地価の低い地域もある。現在日本において、個人住民税の税率に差はほとんどない。そこに、足による投票を前提として、ナショナル・ミニマムを超える行政サービスの財源を保障せず地方税や地方債を自由化した場合、すでに自主財源の多い地方公共団体では、税率の引き下げや行政サービスの向上が可能である。そして、より多くの住民が転入したいと考え、地価は一層高くなる。そうすれば、固定資産税の税収が高まり、より高額の所得や資産を有する者でなければ居住困難となるだろう。一方、元々利便性に劣り地価が低く人口が少なく、税収の乏しい地方公共団体では、サービス水準向上には税率の引き上げが必要である。しかし、人口が少なく平均所得が高くなければ、税率引き上げによる税収増は小さい。そもそも税率を引き上げれば、住民が転出する可能性も高い。そのうえ、元々税収の少ない地方公共団体では、自由化された地方債を発行するのも大変であろう。足による投票により、すべての地方公共団体が等しく効率化され、税収等の偏りがなくなる訳ではなく、地理的な条件の違いなどから、格差は拡大するだろう。

　転入住民選別の恐れも、指摘できよう。とくに低所得者向け賃貸住宅に関する日本の住宅事情は悪く、低所得者向け公営住宅の建設は、地方公共団体の重要な事業のひとつである。しかし、そうした住宅の建設は、足による投票には馴染まない恐れがある。資産を持たない低所得者は、高齢者や幼少期の子供のいる世帯を中心として、行政コストが高い一方で税収への貢献は小さいケースが多い。そうすると、足による投票を前提とした状況では、低所得者向け公営住宅の建設は忌避される可能性が高い。

　こうしたことから、足による投票を前提として、市場メカニズムを全面的に地方公共団体の行財政運営に導入し、例えば地方税や地方債を完全に自由化し、財政調整制度を大幅に縮小してナショナル・ミニマムを超える行政サービスの財源保障を一切しないようなことは、避けるべきである。しかし、日本の地方公共団体による行政運営の巧拙は、確実に存在しているだろう。予防医療に病院と行政が協力して取り組み、医療費の水準の引き下げに成功している地方公共団体や、地域住民の積極的な参加や協働を通じてより住みやすい街づくりを

進めている地域、工業団地を造成して工場誘致に成功した地方公共団体など、それぞれの面から見て比較的良好な行財政運営を実現している例は色々と紹介されている。そして、効率的で高い水準の行政サービスを提供できている例をできるだけ全国の地方公共団体に広げ、国全体として見た場合により効率が良い行政サービスや社会資本整備を地方公共団体が提供できるようにするという考え方は正しいだろう。また、近隣や類似の地方公共団体を意識し、良い意味での競争が行われるという観点も重要である。

3 地方行政の範囲と地方分権

①戦前の地方自治

　地方公共団体の最大の役割は、住民等に対する行政サービスの提供だが、それをどこまで実施すべきかという点について、唯一絶対の答えは存在しない。歴史的・経済的背景などから、その時々の国民や住民が政治プロセスを通じて決めていくものである。財・サービスについては、政府が提供すべきものの範囲と、国と地方の配分という観点がある。ここでは、日本における国と地方の行政配分を考えてみよう。

　大日本帝国憲法（1889年公布）では、地方自治に関する規定はなかった。地方自治に関しては、市制・町村制、府県制・郡制の定めに委ねられていた。府県は[3]、実質的に内務大臣や内務省により選ばれ、天皇の勅令により任命された官選知事（身分は国家公務員）のもと、同じく官選の郡長とともに、市長や町村長を監督していた。府県は、実質的に国の出先機関の性格が濃かった。

　市制・町村制は、市町村を地方自治団体と位置付け、団体自治の形をある程度備えたものであった。しかし、市は府県、町村は郡の監督下にあった。また、国の指揮監督下にその執行を市町村に委ねる機関委任事務が設けられるなど、自治組織としての面だけでなく国の出先機関の性格を色濃く持っていた。議会の議員の選挙についても、徐々に分権化・民主化していったとはいえ、住民自治が保障されていた訳ではない。

第2章　地方行政と地方分権

②戦後の国・地方における事務配分の基礎

　現在の日本における国と地方の事務配分の基礎は、第二次世界大戦後のシャウプ勧告（1949年）に遡ることができる。シャウプ勧告は、アメリカのコロンビア大学の財政学者だったカール・シャウプ（Carl Sumner Shoup）を団長とする使節団によって、取りまとめられた。「シャウプ使節団日本税制報告書」という名称通り、日本の戦後税制の基礎を築いたことで有名だが、そのなかで、国と地方の関係についても重要な勧告を行っている[4]。シャウプ勧告は、国と地方の事務配分において、行政責任明確化、能率、市町村優先の三原則を掲げた。行政責任明確化では、各事務を国・都道府県・市町村のいずれかに重複せず配分し、責任の所在の明確化を謳っている。そして、その財源として、使途の定めのない一般財源を用いることで、全責任を負うことになるとしている。能率は、その規模、能力、財源から考えて、最も能率的に事務を遂行できる政府に配分するというものである。そして、市町村優先は、事務配分においてまず市町村への配分を検討し、市町村では能率的ではないなど都合の悪いものを都道府県に配分することを考え、最終的に国は地方で有効に処理できない事務だけを引受けることである。こうした原則は、現在の地方分権の議論でも、十分に通用するものだろう。

　地方行政調査委員会議は、シャウプ勧告を受け、神戸正雄議長のもとその原則を具体化すべく調査を進め、いわゆる神戸勧告（1950年）を出した[5]。そこでは、行政事務再配分の基本方針として、シャウプ勧告の三原則を一般指針とし、まず国と地方公共団体の間における事務配分の方針を謳っている。それは、当然国で処理すべき国の存立のために直接必要な事務を除き、できる限り地方公共団体の事務とし、国は、地方公共団体が有効に処理できない事務だけを行う、というものであった。つまり、国の存立のために直接必要、政策上全国的規模で総合的に行う企画、府県域を超え府県では有効に処理できないか地方公共団体の区域に無関係、全国的見地から統制が必要、といった事務である。地方公共団体では著しく非効率で不適当な権力的作用を伴わない施設などは、国と地方公共団体の重複を認めるも、国は地方公共団体の創意を優先すべきと

している。具体的には、国は概ね次のようなものに限定すべきとして、外交、幣制、国の組織及び財政、司法及び行刑など 29 の事務を列挙している。そして、府県と市町村の間の事務配分については、市町村優先を原則として掲げ、府県が行うべき事務について、市町村の区域を超えて処理しなければならない事務と、市町村で処理することが著しく不適当である事務に限定している。つまり、府県は広域機能と市町村の補完機能を果たすものとされた。

シャウプ勧告同様、神戸勧告も、地方分権が当たり前のように語られる現在において、十分通用するような内容である。しかし当時、必ずしも勧告通りの事務配分にはならなかった。

③地方分権一括法

国と地方の事務配分における昨今の重要な動きとして、2000 年 4 月に施行されたいわゆる地方分権一括法があげられる[6]。

それまで、地方公共団体の事務は、自らの責任で行政サービスを提供する固有事務、保健所設置などの法令等でその処理が委託されている団体委任事務、地方公共団体を国の出先機関として運用する機関委任事務、検査や規制といった行政委任事務、に分けられていた。なかでも機関委任事務は多数存在し、国と地方公共団体の事務配分のあいまいさを示す象徴として、地方公共団体からとくに評判が良くなかった。

地方分権一括法では、国と地方の役割を明確化するため、機関委任事務の廃止をはじめ事務の内容を整理統合し、法定受託事務と自治事務に大別した。法定受託事務とは、本来国が処理すべき事務だが、住民の利便性や効率性の点から地方公共団体が実施するもの（第一号法定受託事務）と、本来は都道府県が実施すべきものをやはり住民の利便性等の観点から市町村が処理するもの（第二号法定受託事務）である。法定受託事務の例としては、国政選挙、戸籍事務、生活保護、国道の管理などがあげられる。自治事務は、法定受託事務以外のすべてが該当する。ただし自治事務には、各地方公共団体が任意で行うもののほか、介護保険サービスや国民健康保険の給付など、国で定めた法律や政令によっ

第 2 章 地方行政と地方分権

て事務処理が義務付けられるものも含まれる。

　法定受託事務では、国が地方公共団体に対して、是正の指示や代執行など強い関与が認められている。一方、自治事務は、原則として国の関与は助言や勧告、そして是正の要求までとされているものの、同意、許可、認可、承認、指示などが一部残っている。こうした国による関与は、地方公共団体が納得できるものばかりとは限らない。そこで地方分権一括法では、国による地方公共団体への関与について、係争処理手続きを制定した。それが、国地方係争処理委員会である。国地方係争処理委員会は、総務省に設置された法定審議会・委員会のひとつで、国の関与について不服のある地方公共団体の長などからの申し出に基づき審査を行い、国の関与が違法であると認めた場合、国の行政庁に対し必要な措置を実施する旨の勧告等を行う。また、都道府県による市町村に対する関与については、自治紛争処理委員制度がある。ただし、国地方係争処理委員会で審査された事案は 2001 年の神奈川県横浜市のみ、自治紛争処理委員制度が市町村により用いられた事案は 2010 年の千葉県我孫子市のみで、活発に利用されているとは言い難い[7]。

　この他、地方分権一括法では、必置規制の緩和などが一定程度進んだ。しかし、シャウプ勧告においてあわせて重視された財源の分権は、この時にはほとんど進まなかった。

④ピーコック＝ワイズマンの集中過程

　国と地方の事務配分に関連する重要な仮説のひとつに、ピーコック＝ワイズマン（Peacock & Wiseman）による集中過程（Concentration Process）がある。ピーコック＝ワイズマンは、イギリスにおける第一次世界大戦と第二次世界大戦それぞれの前後における政府支出や税負担などを検証し、戦争による突発的経費膨張が以降の財政規模に影響を及ぼすという仮説を提示した。集中過程はそうした仮説のひとつで、戦争による財政規模の拡大が、その後の平時でも一定程度維持され、その規模に見合う政府の役割の拡大が見られるという転位効果（Displacement Effect）とともに主張された。

- 31 -

戦争が起きると国を挙げて対応するため、軍事関連費用を中心に国の経費が急激に膨張する。一方、地方公共団体の経費は、実質額で見てそれほど変わらないか、財源を国に集中させるために縮小する。そのため、相対的に見ると国の支出への集中がより大きくなる。そして、ピーコック＝ワイズマンは、こうした状況が、転位効果同様、戦後に多少緩和さても一定程度維持され、戦前と比べて国の役割の拡大が生じると考えた。それが、集中過程である。

　それでは、集中過程は日本に当てはまるだろうか。国の一般会計歳出決算額に対して、地方財政の普通会計歳出決算額がどの程度の大きさで推移してきたか見てみよう（図2-1）。第一次世界大戦に本格参戦していない日本は、1900年度以降で見ると、日露戦争と第二次世界大戦が国を挙げての参戦である。いずれの時期も、国の支出が戦費により膨張したことなどから、戦時の中央集中は顕著で地方の比率は大幅に下がった。しかし、いずれの時期も、戦後はその

図2-1　日本における普通会計歳出決算額の推移（国の一般会計歳出決算額=100）

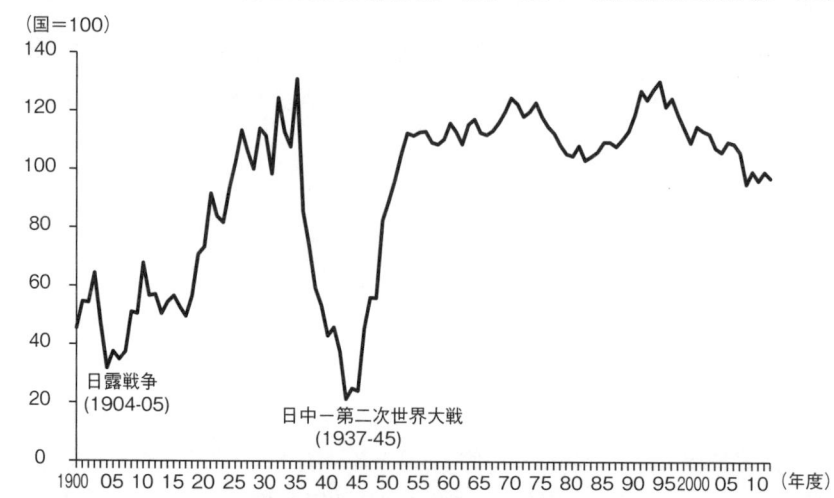

（注）1. 各年度の国の一般会計歳出決算額を100とした場合の地方財政普通会計歳出決算額の規模
　　　2. 国の一般会計歳出には、地方公共団体への移転財源も含まれる

（資料）参議院予算委員会調査室編『財政関係資料集』、総務省「平成25年度地方公共団体普通会計決算の概要」により作成

状態が維持されず、戦前の水準に戻っている。また、1920年度頃から日中戦争前の時期は、地方公共団体の比率が急速に高まっていた。

また、第二次世界大戦後は、長期的に見て地方の比率は横ばい傾向だが、日本を含む多くの国で地方分権の議論が盛んに行われており、集中過程は確認できない。なお、2000年代に入り、地方の比率が徐々に低下しているが、これは高齢化に伴う年金をはじめとした社会保障関係費の増大等で国の歳出が膨張傾向にある一方、地方が扶助費の膨張を人件費や公債費などの抑制でカバーし、増加に歯止めがかかっていることによる。

4 行政マネジメント

① PDCAサイクル

限られた財源のなかで地方公共団体の行政サービスを高めるには、できるだけ無駄を排除して効率を高める以外に方策はなかなか見つからない。しかし、従来の地方公共団体における行政の進め方だけで、効率をなお一層高めることは難しい。そこで、効率性を高める理論的背景として、NPM（New Public Management）が台頭してきた。NPMとは、民間の発想や手法を公共部門に応用することで、地方公共団体の効率性を高め組織を活性化させる考え方である。

NPMに基づく具体的事例のひとつが、成果志向型の政策評価である。事業を行う場合、計画を立て（Plan）予算化し、それを実行（Do）すれば基本的にそれで終わりで、後は合法性や正確性の観点で監査するだけだった。政策評価では、まずそれぞれの行政分野で目標や課題を設定し、それをどのようにして達成するかという観点で個別の事業を企画し予算化する。そして、事業実施後、予算通り実行したかだけでなく、その事業の目標や課題をどの程度達成できたかを評価（Check）する。そしてその評価を、次の企画及び予算に反映させて生かす（Action）。この一連の流れを、PDCAサイクルと呼ぶ。こうした政策評価の仕組みは、1996年度に三重県で始められた事務事業評価システ

が有名で、多くの地方公共団体にも導入され、一定の効率化に役立っている。ただし、政策評価は決して万能なものではなく、恣意性が排除し切れないなどの限界もある。

②外部監査

　行政運営の効率性を高める流れの一環として、外部監査制度の導入があげられる。監査委員による審査は、合法性と正確性中心のものにとどまり、効率性などの観点は不十分で、監査機能の専門性や独立性を強化する必要があるのではないか、といった問題意識などから、1998年10月に地方公共団体への外部監査制度が始まった。外部監査には、住民の監査請求などに基づく個別外部監査と、包括外部監査がある。包括外部監査は、都道府県、政令指定都市、中核市に実施が義務付けられており、それ以外の市町村は条例で定めることにより実施する。包括外部監査では、最小の費用で最大の効果を得るといった視点から、財務及び事業の監査を行う。外部監査制度の監査人は、弁護士、公認会計士、税理士、監査等の事務経験のある国・地方職員だった者の中から、議会の議決を経て契約を締結する。

　総務省によると、2010年8月1日時点において包括外部監査契約を締結している地方公共団体は119団体で、このうち任意に契約しているものが13市区だった[8]。

5　地方財政の役割

①本源的役割

　地方財政の本源的な役割は、資源配分機能にある。地方公共団体によって、住民などに必要な財やサービスを提供することが、地方財政最大の役割である。考え方として、時々のニーズや将来の必要性などから住民にとって必要な行政サービスを検討し、その財源を調達するという順序が望ましい。住民にとって必要な行政サービスは、歴史的背景・経済的状況、地理、住民の年齢構成など

様々な条件により異なるだろう。一方、財源には、国からの移転財源であれば厳しい上限があり、税は住民等の負担が生じる。そのため、財源調達の段階において、再びそれに見合うだけの必要性やニーズが存在するか、優先順位も含め再検討することになる。これらは、基本的に地方公共団体における政治のプロセスによって決まるべきもので、国によって決められたり、市場メカニズムから導かれるものではない。

しかし実際には、課税権が制限され、公債発行にも一定の制約がある地方財政の場合、得られる財源が先にあり、それに合わせて行政サービスを決めざる得ない面がある。また、地方公共団体が提供する行政サービスも、住民のニーズが先にあるとは限らず、国によって整備や提供を義務付けられているものが一定の割合を占める。さらに、基礎的自治体は、広域的自治体との関係もある。地方財政は、自由度の点で、国の財政とは大きく異なっている。

②派生的役割

地方財政には、派生的役割として所得再分配機能と経済安定化機能がある。これらは、いずれも本来は国が実施すべきものである。

市場における分配は、公平・公正とは限らない。一人勝ち現象、新卒時の不況、突然の倒産など、努力や能力と所得が必ずしも一致するとは限らない。また、病気、怪我、加齢など様々な原因により仕事ができないこともある。こうした状態を放置すると、社会が不安定になり、当該者のみならず社会全体にとって望ましくないだろう。所得再分配機能は、財政を通じて、所得や資産など比較的豊かな層から貧しい層へ所得移転を行う。政府による支出では、何らかの理由で所得がないか、または非常に少なく、資産等もない人に対する公的扶助などがある。そして、政府の財源調達では、所得や資産の多い人ほど税負担の比率が高くなる仕組みの税制などが活用される。

所得再分配において、基本的に地方公共団体は執行等で部分的役割を果たす。例えば日本において生活保護は、憲法で認められた生存権を制度化したナショナル・ミニマムのひとつである。その執行において各人の現状の把握は不可欠

だが、国がそれを行うのは困難であり、仮に国が直接実施するのであれば国の出先機関をきめ細かく設置するなど多額の費用の発生が予想される。それよりも、日常的に住民と接する機会の多い基礎的自治体などが実施すれば、より確実にしかも低い費用負担で行うことが可能になる。このように、国で定めた所得再分配機能を、執行にあたり地方公共団体が法定受託事務として行うケースが多い。ただし、所得再配分につながる行政サービスを、地方公共団体が自ら実施するケースもある。例えば、一定の年齢未満の乳幼児、児童、生徒などが医療機関等で受診した際に支払う保険診療のうちの自己負担分を、保護者の所得制限付きで助成する市区町村は、独自に資源配分機能を果たしていることになる。

　経済安定化機能は、財政を使って景気の振幅の抑制を図るものである。景気が落ち込む際、日本においては、公共事業の追加、減税、あるいは財政投融資の追加などによって、景気の下支えや回復を試みる。また、好況によってインフレ懸念が強い際には、増税や公共事業の削減などによって景気の過熱を抑えることができる。経済安定化機能は、こうした政府が能動的に実施するものを指すのが一般的だが、広義の概念として、ビルトイン・スタビライザー（自動安定化装置）と呼ばれる受動的なものもある。例えば、景気が悪化して個人所得が減少した際、累進税制の下で適用税率が低くなれば、税引後の所得の落ち込みは緩和される。

　景気対策そのものは、国によって企図されるものである。また、財政政策と並び経済政策の両輪と言われる金融政策は中央銀行によるものであり、地方公共団体に関わりはない。しかし、景気対策で頻繁に実施される公共事業の追加について見れば、そもそも公共事業の実施は日本において国よりも地方財政の方が多く、地方財政抜きにしては景気対策としての効力は著しく弱い。そのため、景気対策においても、国が国庫支出金を交付したり、地方債の同意枠の拡大や充当率引き上げを行うなど、財政措置を伴いながら地方財政も動員されることが一般的である。国が企画し地方公共団体が実施するという構造は、所得再分配機能と同様だが、経済安定化機能については、地方財政が独自に行う部

第 2 章　地方行政と地方分権

分も多い。とくに地域独自の産業の振興や、地域での雇用確保などを目的として、公共事業を実施することは多い。なお、税による景気調整は、地方独自のものはほとんどなく、国によって決められた地方税を含む特別減税などを、そのまま実施するといったものが大部分である。

注

1) Tiebout (1956).
2) Tiebout (1956), p.419.
3) 東京都が府から都になったのは戦時体制下の 1943 年、北海道はそれ以前から名称はあったが地方公共団体として道となったのは 1947 年の地方自治法施行からである。
4) 第 3 編付録 A、地方団体の財政、D 節職務の分掌。報告書の名称等は、総合司令部民間情報教育局訳による。詳しくは、The Shoup Mission (1949) を参照せよ。
5) 正式な名称は、「行政事務再配分に関する勧告」(1950 年 12 月 22 日)で、その後事務配分の特例について示した「行政事務再配分に関する第二次勧告」は、1956 年 9 月 22 日に出された。また、地方行政調査委員会議は、「行政事務再配分に関する勧告」の前に、「国庫補助金制度等の改正に関する勧告」(1955 年 10 月 14 日) も出している。
6) 地方分権一括法という法律はなく、地方自治法をはじめとする地方分権に関わる 475 本の法律等の改正や廃止をまとめてこのように呼ぶ。なお、一部 2000 年 4 月とは異なる施行期月の法律が含まれる。
7) 2015 年 1 月 1 日現在。国地方係争処理委員会は、横浜市による勝馬投票券発売税に対して、総務大臣が不同意とした件。この他、審査の申し出は、2009 年に北陸新幹線の工事実施計画の認可に関して新潟県からあったものの、審査の対象外として却下された。また、自治紛争処理委員は、我孫子市が申請した農用地利用計画の変更等について、千葉県が不同意とした件。なお、自治紛争処理委員制度は、普通地方公共団体間の紛争の調停なども可能で、2010 年に佐賀県から長崎県との間で紛争が生じている唐津湾沖における砂利採取法に基づく認可に関連する調停が申請され、2012 年に調停成立した事案があった。
8) 総務省「地方公共団体における外部監査制度に関する調査の結果」による。

第3章 予算制度

1 予算とは

①意味

　予算は、一定期間における各地方公共団体の支出及び収入の見積りを示すものである。ただし、予算ではこうした「支出」「収入」といった言葉は使わない。支出や収入は貨幣の動きを示すもので、予算ではそれを期間区分、すなわち一会計年度内の支出や収入を意味する「歳出」「歳入」という用語を使う。つまり、歳出や歳入には、必ず期間（一会計年度）の意味が含まれている。なお、予算書における会計年度の表記は元号だが、本書では国際比較等もあるので西暦で統一している。

　地方公共団体が活動するには、あらゆる面で資金の裏付けが不可欠であり、それを一会計年度の間、保障するのが予算である。予算のなかで少なくとも歳出に関しては、地方公共団体に対して財政権限を付与するものであり、また住民に財・サービスの提供を約束するものである。そのため、予算は執行にあたり、事前に議会における議決を必要とする。これが、事前決議の原則であり、民主的な財政運営に必要不可欠なルールである。予算に計上された歳出は、特別な定めのない限り、決められた対象に対し決められた金額内で支出しなければならない。予算に計上された歳出額を、1円でも（予算の最低単位は千円である）超えることは許されず、それが必要な場合には、予算を補正し改めて議決を経なければならない。

　それに対して、予算における歳入の位置付けはやや異なっており、一会計年度における収入の見通し額を示すものである。そのため、望ましいことではないが、歳入予算で計上した金額が実際には大きくはずれたとしても、法的な問題はない。例えば景気が上向いて税収が伸び、予算で計上した金額よりも現実

の歳入額が多かった場合、返済等は不要であり、とくに予算を変えなければ、剰余金として処理される。もしも年度の途中で税収の増加が明らかになり、その分を支出したければ、予算を変更する必要がある。一方、予算で計上した歳入額に現実の収入が不足する場合、予算を変えることが基本となり、もちろん、その分を追加課税することは許されない。もしも年度末の間際や出納整理期間において不足が明らかになった場合は、歳入欠陥として処理される。歳入欠陥は問題の多い処理の仕方であり、できるだけ避けなければならないが、もしもそうした事態に直面した場合、翌年度の歳入を繰り上げて当該年度の歳入に充てる繰上充用などで対処する。なお、災害によって歳入欠陥が生じた場合には、その財源として特別な地方債（歳入欠かん債）の発行が認められる[1]。

②**構成**

地方公共団体の予算は、歳入歳出予算のほか、継続費、繰越明許費、債務負担行為、地方債、一時借入金、歳出予算の各項経費の金額の流用、からなる。その中核をなすものが歳入歳出予算であり、一会計年度における支出と収入を項目ごとに区分し計上するもので、予算の本体と言えるものである。継続費は、地方公共団体が行う事業のなかで、大規模な事業計画に基づいて実施されるものなど、その履行が一会計年度に収まらず数年度を要するものを、経費の総額及び年割額を定め支出する経費のことである。繰越明許費は、歳出予算の経費のうちその性質上または予算成立後の事由により年度内に支出を終えない見込みのあるものが計上され、翌年度に繰り越して使用可能な経費である。債務負担行為は、おおむね2～3年の期間を要する建設事業などで、一会計年度を超えて債務を負担する行為を指す。地方債では、起債の目的、限度額、利率、償還の方法を明示する。一会計年度内に生じる資金の一時的な不足に対応する一時借入金は、その限度額が示される。

歳入歳出予算において、歳出は教育や消防など、その支出の目的によって区分される。一方、歳入は、資金の経済的性質に従って区分される。それぞれ区分の大きなものから、款、項、目、節に分けられる。このうち、目と節は実務

上の便宜から分けられるもので、事前決議の原則の対象となるのは、款と項である。款項目節の区分は、予算の調製の様式などと同様、国の定めた地方自治法施行規則（第15条）を基準としなければならない。例えば歳出は、総務費、民生費、教育費、土木費などが款で、総務費の項であれば総務管理費、企画費、徴税費など、目は徴税費であれば人件費・需要費など、節は各費目同一で、報酬、旅費、職員手当等、などに分かれる。歳入の款は地方税、地方交付税、地方債などで、地方税の項は、市町村民税、地方消費税、固定資産税など、目は市町村民税であれば個人と法人に分かれる。節は地方税であれば現年課税分と滞納繰越分に区分される（地方消費税は目と同じ）。

　ただし、予算を議会に諮る際には、予算に関する説明書をあわせて提出することが義務付けられており、そのなかで歳入歳出予算の各項の内容を明らかにした歳入歳出予算事項別明細書を添付しなければならない。予算に関する説明書ではその他、職員等の給与費の内訳を明示した給与費明細書、継続費についての前前年度末及び前年度末までの支出（見込み）額及び当該年度以降の支出予定額と事業の進行状況等に関する調書、債務負担行為で翌年度以降にわたるものの前年度末までの支出（見込み）額及び当該年度以降の支出予定額等に関する調書、地方債の前々年度末の現在高及び前年度末と当該年度末の現在高見込みに関する調書、その他予算の内容を明らかにするため必要な書類、が含まれていなければならない。

③会計年度

　地方公共団体に限らず国においても、日本の会計年度は教育年度と同じ4月1日から3月31日までである。そうしたこともあって、会計年度については年度とのみ表記することが一般的であり、本書もそれに倣っている。ただし、諸外国を見ると、会計年度（Fiscal Year）は様々で、日本と同じ期間の国としてイギリスやニュージーランドがあるものの、イギリスの教育年度（Academic Year あるいは School Year）は9月～8月、ニュージーランドは1月～12月である。会計年度で比較的多いのは暦年と同じ1月～12月で、フ

ランスやドイツなど大陸ヨーロッパの国でよく見られる。この他、アメリカは10月～9月など、国によって色々な時期がある。一方、教育年度は会計年度と異なり、9月開始の国（アメリカ、フランス、ロシアなど）が多く、その他8月（オーストリアなど）や1月開始の国（オーストラリアなど）が見受けられる程度である。

　日本の地方財政における会計年度の終了は3月末日だが、実際の実務における歳出や歳入の整理、そして確定には、一定期間の猶予が認められる。それが出納整理期間であり、その最終日を出納閉鎖期日と言う。出納整理期間は5月31日で、それまでは未収や未払いの整理を行うことができる。ただし、あくまで現金の出納を整理する期間のため、新たな契約などを結ぶことはできない。なお、発生主義に基づく地方公営企業では、現金の出納を整理する必要がないとの考えから、出納整理期間は設けられていない。

2 予算の種類

①会計

　地方公共団体の予算は、形式や性格によっていくつかに分けることができる。まず、形式に従って会計の種類で見てみよう。

　地方公共団体の会計を実際に見る時、注意しなければならないのは、個別の地方公共団体独自の会計と、地方財政全体として捉えたり各地方公共団体を横並びで比較するための会計が、それぞれ別のものとして存在している点である。

　まず、個別の地方公共団体において作成され、議会での事前決議を必要とする予算は、一般会計、特別会計、そして企業会計に分けられる。ただし、地方公共団体の予算は、単一会計での一体経理が原則である。これを、予算単一の原則と言う。その意図は、財政民主主義の確保のため、住民が一つの会計だけで当該地方公共団体の歳出歳入全体を見渡すことが可能にすることで明確性を確保し、健全性の確保にも資するということである。予算単一の原則に基づいて設置されるのが、一般会計である。予算単一の原則の例外が、特別会計の設

置である。特別会計は、一般会計で経理すると財政の明確化に反する場合に設置が認められる。予算単一の原則が明確性を主たる目的としているため、一体で経理すると却ってわかりづらくなる場合に特別会計を設置する。特別会計はあくまで例外の扱いだが、人口最小の地方公共団体である東京都青ヶ島村でも複数の特別会計が設置されていることからわかるように、地方公共団体の予算に不可欠な存在となっている。

　企業会計は、企業性を有する事業について設置される。一般会計や特別会計と民間企業の会計の中間的な位置付けのものであり、予算の内容が一般会計などとは異なっている。発生主義による会計処理や損益取引と資本取引の区分の存在、期間計算や費用配分、損益計算書（PL：Profit and Loss Statement）と貸借対照表（BS：Balance Sheet）の作成、資産・負債・資本の存在などが特徴としてあげられる。

　予算の計上方法など、国全体で定められた一定のルールはあるものの、特別会計や企業会計の数や種類、内容は、地方公共団体ごとに異なる。例えば2014年度において、東京都では特別会計15、企業会計が11、栃木県では特別会計10、企業会計6、秋田県では特別会計17、企業会計2である（表3-1）。こうした会計の姿は、各地方公共団体の事情に合わせて設置されたものであり、個別に見る分には問題ない。しかし、地方財政全体として集計し分析を行ったり、各地方公共団体の比較を厳密に行う場合には、適さないものである。また、同一の地方公共団体であっても、年度によって会計区分や数が変化することもあり、長期の推移を見る場合にも問題がある。そこで、全地方公共団体で共通の分類が用意されている。

　地方財政を全体または横並びで見る場合、一般会計及び特別会計の一部に相当するものとして普通会計がある。地方財政白書や市町村別決算状況調など、国で取りまとめられている統計などの多くは、この普通会計によるものである。そのため、本書でも、地方公共団体全体の歳出や歳入などを見る場合には、普通会計によるものが中心となっている。一方、公営企業などを地方財政全体で見る場合には、地方公営事業会計が用いられる。これも普通会計同様、全体把

表3-1 東京都、栃木県、秋田県の会計の違い（2014年度）

東京都		栃木県		秋田県	
一般会計		一般会計		一般会計	
特別会計	特別区財政調整	特別会計	公債管理	特別会計	証紙
	地方消費税清算		自動車取得税・自動車税納税証紙		母子寡婦福祉資金
	小笠原諸島生活再建資金		馬頭最終処分場事業		就農支援資金貸付事業等
	母子福祉貸付資金		県営林事業		中小企業設備導入助成資金
	心身障害者扶養年金		林業・木材産業改善資金貸付事業		土地取得事業
	中小企業設備導入等資金		母子寡婦福祉資金貸付事業		林業・木材産業改善資金
	林業・木材産業改善資金助成		心身障害者扶養共済事業		市町村振興資金
	沿岸漁業改善資金助成		小規模企業者等設備資金貸付事業		沿岸漁業改善資金
	と場		就農支援資金貸付事業		地域総合整備資金
	都営住宅等事業		流域下水道事業		環境保全センター事業
	都営住宅等保証金	企業会計	病院事業		公債費管理
	都市開発資金		電気事業		下水道事業
	用地		水道事業		港湾整備事業
	公債費		工業用水道事業		秋田県立病院機構施設整備等貸付金
	臨海都市基盤整備事業		用地造成事業		能代港エネルギー基地建設用地整備事業
企業会計	病院		施設管理事業		秋田港飯島地区工業用地整備事業
	中央卸売市場				工業団地開発事業
	都市再開発事業			企業会計	電気事業
	臨海地域開発事業				工業用水道事業
	港湾事業				
	交通事業				
	高速電車事業				
	電気事業				
	水道事業				
	工業用水道事業				
	下水道事業				

（資料）各都県予算書により作成

握や比較などのために作成されるものである。各地方公共団体の企業会計のほか、特別会計の一部などで構成されている。

普通会計や地方公営事業会計は、便宜上作成されるものであり、事前決議の原則などが適用されるものではない。また、普通会計や地方公営事業会計は、基本的に決算についてまとめたものである。そのため、予算段階における普通会計や地方公営事業会計といったものは、あまり見ることができない。

②予算の性格

次に、予算の性格に従って区分してみよう。年度当初に組まれる予算を、当初予算と呼ぶ。あるいは、本予算や通常予算[2]と呼ぶこともある。ただし、議会における審議の結果、否決されるなどの理由で3月末までに成立せず、当初予算の成立が年度初めに間に合わないこともある。当初予算の議会審議において、年度初めに間に合わせるため、意に沿わない議決をする必要はない。年度初めに当初予算の成立が間に合わない場合は、当面の期間に最小限必要な経費（給与など）のみを計上した暫定予算を、別途地方公共団体の長が編成して議会で議決する。必要であれば、暫定予算の期間を追加したものを再び長が編成し、議会で議決することも可能である。暫定予算は、当初予算が議決されるとその効力を失い、自動的に当初予算へ吸収される。暫定予算を組んだ場合でも、当初予算はそれを含んだ一会計年度すべての歳出と歳入を計上する必要がある。

年度の途中で、義務的経費が不足したり（例えば扶助費が不足）、追加的な支出が必要になったり（例えば公共事業を追加）、税収の見通しが狂ったり（予期せぬ景気悪化により税収が減少）などの事情で、当初予算を変更したり追加することができる。それが、補正予算である。補正予算の編成、審議などは当初予算と同じ形式を必要とするため、議会で議決されて効力を発揮する。ただし、実質的には変更点のみが焦点となるので、編成期間、審議期間ともに短い。

当初予算や暫定予算、そして補正予算は、制度上の種類としては国と同じである。地方財政独特のものとして、骨格予算と肉付け予算と呼ばれるものがあ

る。骨格予算とは、年度内に地方公共団体の長の改選が予定されている際、当初予算として義務的経費を主体に必要最低限の費目のみを計上するもののことをいう。肉付け予算は、地方公共団体の長の改選後、政策経費分を追加したもののことである。肉付け予算は、形式的には補正予算であり、暫定予算のように骨格予算を自動的に吸収するものではない。骨格予算と肉付け予算は、地方公共団体の長の改選時に組まれることが多いものの、義務ではなく、改選時にそれらが組まれないこともある。

3 主な財政ルール

①事前決議の原則と例外

　地方公共団体の予算については、国によって各種のルールが定められている。ここでは、そうしたルールのうち、とくに重要なものを見ておこう。

　これまでにも、民主的な財政運営のために、予算はあらかじめ議会で議決しなければ執行できないという、事前決議の原則を取りあげた。この事前決議の原則には、例外もある。それが、予備費である。一会計年度のなかには、災害をはじめ、予期せぬ支出を迫られることがある。もちろん、事前決議の原則があるため、本来は補正予算の編成によって対処するのだが、それでは時間的に間に合わず、住民に多大な不利益を生じさせてしまう恐れがある。予備費は、そうした際の支出に充てるためのものであり、各地方公共団体は毎年度必ず一般会計に予備費を計上しなければならない。ただし、特別会計では予備費を計上しなくても構わない。なお、予備費の使途について、議会で否決したものに充当することはできない。

　事前決議の原則は、歳出における費用間の流用についても適用されるものである。予算に計上される各款の間や各項の間において、相互に流用することは許されない。ただし、項間に限っては、予算の執行上必要がある場合に限り、事前にその範囲を議決しておけば、流用することができる。予算書で示さなければならない項間の流用については、多くの地方公共団体の予算書で共通して、

「各項に計上した給料、職員手当及び共済費（賃金に係る共済費を除く）に係る予算額に過不足を生じた場合における同一款内でのこれらの経費の各項の間の流用」とされており、その内容にとくに問題はない。目や節では流用に制限はないが、事前決議の原則の趣旨を鑑みれば、各地方公共団体で規則を設け、必要最小限にとどめなければならない。

　財政民主主義の確保という事前決議の原則の趣旨を適正に働かせるためには、こうした予算や予算に関する説明書など、すべて議会や住民に対して公開されなければならない。これが、予算公開の原則（あるいは公開性の原則）である。それでなければ、予算内容に対する賛否はもちろん、無駄がないかなどの精査をすることができず、行政の暴走を招きかねない。

②総計予算

　予算の種類の項目で、予算単一の原則を紹介した。明確性や健全性の確保などを目的としているが、同様の目的を持つルールに、総計予算（主義）があげられる。

　予算作成にあたり、歳出と歳入を相殺せず、両建てで整理する計上方法が義務付けられている。それが、総計予算である。地方公共団体が実施する事業には、国などの補助を受けて実施するものがある。例えば、義務教育教職員の採用や賃金の支払いは、原則として都道府県の事業だが、給与費の3分の1は義務教育費国庫負担金として国から都道府県等に交付される。都道府県等が実質的に負担するのは給与費の3分の2だが、総計予算の考え方では、給与費はすべて予算に歳出として計上し、歳入に国から移転された義務教育費国庫負担金を国庫支出金の一部として計上しなければならない。

　総計予算のもとでは、資金の流れがすべて示されることになる。予算を見れば、事業費全体がどのくらいの規模で、国がどの程度の資金負担を行い、結果として地方公共団体の負担がどうなっているかがわかる。これにより、明確性の確保につながる。

　総計予算と反対の概念のものとして、純計予算がある。これは、収入をあげ

るのにかかった経費を控除した金額を歳入に計上し、支出に伴い発生する収入を差し引いた金額を歳出に計上する方法のことである。純計予算は、一時借入金の収支など地方公共団体の予算のごく一部で、例外的に認められている程度である。

　地方公共団体は、簡便性などの観点から一定の条件の下で収支を相殺した契約を締結することができる。しかし、例え対外的に収支相殺の契約を結んだとしても、予算内での相殺は認められず、形式的に歳出と歳入それぞれ計上しなければならない。

③会計年度独立の原則・単年度主義

　各会計年度の経費は、当該年度の歳入で支出しなければならず、他の年度と区分されていなければならない。これが、会計年度独立の原則である。その意図は、財政の健全性の確保にある。翌年度の歳入を当該年度の歳出に充てるようなことがあってはならず、各年度の予算で歳出と歳入が均衡するように計上しなければならない。ただし、歳入には公債など将来に負担を転嫁する恐れのある債務性を有する資金が含まれるため、健全性の確保には会計年度独立の原則だけでは不十分で、公債の発行は公共事業などに限定する建設公債の原則など、その他のルールとあわせて考える必要がある。

　国も同様に、会計年度独立の原則に基づいているが、その例外の範囲について、違いがある。国の一般会計では、前年度剰余金受け入れなど例外として認められている範囲は狭く、資金や積立金等を置くことは特別会計の一部で認められているだけである。一方、地方公共団体では、剰余金や継続費の繰り越し、繰上充用、繰越明許費のほか、基金の醸成がかなり広い範囲で認められている。一般会計の款として歳出のひとつに積立金が、歳入には繰入金[3]があり、恒常的に予算計上されている。

　基金には、災害救助基金のように、地方公共団体に設置を義務付けているものもあるが、多くは各地方公共団体が任意で設置するものである。醸成されている基金のなかで件数が多いのは、各種の施設を整備するためのものである。

規模の小さい地方公共団体などでは、小学校の校舎建て替えなどでも、通常の年度における土木費の総額に匹敵するような場合もあり、単年度でそれをすべて財源調達するには無理が多いこともある。小規模な地方公共団体でなくとも、財源には限りがあり、安定した財政運営を続けるには、大規模な社会資本整備など長期的な視野に立って資金を醸成することが多い。また、地方公共団体は、国のように課税権を十分に持っている訳ではないうえ、公債を大規模に発行したりすることもできない。比較的規模が大きい基金には、地方債の償還や適正な管理に必要な財源を確保するための減債基金や、財政の健全な運営のために年度間の財源調整を図る財政調整基金がある。なかでも財政調整基金は、地方公共団体にとって、使途の自由度の高い基金である。基金について東京都を例に取ると、全部で29基金あり、2014年度の平均残高は2兆5,900億円を見込んでいる。東京都の2014年度一般会計予算は6兆6,667億円で、基金の総額はその4割弱の規模にのぼる。

　会計年度独立の原則と一見すると似ているルールに、予算の単年度主義がある。これは、予算を毎年度策定し、それぞれの年度で議会において議決しなければならないというものである。予算の単年度主義は、民主的な地方財政運営のため、毎年度の議会における審議権に着目したもので、健全性に重きを置く会計年度独立の原則とは、その趣旨が異なっている。

④現金主義

　会計処理では、現金の授受の時点で損益を整理計算しなければならない。これを、現金主義と呼ぶ。歳出であれば代金の支払いのあった時点、歳入であれば収入があった時点を基準とする。そして、公債金収入は歳入に計上され、公債償還費は歳出に記載される。これは、現金授受という単純でわかりやすい行為に着目した制度であり、民主的な財政運営における明確性を強く意識したルールである。

　一方、民間企業の会計は、発生主義が基本である。これは、現金の授受にかかわらず、財産価値の減少・増加・移動の事実が発生した時を基準に計算整理

する会計処理の原則のことである。発生主義では、借入金を収入に計上せず、債務償還費は支出に含まない。また、借入金によって施設を建設した場合、負債（借入金残高）と資産（施設の現在価値）にそれぞれ計上され、その施設の価値が減った分（例えば経年劣化）を減価償却費として支出に計上することになる。発生主義は、現金主義に比べ複雑でわかりづらい面はあるが、当該企業等の財務状況を適格に捉えられる利点がある。

現金主義の明確性は、一方で財務状況をわかりづらくする欠点を持つ。例えば、地方債残高を減らすために一般会計から多くの債務償還費を支出すれば、無理をした支出でない限り実質的な健全性は向上するはずだが、当面の歳出は膨張する。同じ施設でも古いものが多い地方公共団体と新しいものが多いところとでは、将来にわたる維持補修費や建替費用は大きく異なるはずだが、それは見えてこない。各種施設の当面の維持補修をしなければ、歳出が抑制され一見健全に見えるものの、実質的にはそうでないことは明らかだが、現金主義ではそうしたことは見えてこない。

⑤情報公開と公会計改革

地方公共団体の運営を効率化するには、情報公開が不可欠である。そもそも、効率化以前に、住民に対してわかりやすい一方で詳細な情報の開示は民主的な財政運営の基礎をなすものである。

そこで、積極的な情報開示とNPMの考え方を背景として、公会計の改革も行われてきた。上述のように、企業会計以外の会計の処理は現金主義に則っている。もちろんそれには明確性などの理由があるからだが、現金主義だけでは、資産や負債といったストック情報が不十分になりがちである。そこで予算とは別に、企業会計に準じた形での、貸借対照表の作成や連結決算、発生主義会計の作成が国から地方公共団体に対して要請されている。地方公共団体では、国が示した新地方公会計モデル（基準モデル及び総務省方式改訂モデル）や独自のモデルを用いて、連結財務書類の作成が進められている。ただし、多くの地方公共団体で簡便な作成方式である総務省方式改訂モデルが採用されており、

本格的な複式簿記は導入されておらず、事業別や施設別の分析ができていない、固定資産台帳の整備が不十分といった指摘がなされている[4]。

こうした公会計改革は、とくに資産について従来より多くの情報が盛り込まれ、その点で前進していることは確かだが、売却不能あるいは売却が決して望ましくない資産が計上され金融負債と相殺されるなど、あまりに企業会計との近似を優先させすぎて、財政状況がわかりづらく、活用しづらいものになっている面もある。また、貸借対照表においてほとんどの地方公共団体は資産超過となり、それで財政的に問題がないかのような印象を与えかねず、課題も多い。あえて資産と負債を相殺せず、それぞれを厳密かつ詳細に列挙する方が、地方公共団体の財政分析には使いやすいかも知れない。

公会計改革関連以外でも、多くの地方公共団体の情報が積極的に開示されるようになっている。例えば各地方公共団体の決算カードや財政比較分析表など、詳細なデータと使い勝手の良さをともに追及した情報が開示されるようになっている。ただし、決算カードのような国で作成を要請しているものはすべての地方公共団体で揃っていても、情報公開全般について言えば、地方公共団体間の差がかなりある。しかし、地方分権が進められる一方で財政難の現状では、住民参加の必要性はより重要になっており、その際に多くの情報が開示されていなければならない。

4 予算編成から決算まで

①予算編成

予算の編成は、首長の専権事項である。予算編成の時期は、地方公共団体によって様々だが、秋頃に首長から翌年度の予算の編成方針が示され、公式にスタートすることが多い。そして、各部局は予算編成方針の下、翌年度の予算要求を取りまとめ、財政担当部局に提出する。予算編成方針提示から予算要求までは、1か月程度の期間を設けることが多いようである。その後、予算内容を財政担当部局が査定し、様々なやり取りを経て、翌年2月頃までに予算案がで

きあがる。できあがった予算案は、議会に提出され、審議される。都道府県及び政令指定都市の場合、遅くとも年度開始前30日、その他の市及び町村は20日までに予算を議会に提出しなければならないルールとなっている。議会では、まず委員会（予算特別委員会や予算審査特別委員会など、地方公共団体によって名称は異なる）に付託され審査された後、本会議で議決する。なお、予算編成権は首長の専権事項のため、議会は予算内容を変更したい場合には、勝手に修正することは許されず、否決しなければならない。

　この過程を、東京都武蔵野市の2014年度予算で追ってみよう。2013年夏明け頃から各課の予算概算要求のヒアリングを行ったうえ、予算編成方針を各部に提示し、予算編成説明会を開催したのは、10月後半である。そして、各部の企画調整担当課が取りまとめた予算要求書を、11月20日までに財務部財政課へ仮提出し、財政課で点検し、必要に応じ各部と調整のうえ、最終提出期限が11月25日であった。その後、財務部による査定を実施し、12月18日に第一次予算内示、市長による最終予算査定（2014年1月14日〜16日）を経て、2月14日の定例記者会見で市長から予算案が発表された。予算案は、2月21日に議会へ提出され、24日に各会派から代表質問、そして質疑を経て、27日に本会議で予算特別委員会の設置と付託が決定された。その後、各会派より資料要求が提出され、3月12日に予算特別委員会において委員長の選出やその後の進め方の決定、13日から実質5日間の予算審査が行われ、最終日の19日に可決された。そして3月26日に本会議において予算特別委員会における審査内容の報告がなされ、質疑の後に可決され、予算は議決された。

　地方公共団体は、国のような議院内閣制とは異なり、首長と議会がそれぞれ選挙で選ばれる二元代表制を採用している。首長と議会は相互に抑制と均衡を図りながら地方公共団体を運営していく。予算については、編成権が首長の専権事項のため、議会にはチェック機能が求められている。しかし、議会による予算審議は、形骸化しているという声もしばしば聞かれる[5]。オール与党体制などを原因としてあげることも多いが、その理由のひとつに、審議期間の短さもあげられる。審議期間の短さの背景には、国の予算編成（市町村の場合は都

第 3 章　予算制度

道府県の予算編成も）を一定程度見極めないと移転財源の額の増減や国の施策と連動する部分がわからないという事情により、やむを得ない面がある。しかし、審議のための準備時間が短く、また審議が十分に尽くせない恐れがある。とくに、注目されることの少ない特別会計の審議不足が懸念される。短い期間で、厳密かつ精力的な審議が不可欠である。技術的には、暫定予算を利用して審議期間を長くとることも不可能ではないが、そもそも暫定予算を組む趣旨に反するだけでなく、住民生活への影響もあり望ましい方法ではない。

②補正予算編成への国の影響

　当初予算の編成において、国の予算の影響を受けるため審議期間が短くなりがちだと述べたが、補正予算の編成についても、地方公共団体は国の影響を強く受ける。補正予算は、当初予算の内容を修正する必要がある場合に組まれるものだが、各地方公共団体独自の事情による補正に加え、国の補正予算や市町村であれば都道府県の補正予算の影響を受けることがある。とくに景気対策実施の際に国が補正予算を組んだ場合、土木費などの大幅増加に対応する必要がある。

　補正予算の理由として最も件数が多いのは、第 8 章で詳述する地方交付税に関連したものである。地方交付税について年度当初までに決まっているのはその総額だけであり、各地方公共団体への配分額は未定である。そのため、各地方公共団体は、歳入の款のひとつである地方交付税の金額を、前年度のものなどを参考にやや厳しめに見込んだ数値を計上することになる[6]。その後、普通交付税の配分額が当該年度の 7 月末頃（法律上の期限は 8 月末日）に決まり、それに合わせて補正予算を組む必要がある。また、特別交付税は特例交付がない場合でも当該年度の 12 月にまず一部が配分され、そして年度末の 3 月に最終的な金額が決定し配分されることから、それぞれの時期に補正予算を組む必要に迫られる。2013 年度において普通交付税、特別交付税がともに不交付だった地方公共団体は、東京都のみであり、他の道府県及び市町村はすべて交付されている。そのため、ほとんどの地方公共団体では、地方交付税関連で補正予

算を組む必要がある。

③執行・決算

　予算の内容を実際に行うことを、執行と言う。予算の執行は、首長の専権事項であり、首長の責任において実施しなければならない。首長は、会計事務を処理するために、会計管理者を置かなければならない[7]。そして、会計管理者の下、現金の出納はじめ実際の経理処理が行われる。予算の執行にあたっては、各地方公共団体において様々な事務処理のためのルールが定められている。例えば東京都では、東京都予算事務規則において、予算の編成と執行に関する事務の手続きを定めている。また、地方公共団体の長は、予算の執行にあたり、毎年度執行計画を策定しなければならない。計画は四半期単位のものが多いようだが、東京都では四半期のものに加え、月次の執行計画を作成している。予算の執行に際しては、資金管理も重要である。東京都の例では資金収支計画を作成している。また、実際に予算を執行する途中で、東京都では、歳出予算については半期ごとに実績報告書を作成し、資金の収支や都税の調定や収入状況をまとめている。

　一会計年度における執行の実績を取りまとめたものが、決算である。年度終了後、会計管理者は、各部局等の長から提出された歳出歳入の決算資料を取りまとめる。そして、出納閉鎖後3か月以内に、決算を附属資料（歳入歳出決算事項別明細書と実質収支に関する調書及び財産に関する調書）とともに、首長に提出しなければならない。首長は、決算と附属資料を監査委員に提出し、審査を受けなければならない[8]。監査委員は、合法性、正確性、効率性などの観点から審査し、意見を付ける。地方公共団体の長は、監査委員の意見の付いた決算と附属資料に加え、主要な施策の成果を説明する書類などを、次の当初予算を審議する定例会までに、議会へ提出しなければならない。議会では、決算内容について審査したうえで、認定を行う。ただし、認定そのものに強制力はなく、仮に議会で決算が認定されなくても、違法性などがない限り、執行された予算の有効性は揺るがない。その後、首長は、決算の要領を住民に公表する

義務を負っている。

　決算については、その注目度の低さを問題とされることがある。その背景として、オール与党体制下での審査になることが多く、決算内容にメスを入れることが憚られる空気があることの他、議会による決算審査に対する効力の弱さがあげられる。決算の審査は以降の予算編成に生かしてこそ、価値が出るものである。しかし、いくら決算の審査を丁寧に行ったとしても、将来の予算へ反映される保証はない。おのずと議会の関心は、予算中心になりがちである。また、住民への公表も、予算のものに比べ形式的な内容にとどまることが多く、仮に住民がチェックしたくても十分に行うことができない場合がある。

5 地方財政計画

　ここまでは、主に個別の地方公共団体の予算に関する仕組みやルールなどを見てきた。本章の最後に、地方財政全体について考えてみよう。もちろん、実際にあるのは個別の都道府県や市区町村それぞれの予算で、地方財政全体としての予算が存在するわけではない。地方財政全体の予算にある程度近似するものとして用いられるのが、地方財政計画である。

　地方財政計画とは、翌年度の地方財政全体の歳出及び歳入見込み額のことである。総務省中心に国が作成し、国の予算とともに国会へ提出される。地方財政計画は各地方公共団体の予算を集約したものではなく、逆に各地方公共団体の予算に影響を与える存在である。地方財政計画作成の目的は、第一義的に翌年度の地方交付税総額算定のためである[9]。ただし、必ずしも地方交付税総額算定のためだけとは言えず、あるべき地方財政の姿を地方公共団体などへ提示すること、地方債の計画的発行と財源の確保、国による地方財政規模の把握、国の予算との整合を図るなどの目的もある。また、地方財政計画の対象範囲は、地方公共団体の予算のすべてではない。例えば、普通会計が対象で地方公営企業会計は含まれないし、法定外税や超過課税など各地方公共団体の独自の財源なども対象外である。

地方財政計画は、予算と同様に、歳出と歳入に分かれる（表3-2）。しかし、款項目節には分かれておらず、また歳出の区分の仕方は予算のような目的別でなく、性質別のものになっている。さらに、一般行政経費や投資的経費において、補助、単独、直轄といった区分があるのも予算では見られない特徴である。補助とは、国の補助金等を受けて実施する事業のことで、単独は補助金等を伴わないもの、直轄とは国の直轄事業に対する地方公共団体の負担額のことである。

表3-2　地方財政計画の概要（2015年度、通常収支分）

（単位：兆円、％）

歳出	金額	構成比	歳入	金額	構成比
給与関係経費	20.3	23.9	地方税	37.5	44.0
一般行政経費	35.1	41.1	地方譲与税	2.7	3.1
（補助）	(18.5)	(21.8)	地方特例交付金	0.1	0.1
（単独）	(14.0)	(16.4)	地方交付税	16.8	19.6
（国民健康保険等関係事業費）	(1.5)	(1.8)	地方債（除く臨対債）	5.0	5.8
（まち・ひと・しごと創生事業費）	(1.0)	(1.2)	臨時財政対策債	4.5	5.3
地域経済基盤強化・雇用等対策費	0.8	1.0	国庫支出金	13.1	15.3
公債費	13.0	15.2	手数料・使用料	1.6	1.9
維持補修費	1.2	1.4	雑収入等	4.1	4.8
投資的経費	11.0	12.9			
（直轄・補助）	(5.7)	(6.7)			
（単独）	(5.3)	(6.2)			
公営企業繰出金	2.5	3.0			
不交付団体水準超経費	1.4	1.6			
計	85.3	100.0	計	85.3	100.0

（注）この他に、東日本大震災分がある
（資料）総務省編『平成27年度地方財政計画』により作成

第 3 章　予算制度

> 注

1）歳入欠かん債は、制度上の名称がそのようになっている為、仮名交じりで表記している。一方、財政現象としての財政欠陥は、すべて漢字で表記する。
2）地方自治法における決算を規定する第 233 条 3 には、「通常予算」という文言がある。一方、当初予算や本予算といった表現は、同法などにはない。しかし、地方財政計画において、東日本大震災分と分ける意味で通常収支分という表記があり誤解を招きかねないことや、地方公共団体において当初予算と呼ぶことが多いことから、ここでは当初予算とする。
3）地方公共団体の一般会計における繰入金は、基金の取り崩しによるものだけでなく、特別会計からの資金移動にも用いられる。
4）新藤義孝総務大臣「今後の地方公会計の整備促進について」（2014 年 5 月 23 日）における指摘など。なお、総務省では、2015 年 1 月 23 日に具体的なマニュアルを公表し、2015～17 年度の 3 年間（やむを得ない場合に限り 5 年間）で地方公共団体の統一的な基準による財務書類等の作成を要請している。
5）夕張ショック（2006 年）において初めて露呈したいわゆる「飛ばし」について、市議会によるチェックの甘さを指摘する声は大きかった。
6）総務省は「平成 26 年度の地方財政の見通し・予算編成上の留意事項等」（2014 年 1 月 24 日）において、地方交付税全体について「各地方公共団体における地方交付税の額を見込むに当たっては、前年度の決定額に単純に地方交付税総額の対前年度比を乗じるなどの方法を用いることにより、結果として過大な見積りを行うことのないよう」（31 頁）、特別交付税については、「予算計上に当たっては、過大に計上することのないよう慎重に見積もること」（34 頁）と技術的助言をしている。
7）2006 年度末まで、特別職として都道府県は出納長、市町村は収入役を置くことが義務付けられていたが、2007 年度から会計管理者は一般職となった。ただし、知事、副知事、市町村長、副市長村長、そして監査委員と親子、夫婦、兄弟姉妹の関係にある者が就任、継続できない点は変わっていない。
8）監査委員は、都道府県と政令指定都市は 4 人以上、それ以外の市町村は 2 人以上必要で、地方公共団体の長が有識者及び議員から議会の同意を得て任命する。会計管理者同様、知事、副知事、市町村長、副市長村長と親子、夫婦、兄弟姉妹の関係にある者は就任、継続できない。
9）実際、地方財政計画作成の根拠は、地方交付税法第 7 条である。

第4章 歳出の全体像

1 規模

①歳出決算額

　地方財政の本源的な役割は、住民等のために財やサービスを提供することにある。政府の活動には貨幣の支出が不可欠で、それを一会計年度で区切ったものが歳出である。本章では、地方財政の歳出の全体像について考える。なお、ここでは、地方財政全体で捉えるため、地方公共団体共通の枠組みである普通会計の決算をベースにしている。

　まず、地方財政の規模から見てみよう。2013年度歳出額（普通会計決算）は、都道府県が50.1兆円、市町村[1]は54.9兆円である。都道府県と市町村の間には、都道府県から市町村へのいわゆる補助金にあたる都道府県支出金や、市町村による都道府県主体公共事業への負担金など、重複分が7.6兆円ある。そのため、地方財政全体で見た歳出純計額は、97.4兆円である。

　個別の地方公共団体の歳出額は、大きく異なっている。例えば都道府県で見ると、最大の東京都は6.2兆円、最小の鳥取県が0.3兆円である。市町村の最大は大阪市で1.7兆円、最小の青ヶ島村は9億円であり（市で最小は歌志内市の48億円）、大きな差がある。ただし、人口の差と比較すれば、大幅に縮小している。ちなみに、都道府県の人口の最大と最小、市町村の最小は歳出と同じ地方公共団体だが、市町村の人口の最大は横浜市である。

　歳出額の大きさを地方公共団体間で比較する場合、人口一人あたりの金額を見ることで、住民の数の大小を無視できる。ただし、都道府県の事業の一部を実施している政令指定都市はじめ、業務範囲に差があるものを比較する場合には、注意が必要である。また、都道府県の比較でも、神奈川県のように県内に政令指定都市が3市存在する例もあり、単純に比較できないこともある。そこ

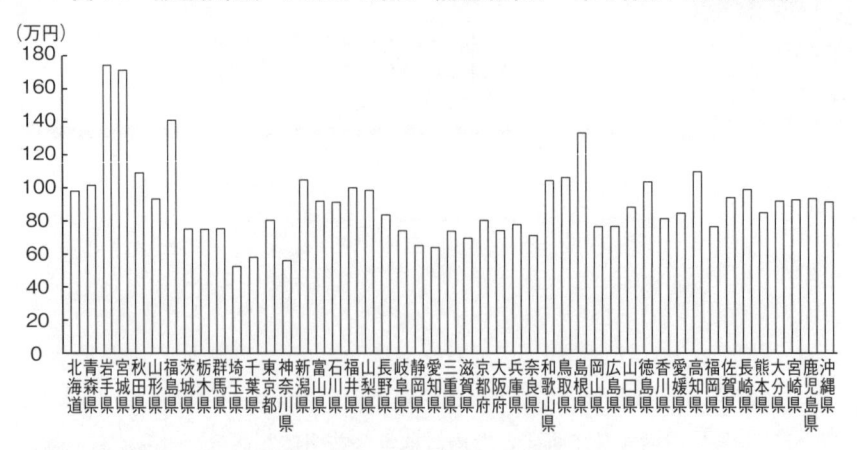

図 4-1　都道府県別一人あたり歳出（都道府県分＋市町村分、2012 年度）

(資料) 総務省編『地方財政統計年報』地方財務協会、により作成

で、2012 年度のものだが、都道府県と各都道府県の市町村を単純合計して、都道府県別一人あたり歳出額を比較してみよう（図 4-1）。2012 年度における全国の平均額は、81 万円である[2]。人口の多い都府県で低い傾向にあり、最低は埼玉県の 53 万円である。一方、最高は岩手県の 173 万円だが、これは東日本大震災からの復興分が多く含まれているからで、震災の被害にあった県を除くと島根県の 133 万円が最高である。全般的に、人口の少ない県は高い傾向にある。

②推移

次に、歳出の推移を見てみよう（図 4-2）。歳出金額は、1995 年度頃まではほぼ一貫して増加傾向にあった。1973 年の第一次石油危機までの高度経済成長期はもちろん、その後も 1980 年代まではある程度の実質経済成長や物価の上昇が背景にあった。1990 年代に入りバブル崩壊によって税収が大幅に減少したものの、景気対策などもあり 1990 年代前半頃までは変わらず増加していた。それが、1990 年代後半以降は横ばいあるいは減少に転じ、その後 2008 年度か

第4章　歳出の全体像

ら再びやや増加傾向にある。なお、国の一般会計歳出決算額が減少に転じたのは 2000 年代に入ってからで、またリーマン・ショック（2008 年）に端を発した世界同時不況への対応などで 2000 年代終わり頃から大幅に増加している。それに比べると、地方財政の歳出は減少に転じた時期が早く、リーマン・ショック後の増加幅は小さい。その背景として、1990 年代終わり頃に、東京都をはじめとした大都市圏の地方公共団体が財政難に陥り[3]、その後は三位一体の改革や総人件費改革などで今度は地方圏を中心に歳出を抑制したことが大きい。なお、国・地方ともに、高齢化の進展に伴う社会保障関連の費用が増加しており、基調として歳出規模の膨張要因がある。

　長期の推移を見る場合、物価変動などがあるので、金額だけを見るのは問題がある。とくに、1980 年代までは物価が恒常的に上昇していた。そこで長期の動きを追う場合には、名目 GDP（国内総生産、Gross Domestic Product）比の数値を併せて見る必要がある。それによると、1970 年代まで急速に上昇

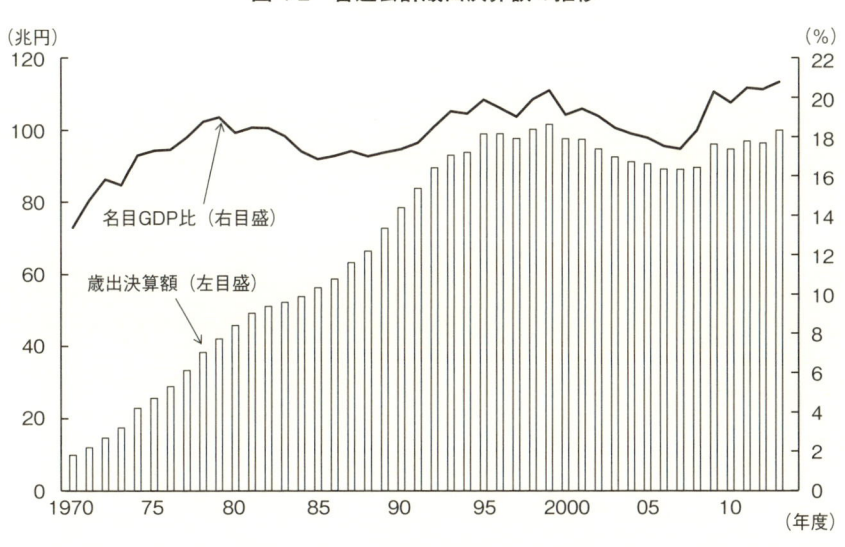

図 4-2　普通会計歳出決算額の推移

(資料) 総務省編『地方財政白書』、総務省「平成 25 年度地方公共団体普通会計決算の概要」により作成

しているのは、金額と同じである。ただし、細かく見ると、名目 GDP 比は第一次石油危機の時に低下しているという違いがある。これは、第一次石油危機により物価が高騰し、名目 GDP が地方財政の歳出額より大きく伸びたためである。歳出額との傾向的な違いは、第二次石油危機（1979 年）以降に顕著となる。1980 年代前半は財政再建の影響もあり、名目 GDP ほど地方の歳出額が伸びず、1980 年代後半も名目 GDP 比は横ばいで推移していた。1990 年代は、前半がバブル景気時に策定された各種事業と景気対策により上昇へと転じ、後半は横ばいとなった。財政構造改革などにより 2000 年代が下落傾向になったのは金額と同様だが、その後の上昇は名目 GDP 比においてより顕著である。これは、物価上昇率がマイナスになったことによる。

③国内総生産と地方財政

次に、地方財政の大きさを、経済活動のなかで捉えてみよう。政府は家計や民間企業などと同様、重要な経済主体のひとつであり、その活動は他の経済主体に大きな影響を及ぼしている。国民経済計算体系（SNA：Systems of National Accounts）において、政府は一般政府と定義され、中央政府、地方政府、社会保障基金に分かれる。2013 年度に国内で生み出された付加価値を示す名目 GDP は、501 兆円である（表 4-1）。このうち、一般政府が約 4 分の 1 にあたる 124 兆円を生み出した。一般政府のなかでは地方政府がその半分弱

表 4-1　名目国内総生産の概要（2013 年度）

(単位：兆円)

	家計	企業等	一般政府			計
			中央政府	地方政府	社会保障基金	
国内総生産	305.1	71.0	20.1	53.4	42.6	501.1
うち最終消費支出	289.2	7.3	15.6	40.7	42.5	395.3
うち総資本形成	15.9	70.6	4.5	12.7	0.0	103.7
うち純輸出	-	-	-	-	-	- 15.9

(注) 1. 国内総生産を支出側から見たもの
　　 2. 企業等には、公的企業を含む
(資料) 内閣府経済社会総合研究所国民経済計算部編『国民経済計算年報』により作成

を占め、最も大きい。また、社会保障基金の一部は地方公営事業会計に属するので、地方財政が関わり生み出された付加価値はそれ以上である。

　GDPを支出面から見ると、大きく最終消費支出（消費など）と総資本形成（投資など）、そして純輸出（輸出－輸入）に分けることができる。最大の最終消費支出395兆円のうち、一般政府は102兆円で、地方政府はその約4割を占める。地方政府の存在感がより大きいのは、公共事業などの総資本形成である。国全体における総資本形成104兆円のうち、一般政府は22兆円だが、地方政府がその約4分の3を占めている。

　このように、地方財政がGDPに占める割合は、総資本形成をはじめ非常に大きいことがわかる。国が企画した景気対策を実施する際、地方財政が同調しなければ、大きな効果は生みにくいだろう。

2　国と地方の関係

①歳出額

　歳出を、国と地方で比較してみよう。2012年度決算において、国の一般会計及び事業関連の7特別会計の純計額が104.5兆円[4]、地方の普通会計歳出額は96.4兆円だった。これらのうち、地方交付税や国庫支出金など国から地方への支出が36.2兆円、国直轄事業負担金など地方から国への支出が0.9兆円あり、これら重複分を除いた歳出純計額は163.8兆円だった。

　このうち、最終的な支出を行った主体で区分すると、全体の58.3%に相当する95.5兆円が地方によるもので、41.7%の68.3兆円が国だった（表4-2）。つまり、国民生活に直接与える影響としては、国よりも地方が大きく、概ね国4に対し地方6という割合であった。ただし、地方の歳出の財源には、国からの移転財源が多く含まれていることに、留意すべきである。

　歳出の内容を概観してみよう。支出の目的によって区分したもので見ると、国のみが支出しているものに、防衛費、外交費、地方財政費、貨幣製造費がある。これらは、地方財政全般に関わる企画立案業務などの地方財政費を含め、

表4-2 国・地方の目的別歳出純計額 (2012年度決算)

(単位:兆円、%)

費目	国	地方 (a)	計 (b)	地方比率 (a/b)
機関費	3.3	14.1	17.4	81.0
一般行政費	0.4	8.0	8.4	95.4
司法警察消防費	1.4	5.1	6.5	78.7
外交費	0.8	−	0.8	−
徴税費	0.7	1.0	1.7	56.6
貨幣製造費	0.0	−	0.0	−
地方財政費	0.2	−	0.2	−
防衛費	4.8	−	4.8	−
国土保全及び開発費	4.0	12.7	16.7	75.9
国土保全費	0.6	1.6	2.2	74.0
国土開発費	3.2	10.1	13.2	76.1
災害復旧費	0.1	1.0	1.1	88.2
その他	0.2	−	0.2	−
産業経済費	6.0	7.4	13.4	55.3
農林水産業費	2.1	1.2	3.3	36.7
商工費	3.9	6.2	10.1	61.3
教育費	3.2	16.6	19.8	83.8
学校教育費	2.0	13.1	15.1	86.7
社会教育費	0.1	1.1	1.3	89.2
その他	1.1	2.3	3.4	68.8
社会保障関係費	21.8	31.7	53.6	59.2
民生費	20.0	24.5	44.4	55.1
衛生費	0.1	6.2	6.3	98.5
住宅費	0.0	1.0	1.0	97.1
その他	1.7	0.1	1.8	5.3
恩給費	0.6	0.0	0.6	3.6
公債費	21.2	13.0	34.2	38.0
前年度繰上充用金	−	0.0	0.0	100.0
その他	3.2	−	3.2	−
合　計	68.3	95.5	163.8	58.3

(資料) 総務省編『地方財政白書』により作成

当然国のみで行うべき性格の事業だろう。また、費目が分解されていないため確認できないものの、司法警察消防費のうち司法費についても国のみの支出だろう。この他、恩給費、農林水産業費、公債費などで国の比率が高い。

一方、地方のみで支出している前年度繰上充用金は、地方財政独特の仕組みに基づくものである。それ以外では、地方のみが支出している費目はない。地方の比率がとくに高い主要費目には、衛生費、住宅費、一般行政費、社会教育費、災害復旧費、学校教育費、司法警察消防費などがある。このうち司法警察消防費は、司法費を控除すれば、地方の比率がさらに高くなると考えられる。こうして地方の比率が高い費目を列記すると、我々の生活に近いものが中心であることを確認できる。ただし、上述の財源の問題に加え、いずれの分野でも国の関与がないとは言えず、行政責任の明確化が実現しているとは限らないという課題が残る。

②国際比較

G7各国における歳出に占める地方政府の割合を、SNAベースで比較してみよう（表4-3）。なお、SNAベースの数値は、決算額のものとは統計上の枠組みが異なるものの、統一的な基準で作成されているため、国際比較に向いている[5]。

イギリス、フランス、イタリアといった日本を除く単一制国家において、地方政府の歳出規模は、中央政府の3～5割程度に過ぎない。一方、連邦制国家であるアメリカとドイツは、州政府の歳出規模が連邦に準じる大きさ、カナダの州政府は連邦政府を大きく凌ぐ規模である。アメリカはデータがないので不明だが、ドイツにおける地方政府のみの規模は連邦政府の約5割であり、州政府と地方政府を合計すれば連邦政府の1.5倍程度の大きさになる。また、カナダは連邦政府の2倍の規模になる。ただし、連邦制国家の地方政府を単一制国家のものと比較すれば、イギリスは中央政府の3割程度で少ないが、それ以外は単一制国家・連邦制国家の別なく5割程度で、大きな差はなくなる。

日本の地方政府の歳出規模は、中央政府に準じた水準である。同じ単一制国

家であるイギリス、フランス、イタリアと比べ、地方政府の中央政府に対する歳出の大きさは歴然としている。一方、連邦制国家の州政府と地方政府の合計と比較すれば、カナダやドイツはもちろん、アメリカに関しても恐らく中央政府・連邦政府に対する歳出の比は、日本の方が小さいと評価できるであろう。しかし、ドイツやカナダの地方政府のみと比較すれば、中央政府・連邦政府に対する歳出の比率は、日本の方がかなり大きいということになる。

こうして見ると、日本の地方政府を国と比較した歳出規模は、日本以外の単一制国家に比べはるかに大きく、連邦制国家と比較してもその対象次第で決して見劣りしない水準にあることがわかる。

表4-3　中央・連邦政府を1とした場合の州・地方政府支出の大きさ
（SNAベース、2013年）

	中央・連邦政府	州政府	地方政府	州＋地方
イギリス	1	—	0.28	—
フランス	1	—	0.52	—
イタリア	1	—	0.51	—
日本	1	—	0.85	—
アメリカ	1	0.80	（データなし）	（データなし）
ドイツ	1	0.97	0.57	1.54
カナダ	1	1.57	0.58	2.15

（注）日本は2012年
（資料）OECD, National Accounts, OECD. により作成

3 歳出規模膨張の理論仮説と現実

①所得上昇とデモンストレーション効果

　財政の主たる存在意義は政府による財やサービスの提供にあり、基本的な考え方としては、量出制入（出ずるを量りて入るを制す）でなければならない[6]。しかし、現実の地方財政においては、財源に制約があるため、量入制出（入るを量りて出ずるを制す）になりがちである。ただし、下方硬直的であり、また徐々に増加する傾向を持つことも事実である。

その理由として、所得の上昇が行政サービスの需要の高まりにつながり、地方財政の場合にはそれがデモンストレーション効果によって拍車がかかるという仮説がある。所得の上昇が行政サービスの需要の高まりにつながると説いたのは、アドルフ・ワグナー（Adolf Wagner）によるワグナーの法則（経費膨張の法則）である。ワグナーは、国が発展するに従い、国民のニーズの高まりなどによって教育や社会保障分野などへの支出が拡大を続けると考えた。ハーバート・ティム（Herbert Timm）は、ワグナーの法則をより現実に適用させる為、タイム・ラグ仮説を唱えた。タイム・ラグ仮説では、公共サービスの需要は所得増加から時間的に遅れるため、経費の膨張が段階的に生じるとしている。遅れる原因には、一人あたり所得がある水準を超えてはじめて行政サービスへの需要が高まるという自然的ラグ、大衆の所得増が支配層の資本蓄積より遅れるために生じる体制的ラグ、所得分配等の変更には一定の時間がかかるという制度的ラグ、があるとした。こうした理論仮説は、必ずしも現実化している訳ではない。しかし、そうした素地があり、常に気を付けなければいけないという教訓になるものである。

　デモンストレーション効果は、こうした経費膨張に拍車をかけるものとして位置付けられる。デモンストレーション効果とは、元々消費行動に関して指摘されているもので、自分の効用や所得ではなく、他人の消費に影響されて行動することを指す。地方財政におけるデモンストレーション効果とは、自分達が居住する地方公共団体において何が必要かといった観点ではなく、周辺の地方公共団体が施設を作ったからといったことや、新たなサービスを始めたといった理由で、同様の支出を行うことを言う。デモンストレーション効果が働くと、必要な行政サービス以外の支出が増えることで、経費が一層膨らむことになる。

②歳出膨張に結び付く様々な要因
　日本における現実の地方財政への膨張圧力には、この他にも様々なことがあげられる。まず、価値観の多様化である。経済が成熟化するとともに、生き方などの価値観の多様化が顕著になってきた。高度経済成長期頃までの経済成長

に重きを置いた財政運営では、国が基本的な方向性を定め財政資源を配分することによって、目的を達成することが可能だった。一方、少なくとも平均水準で見れば豊かになり多様化した価値観のもとでは、行政へのニーズが多様化し、地方分権型の運営が必要になる。様々な考え方があるなかで、国によって決められた方向に全地方公共団体が向かっていくのではなく、各地方公共団体がそれぞれの住民の判断に基づいて、時に異なった方向へ進んでいくことも可能な仕組みでなければならない。しかし、これを実現するには、地方自治が余程きちんと機能するようになっていない限り、画一的な中央集権型よりも多くの費用を必要とする可能性が高い。

　外部不経済の高まりも、歳出膨張の一因となる。「消費は美徳」は1959年の流行語だが、高度経済成長期も後半に差し掛かると、「大量消費社会」などと呼ばれるようになり、さらに1980年代後半のバブル期に、消費行動が加速された。それとともに、ごみの総排出量は増加を続けた。ごみの総排出量の増加に加え、ごみの焼却や廃棄などによる環境問題が重要になり、処理方法の高度化が進められている。こうしたことによる処理費用の高まりは、とくに市町村財政への費用膨張圧力となっている。

　各種の問題の社会化も、費用膨張圧力につながっている。核家族化や個人主義、地域機能の低下などが言われるようになって久しい。こうした傾向が定着すると、各種の問題を家庭内や地域内ではなく、社会全体で抱えることが必要になる。これは、とくに福祉分野において顕著である。大きな仕組みとしては、2000年度にスタートした介護保険があげられよう。介護保険で保険料や公費負担があるように、社会全体で抱えることは、それまで家庭内や地域で隠れていた負担が顕在化することを意味する。

　昨今の日本の地方財政において、歳出膨張圧力が最も強いのは、高齢化の進展であろう。高齢者の増加は、サービス水準を引き上げなくても、年金、医療、介護、生活保護などの費用の増加につながる。これらは国の財政だけでなく、同時に地方財政を逼迫する要因にもなる。しかも、少子化による税や社会保険料の負担者の減少と同時進行のため、地方財政の運営をより難しくしている。

第 4 章 歳出の全体像

注

1) とくに断りがない限り、統計上の市町村には、特別区と一部事務組合を含む。
2) 都道府県と市町村の歳出を単純合計した金額のため、実際に地域で使用されている額より多い点に注意が必要である。
3) 1998 年 9 月から 11 月にかけて、大阪府、神奈川県、東京都、愛知県が、相次いで財政危機宣言を行った。
4) 国の 7 特別会計は、交付税及び譲与税配付金特別会計、エネルギー対策特別会計、年金特別会計（児童手当及び子ども手当勘定）、食料安定供給特別会計（国営土地改良事業勘定）、国有林野事業特別会計（旧治山勘定の一部）、社会資本整備事業特別会計、東日本大震災復興特別会計である。歳出合計額は 65.0 兆円で、一般会計との重複額が 57.6 兆円あった。
5) 日本の決算額と SNA ベースのものでは、例えば公共事業における用地費について、決算額には含まれるが SNA ベースは含まれない、などの違いがある。
6) 元々、中国の古書である『礼記』の王政における「入るを量りて、以て出ずるを為す」からとったもので、量出制入はその出入を入れ替えている。

第5章 歳出の内訳

1 歳出の分類方法

　普通会計における歳出の内訳を見るにあたり、その分類方法を知る必要がある。地方財政の歳出の分類には、大きく2通りの方法がある。それが、目的別分類と性質別分類である（表5-1）。

　目的別分類は、行政目的に着目する分類方法である。それがどのような内容の支出であれ、行政の目的に応じて区分する。例えば、教育のための費用には、教職員への給与や学校での光熱費、チョークや紙をはじめとする物品類、校舎や体育館の整備など、様々な性格のものを含んでいるが、これらすべて合計したものを教育費として区分する。予算書の歳出費目は、この目的別分類に従っている。具体的には、議会費、民生費、衛生費など、行政目的に着目しているため、比較的わかりやすい。どのような施策にどれだけ支出しているか、あるいはどのような施策が伸びているかなど、目的別分類は歳出の内容を見るのに適している。

　性質別分類は、支出の経済的性質に着目する分類方法である。どのような目的に支出するものであれ、性質によって区分する。例えば人件費であれば、義務教育教職員向けのものでも、消防士や警察官向けでもすべてまとめて計上する。性質別分類には、目的別分類の費目と比べ、やや分かりづらい費目がある。例えば物件費は、交際費、備品購入費、委託料、旅費など消費的経費を計上している。また、普通建設事業費は、使用目的は問わず、社会資本整備全般の費目である。普通建設事業費は、国からの補助金等を受けずに行う単独事業、補助金付きの補助事業、国が主体となり行う事業の地方負担金である国直轄事業負担金等、資金源泉で細分化することもできる。

　性質別分類は、歳出の構造を見るのに適している。個別の費目を見るのも意

表5-1 普通会計歳出の内訳とその概要

目的別分類		性質別分類	
議会費	議員報酬など	人件費	職員給与、議員報酬など
総務費	徴税費や統計調査費など	物件費	旅費、交際費、委託料など
民生費	民生の安全等の社会保障関係	維持補修費	公共用施設等の保全・維持
衛生費	保健衛生と環境保全	扶助費	生活保護等の各種扶助の費用
労働費	失業対策費など	補助費等	報奨金、火災保険料、寄付金等
農林水産業費	農林水産業振興経費	普通建設事業費	社会資本整備全般の費用
商工費	商工業の発展のための経費	災害復旧費	被災施設等を元に戻す費用
土木費	道路橋梁等の公共事業関係	失業対策事業費	失業者への臨時の雇用機会
警察費	警察事業のための費用	公債費	地方債元利償還・一時借入金利子
消防費	消防事業のための費用	積立金	特定目的の為の基金へ支出
教育費	小学校費、中学校費など	投資及び出資金	財団法人への出資など
公債費	地方債元利償還・一時借入金利子	貸付金	民間等への貸付
災害復旧費	被災施設等を元に戻す費用	繰出金	各種特別会計への繰り入れ
諸支出金	公営企業のための費用など	前年度繰上充用金	前年度に繰上使用の場合に計上

(資料) 総務省編『地方財政白書』により作成

義深いが、歳出の構造を把握するには、義務的経費、投資的経費、その他の3つに大別することが有効である。義務的経費とは、支出が事実上義務付けられており、任意に削減することが困難な費用で、人件費、扶助費、公債費からなる。投資的経費は、施設等の形でストックとして将来世代に残るものへの費用である。投資的経費の大部分は普通建設事業費で、それ以外に、災害復旧費と失業対策費が含まれる。その他は、義務的経費以外の消費的な支出や他会計・基金への繰り入れなどに充てられる経費で、物件費、補助費等、貸付金、繰出金、積立金などで構成されている。

目的別分類と性質別分類をそれぞれ別に見るだけでなく、両者のクロス分析

第5章　歳出の内訳

も有効である。例えば、目的別分類の教育費を性質別分類でクロス分析すれば、教育において人件費や物件費などが、どの程度支出されているかがわかる。また、性質別分類の人件費を目的別分類で見れば、どのような目的に多くの人件費が用いられているか、などを理解できる。

2 目的別分類

①都道府県と市町村

　目的別分類による歳出の内訳を、都道府県と市町村に分けて見てみよう（2013年度決算）。都道府県の歳出合計額は 50.1 兆円で、内訳を見ると、最大費目が教育費で全体の 21.2％を占め、以下、民生費、公債費、土木費、商工費の順となっている（図 5-1 左）。市町村にはない都道府県独特の主要費目として、警察費がある。

　都道府県で教育費が多い理由は、公立高校の設置や管理運営に加え、義務教育の人件費を負担していることが大きく、実際にかかっている費用も高等学校費より小学校費や中学校費の方が大きい。民生費では、老人保健制度への都道府県負担分や施設入所者・在宅介護者への現物サービス給付などの老人福祉費が最大で、社会福祉施設への補助などの社会福祉費、保育園の設置・運営・補助や児童手当の支給などの児童福祉費、町村域に居住する生活保護対象者への扶助などの生活保護費が続く。土木費では、道路や橋の建設や整備に充てる道路橋りょう費が全体の 4 割強を占め最大で、堤防や水門などの建設を行う河川海岸費、土地区画整理や市街地再開発などの都市計画費が続いている。

　市町村の歳出合計額は 54.3 兆円で、都道府県よりやや規模が大きい（図 5-1 右）。内訳を見ると、最大費目は民生費で全体の 3 分の 1 強を占めている。民生費が多い理由は、市町村が原則として保育所や生活保護などを所管しているからである。児童福祉費を筆頭に、社会福祉費、生活保護費、老人福祉費の順となっている。

　民生費に続くのが総務費で、以下、土木費、公債費、教育費の順となってい

図 5-1 目的別歳出額の構成比

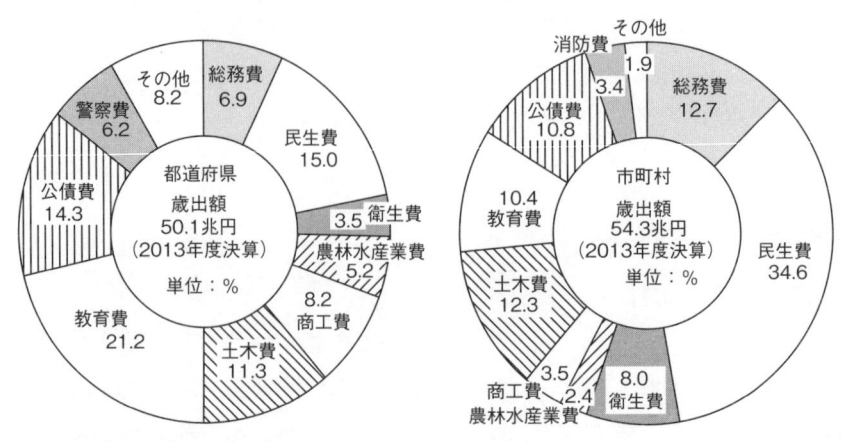

都道府県 歳出額 50.1兆円（2013年度決算） 単位：％
- 総務費 6.9
- その他 8.2
- 警察費 6.2
- 公債費 14.3
- 教育費 21.2
- 土木費 11.3
- 商工費 8.2
- 農林水産業費 5.2
- 衛生費 3.5
- 民生費 15.0

市町村 歳出額 54.3兆円（2013年度決算） 単位：％
- その他 1.9
- 消防費 3.4
- 総務費 12.7
- 公債費 10.8
- 教育費 10.4
- 土木費 12.3
- 商工費 3.5
- 農林水産業費 2.4
- 衛生費 8.0
- 民生費 34.6

（資料）総務省「平成25年度普通会計決算の概要」により作成

る。総務費では、一般管理給与費や秘書費をはじめとした総務管理費が圧倒的な割合を占め、地方税の徴収に要する徴税費、戸籍住民基本台帳費が続いている。土木費では、都市計画費が5割強を占め圧倒的に多いのが都道府県との顕著な違いで、都道府県の土木費で最大の道路橋りょう費は2番目の規模にとどまる。都道府県の最大費目である教育費は、市町村において5番目の規模である。教育費のうち小学校費が最も多く、それに続く保健体育費（体育施設の建設・運営や体育振興、義務教育での給食など）、社会教育費（公民館・図書館・博物館等の社会教育施設等の建設・運営など）のウェイトの高さが、都道府県にはない特徴である。

　市町村では主要費目でも、都道府県ではごくわずかな規模の費目に消防費があげられる。消防は原則として市町村の行うべき事業であり、道府県では支出がなく、東京特別区においてのみ東京都が設置・運営する東京消防庁が担っている。

②推移

　目的別分類の推移を見ることで、どのような施策に支出されてきたか検証してみよう（表5-2）。高度経済成長期のほぼ中間年にあたり、東京オリンピック後の反動不況により高度経済成長期の前半期と後半期を分ける1965年度では、教育費が地方財政全体の25.5％を占める最大費目だった。当時は子供の数が増加を続け、学校数も十分ではなく、整備が必要とされていた。また、インフラ整備も急務であり、土木費が全体の2割強を占めていた。一方、社会保障制度は水準の低さに加え高齢者数が少なかったため、民生費の構成比は1割に満たず、地方債の累増もなかったため公債費はわずかであった。その後、1970年代や1980年代も同様の傾向が続いた。ただし、社会保障制度の整備が進み水準が上がるとともに民生費の比率は多少上昇し、土木費の財源として地方債を多用するようになり公債費の割合もやや上昇するようになっていた。

　こうした傾向が大きく変化したのは、バブル崩壊後の1990年代からである。いわゆる第二次ベビーブーム世代が成人したにも関わらず、その後も出生数は伸びず、子供の数は減少した。1学級あたりの児童・生徒数の上限引き下げなど少人数教育を進めたものの[1]、教育費は長期継続的に減少し、歳出に占める比率が低下している。また、財政再建や社会資本ストック整備の進展などから、土木費の比率も下がっている。

　一方、十分かどうか議論の余地はあるものの、少なくともそれまでより社会保障制度の水準は上がり、そして高齢化の影響などにより、民生費の比率は長期継続的に上昇している。また、最近は伸びが止まったものの、1990年代から2000年代にかけて地方債残高の累増が急激だったため、公債費が急激な伸びを示した。2010年代に入って公債費の増加にブレーキがかかったのは、地方債残高の伸びが止まったことと低金利の影響である。

　2013年度決算で見たように、都道府県の最大費目である教育費が長期継続的に減少傾向にあるのに対し、市町村の最大費目である民生費は上昇傾向にある。しかも、少子高齢化は当分の間、続くと考えられており、都道府県より市町村に歳出膨張圧力が強いと言えるだろう。

表 5-2　目的別歳出額（主要費目）の構成比の推移（地方財政全体、決算）

(単位：％、ポイント)

年度	教育費	土木費	民生費	公債費	総務費	衛生費
1965	25.5	21.2	7.1	3.5	10.6	5.8
70	23.9	24.7	7.7	3.7	9.7	5.7
80	24.1	20.0	11.1	6.9	9.1	6.0
90	20.1	21.4	10.6	8.0	13.4	5.7
2000	18.5	20.0	13.7	12.7	9.4	6.7
10	17.4	12.6	22.5	13.4	10.6	6.1
13	16.5	12.4	24.1	13.5	10.3	6.1
2013-1965	▲9.0	▲8.8	17.0	10.0	▲0.3	0.3

（資料）総務省編『地方財政統計年報』、総務省「平成25年度普通会計決算の概要」により作成

3 性質別分類

①歳出構造

　2013年度決算において、支出が義務付けられ任意に削減困難な義務的経費は47兆円で、歳出全体の48.7％を占めている（表5-3）。義務的経費における最大費目は人件費の22兆円で、公債費の13兆円、扶助費12兆円と続く。都道府県と市町村で義務的経費が占める比率は、市町村の方がやや高い程度の違いだが、中身はかなり異なっている。都道府県では人件費が最大で歳出全体の26.7％を占めるが、市町村の最大は扶助費の20.4％である。一方、都道府県で扶助費の占める比率は2.0％に過ぎない。都道府県では教育公務員の数が多いため人件費の割合が高いのに対して、市町村は生活保護をはじめ社会保障関連の経費が多く扶助費の割合が高くなっている。

　ストックとして残る投資的経費は15兆円で、歳出の15.5％を占める。都道府県と市町村では、金額や占める比率を見ても大差ない。

　その他は35兆円で、35.8％を占める。その他についても、全体としての金額や構成比は都道府県と市町村で大差ない。しかし、その内容は異なっている。都道府県では12兆円と補助費等が最大で全体の24.0％を占めており、市町村

第5章 歳出の内訳

表 5-3 性質別歳出額と厚生費（2013 年度決算）

(単位：兆円、%)

	都道府県		市町村		純計	
	金額	構成比	金額	構成比	金額	構成比
義務的経費	21.5	42.9	26.0	47.4	47.5	48.7
人件費	13.4	26.7	8.8	16.1	22.2	22.8
扶助費	1.0	2.0	11.2	20.4	12.2	12.5
公債費	7.1	14.2	6.0	11.0	13.1	13.4
投資的経費	7.8	15.5	8.1	14.7	15.1	15.5
普通建設事業費	7.2	14.4	7.7	14.0	14.2	1.6
その他	0.6	1.2	0.4	0.7	0.9	0.9
その他	20.8	41.6	20.8	37.9	34.9	35.8
物件費	1.8	3.6	7.2	13.0	8.9	9.2
補助費等	12.0	24.0	4.1	7.5	9.5	9.7
積立金	2.3	4.6	2.1	3.9	4.4	4.5
貸付金	3.9	7.8	1.5	2.7	5.4	5.5
その他	0.8	1.5	5.9	10.7	6.6	6.8
合計	50.1	100.0	54.2	100.0	97.4	100.0

(資料) 総務省「平成 25 年度普通会計決算の概要」により作成

の 4 兆円、7.5％と比べかなり大きい。補助費等は、地方公営企業会計に対する負担金、市町村の地方公営事業会計に対する都道府県の負担金、様々な団体等への補助金、報償費、寄附金等で構成されている。都道府県の補助費等では、市町村の国民健康保険事業会計に対する負担金が大きい。

　一方、市町村では、都道府県で規模の小さい物件費や繰出金が大きい。物件費は、旅費、役務費、委託料等の経費である。市町村の歳出で大きいのは、委託料である。これは、市町村の行う業務を、外部の株式会社や NPO 等の指定管理者に委託する際、支払う経費などである。市町村の業務における外部委託の広がりなどから、委託料は増加傾向にあり、物件費が大きくなっている。繰出金は、普通会計から他会計など事業に支出する経費である。すべて市町村が中核を担っている後期高齢者医療事業会計、介護保険事業会計、下水道事業会計への繰出金が大きい。

②推移と課題

　性質別分類による区分で推移を見ると、1990年代から2000年代にかけて、義務的経費が増加傾向にあった。つまり、歳出における裁量の余地が狭くなる財政の硬直化が進んでいた。義務的経費膨張の原因となったのは、扶助費と公債費の増加であった（図5-2）。このうち、扶助費は高齢化の進展などの影響で増加が続いているものの、公債費は2006年度以降、減少または横ばい程度で推移している。一方、人件費は総人件費改革や公務員定員の抑制、教育公務員の減少などから、2000年代以降は横ばいもしくは減少傾向にある。

　投資的経費は、その増減の激しさが特徴である。これは、景気対策に公共事業が用いられたり、災害復旧など予測不可能な支出があるからで、例えばリー

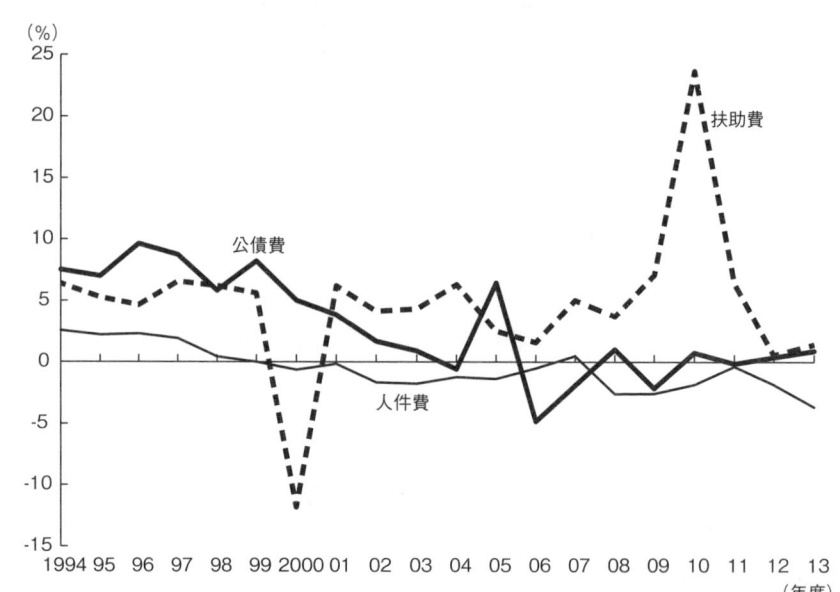

図5-2　義務的経費の対前年度伸び率の推移（決算）

(注) 扶助費について、2000年度の減少は介護保険導入に伴う費用付け替えの影響、10年度の増加は子ども手当（現在は児童手当）導入によるもの
(資料) 総務省編『地方財政統計年報』、総務省「平成25年度地方公共団体普通会計決算の概要」により作成

マン・ショック後の景気対策によって、2009年度には投資的経費が10.2％の高い伸びを示した[2]。しかし、長期的に見れば減少傾向にある。投資的経費は1995年度に32.1兆円あったが、2013年度は15.7兆円と半分以下になっている。その背景として、国・地方双方の財政再建の影響、インフラ整備の進展、そもそも高かった公共事業水準の見直し、などがある。

　その他では、貸付金と積立金の増減が激しい。地方公共団体による貸付金には、土地区画整理事業貸付金のように国で定めたルールの下、地方公共団体が貸し付けを行うものの他、各地方公共団体が任意で設けているものもある。任意で設けている貸付金のなかには、個人や自営業者向けのものなどがあり、景気が悪化すると多くなり、景気回復により減少する傾向がある。積立金は、いわゆる貯金にあたる各種基金への支出であり、好景気で多く景気が落ち込むと減少する。例えばバブル景気のピークだった1990年度には、積立金が5.2兆円、貸付金は3.9兆円だったが、バブル崩壊後の2000年度では、積立金が2.1兆円と大きく減らしているのに対して、貸付金は6.0兆円と拡大している。

4 人件費と定員管理

①人件費の内訳と推移

　性質別分類で見た都道府県及び地方財政全体の最大費目である人件費について、考えてみよう。2012年度決算における人件費（23.0兆円）は、規模の大きなものから順に、職員給（15.8兆円）、地方公務員共済組合等負担金（3.4兆円）、退職金（2.5兆円）、委員等報酬（0.7兆円）、議員報酬手当（0.2兆円）などで構成されている。このうち最大規模の職員給は、基本給が10.7兆円、その他の手当5.1兆円、臨時職員給与103億円となっている。

　2012年度決算の職員給を、目的別で見てみよう。都道府県では、教育関係が全体の64.5％を占め、警察関係の19.9％が続いている。それ以外では、職員給で10％の構成比を超えるものはない。一方市町村では、徴税やコンプライアンスはじめ様々な業務を行う総務関係が最大だが、全体に占める比率は

23.5%にとどまる。それに続くのが、生活保護など民生関係の20.0%、教育関係の15.9%、消防関係の15.1%、保健所など衛生関係の11.4%で、都道府県の教育関係のような圧倒的に大きいものはないのが特徴である。

人件費の推移を見ると、1999年度の27.0兆円まで、ほぼ一貫して増加傾向にあった（図5-3）。しかしその後、いわゆる団塊の世代の退職による退職金増加等の影響で増加した2007年度を除き、人件費は減少傾向にある。2013年度はピーク時の1999年度より18.0%、金額で4.9兆円減少している。

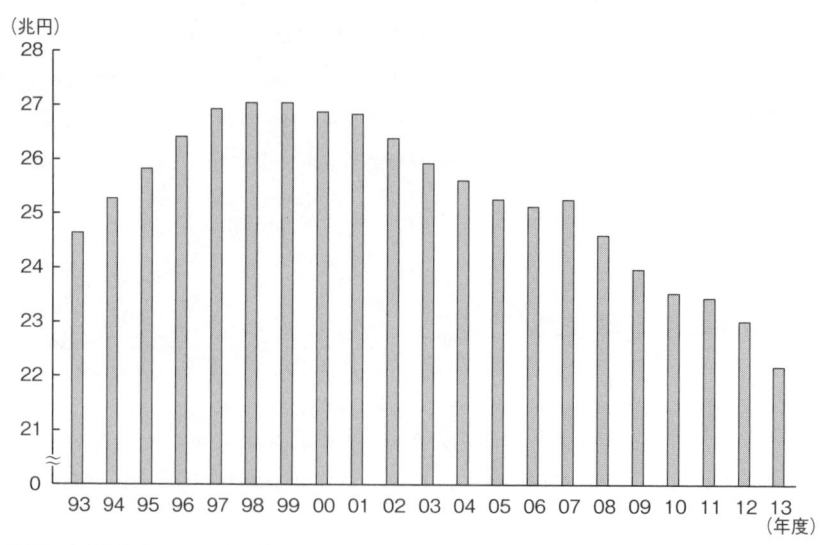

図5-3 人件費の推移（普通会計、決算）

（資料）総務省編『地方財政統計年報』、総務省「平成25年度地方公共団体普通会計決算の概要」により作成

②人件費削減の取り組み

人件費は1999年度以降、かなりのペースで減少傾向にある。人件費の削減には、いくつかの方策があげられる。人件費は、基本的に公務員の数と給与水準によって決まる。まず、国による助言も強くあった地方公務員数の純減である。民間企業と異なり大規模なリストラなどが許されない地方公共団体におい

第5章　歳出の内訳

て、地方公務員数純減の主たる手法には大きく2種類ある。第1が、新規採用者数を退職者数未満に抑制する手法である。この場合、地方公共団体に行政サービスは残るため、人員配置の適正化など効率的な行政運営を実施するほか、指定管理者制度を利用したり、いわゆるアウト・ソーシングに委ねる必要がある。第2は、行政サービスそのものを切り離す手法である。それまで公務員が実施していたサービスを非公務員型の地方独立行政法人化することで、公務員の身分を非公務員化する。地方公営企業であれば、民営化や民間譲渡といった例もある。

　退職者数は、第二次世界大戦直後に生まれたいわゆる団塊の世代が退職年齢を迎えたこともあり、増加傾向にある。1998年度の退職者は13.5万人だったが、2001年度が16.0万人、2012年度は20.9万人（うち一般職員は9.1万人）だった[3]。一方、2012年度の採用者数は12.0万人（同6.6万人）と、退職者数の半分強にとどまっている。退職者数が増加するなか、採用者数を低い水準で維持することによって、地方公務員数を削減していることがわかる。

　2003年の地方自治法改正によりスタートした指定管理者制度は、出資法人、公共団体、公共的団体に限定していた公の施設の管理主体について、制限をはずして民間事業者やNPO法人などに広く開放したものである。住民サービスや費用対効果の向上、選定手続きの透明化などを目的としている。指定管理者制度の活用は進んでおり、2012年度首に73,476施設で導入されている[4]。そのうち、33.2％を民間事業者（株式会社、NPO法人、学校法人、医療法人等）が担っている。都道府県で見れば、全11,624ある公の施設のうち、61.3％が指定管理者制度を導入している。とくに、レクリエーション・スポーツ施設では、87.5％の導入率となっている。一方、市区町村では、公の施設66,353のうち、指定管理者制度を導入しているのは11.8％にとどまっている。

　2004年度にスタートした地方独立行政法人は、公立大学や公立病院などを中心に2013年度末で111法人設立されている[5]。役職員総数は56,625人で、このうち地方公共団体を退職した者が17,176人、地方公共団体からの出向者が6,270人いる。出向者のなかには、地方独立行政法人化から数年は地方公務

員のままで、その後身分を変更する予定の者も含まれる。

　こうした取り組みの結果、教育部門における少子化の影響に加え、一般行政部門（とくに一般管理部門）と公営企業等会計でも地方公務員数が減少した。結果として、地方公務員数が1995年から連続して減少しているのは、第1章3節で見た通りである。

　ただし、外注や委託、指定管理者制度、そして地方独立行政法人などを活用した場合、同じように働く人がいても、人件費ではなくその他の費目に計上されることがある点に注意が必要である。例えば学校給食の調理を外部委託した場合、その費用は物件費のなかの委託料に計上される。指定管理者制度を利用した場合も、指定管理者に支払う指定管理料は委託料に入る。実際、2012年度の委託料（5.0兆円）は、地方公務員数がピークだった1994年度（2.9兆円）に比べ73.0％も増加している[6]。また、指定管理者や地方独立行政法人が当該施設等の収入だけで賄っていたとしても、その利用料のなかに人件費相当分が含まれていると考えることもできる。

　人件費の削減には、給料水準の引き下げも貢献している。一般行政職について国と比較したラスパイレス指数で見ると、地方公共団体全体で2003年度までは国家公務員の給与水準である100を上回っていたが、2014年度で98.9まで下がっている[7]。過去最高だった1974年度は110.6で、地方公務員の厚遇振りが話題になっていた頃と比べ様変わりしている。初任給こそ若干の低下かほぼ横ばいで推移しているが、給料月額はほとんどの職種並びに年齢層で減少傾向にある。一般行政職の40～43歳を例にとれば、全地方公共団体における大学卒平均給料月額は、2001年度の378,837円が2013年度は345,803円と、8.7％減少している。

　各種手当の廃止や縮小も進んでいる。各種手当については、マスコミによる指摘や必ずしも適当とは言えない手当に関する国の助言など、人件費削減だけを狙った訳ではないものも含まれる。なかには、市民を交えて個々の手当の存廃や金額の妥当性を議論した地方公共団体もあった。2012年度決算における各種手当の合計である「その他の手当」（5.1兆円）を2001年度のもの（7.1兆

円）と比較すると、27.9％削減されている。なかでも特殊勤務手当は、人件費の他費目の多くに比べ削減幅がかなり大きい。

　これまで、職務の内容から基本給に含むと考えるべき手当があったり、水準が高すぎたり、民間や国では理解しがたい手当の存在が問題になったこともあった。例えば、一時マスコミで話題になった勤務先から徒歩圏内に居住する職員にも月1000円程度の通勤費を支給する、いわゆる徒歩手当なども、民間企業や国家公務員の例に倣い多くの地方公共団体で廃止された。また、特殊勤務手当についても、従来あったものが必ずしも住民の理解を得られるものばかりではなく、いくつかの項目を廃止した地方公共団体も多い。

5 扶助費と地域福祉

①各種制度

　性質別分類で見ると、市町村における最大費目は扶助費である。扶助費は、現物・金銭を問わず、被扶助者に対して給付される社会保障関連の費目である。扶助費には、生活保護など国が定めた制度に基づくものと、各地方公共団体が独自に住民福祉のため給付するものがある。各地方公共団体独自のものとしては、例えば東京都武蔵野市の引きこもりサポート事業などがあげられる。

　扶助費の特徴は、財源に占める国庫支出金の比率の高さに表れている。扶助費を除く歳出の財源として、国庫支出金の占める割合は10.5％である（2012年度）[8]。それに対して、扶助費における国庫支出金の比率は51.7％に達する。これは、扶助費に含まれるものが、国によって制度化され、ナショナル・ミニマムあるいはナショナル・スタンダードとして全国民に対し保障されたものが多く含まれていることを示す。扶助費の対象となる代表的な制度として、生活保護や児童手当があげられる。そうした各種制度を地方公共団体が実施していく費用の一定割合について、国庫支出金の一部である負担金等として国から地方公共団体へ財源移転されている。

　児童手当は市区町村が実施主体となり、中学校修了までの国内に住所を有す

る児童を対象として、その保護者等へ支給する[9]。支給額は、0～3歳未満が一律月額15,000円、3歳～小学校修了まで第1・第2子は月額10,000円、第3子以降が月額15,000円、中学生は一律月額10,000円である。ただし、保護者等の所得制限があり（児童2人のケースで年収960万円未満）、所得制限以上の場合は一律月額5,000円の支給となる。そしてその財源は、被用者世帯の0～3歳未満（特例給付は含まない）のみ45分の16、それ以外は国が3分の2を負担し、市区町村へ交付する。

②生活保護

　生活保護は、憲法で国民の権利として示された「健康で文化的な最低限度の生活」（第25条）を確保するための制度で、最終的なセーフティ・ネットの役割を果たすものである。具体的には、生活、住宅、教育、医療、介護、出産、生業、葬祭の8種類の扶助制度に細分化される。つまり、日本に生まれたからには、最低限度とはいえ衣食が満たされ（生活）、住むところが保障される（住宅）。病気になれば医療サービスを受けることができ（医療）、要介護状態になれば介護サービスを利用できる（介護）。もちろん、子供を産むこともできるし（出産）、葬式を執り行うことも可能である（葬祭）。また、児童には義務教育を受けさせることができ（教育）、高校進学費用や生業に必要な資金や技能習得費などを受けることも可能である（生業）。このうち、医療扶助と介護扶助が現物給付で、他は現金を給付する。

　生活保護行政を実際に担うのは、地方公共団体である。市は、福祉事務所を設けることが義務付けられ（市役所の福祉課や住民生活課などを、事実上の福祉事務所にする場合を含む）、福祉事務所のない町村は都道府県が福祉事務所を設置する。これは、住民に最も身近な政府こそが、各人の様々な状況を把握するのに適しているからである。福祉事務所は、生活保護の相談や申請を受け付ける（福祉事務所のない町村では町村役場の窓口でも申請を受ける）。福祉事務所は、申請者の生活状況の調査や預貯金などの資産調査等を行い、認められれば必要な保護費が対象者に支給される。

地方公共団体に事務の遂行だけでなく、財源もすべて負担させた場合、財政力の多寡によって扶助の水準が変わってしまう恐れがある。しかし、生活保護制度は憲法により国民全員に保障されているものなので、財源を理由に適正な運用をできない地域があってはならない。そこで、生活保護に関わる費用の4分の3を、国が負担することになっている。また、残りの4分の1は地方負担分だが、ケースワーカーの人件費をはじめとする福祉事務所の運営費とあわせて、普通交付税の算定の際、基準財政需要額に全額算入される。

③**扶助費の内訳と推移**

2013年度決算における扶助費は、12.2兆円である。そのうち都道府県は1.0兆円に過ぎず、市町村が11.2兆円を支出している。市町村では、民生費が扶助費の9割以上を占めている。一方、都道府県でも民生費が最大であるのは同じだが、保健衛生、精神衛生、母子衛生等に要する経費である公衆衛生費が、扶助費の4分の1程度を占めている。地方財政全体で見た扶助費における民生費のなかでは、児童手当などの児童福祉費が最大で、生活保護費、社会福祉費がそれに続く。

扶助費は、増加の顕著な費目である（図5-4）。2000年度に介護保険が導入され、老人福祉関連費用の多くが普通会計から地方公営事業会計へ移され一時的に減少したのを例外として、長期継続的に増加を続けている。2000年度に6.1兆円だった扶助費は、2倍弱の規模になっている。この間、2010年度の子ども手当（現在は改組し児童手当）導入などの増加要因もあったが、長期的な傾向としては高齢化がその最大要因としてあげられる。とくに生活保護費は、生活保護の対象者に高齢者の比率が高いため、高齢化の進展とともに増加する傾向が強い。また、老人福祉施設でかかる経費などの老人福祉費も、高齢化とともに増加するのは必然だろう。

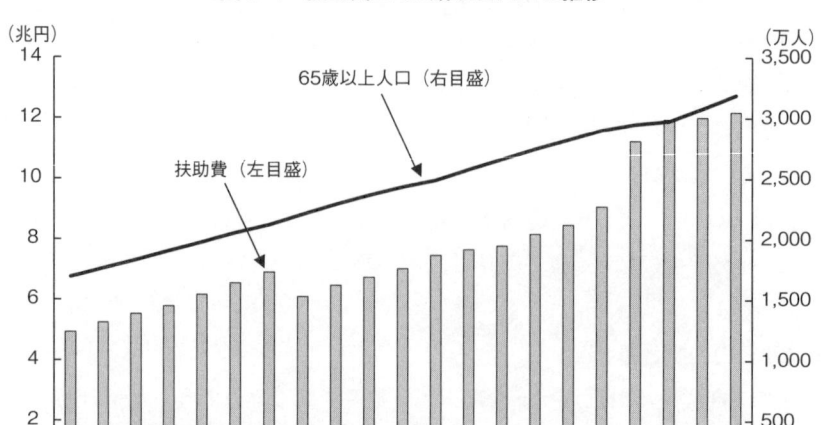

図 5-4　扶助費と 65 歳以上人口の推移

(注) 扶助費は普通会計決算額、65 歳以上人口は 10 月 1 日現在
(資料) 総務省編『地方財政統計年報』、総務省「平成 25 年度地方公共団体普通会計決算の概要」、総務省統計局『人口推計』により作成

6 普通建設事業費と社会資本整備

①社会資本整備

　日本の社会資本整備は、1951 年にスタートした漁港整備長期計画以来、長期的な視点に立った計画と毎年度の予算の連携により進められている。2014 年度現在有効な長期計画のなかで最も重要なものは、2012 年 8 月策定の社会資本整備重点計画である。社会資本整備重点計画は、かつて事業ごとに異なる期間で策定されていた国土交通省所管 9 事業分野別長期計画（道路・交通安全施設・空港・港湾・都市公園・下水道・治水・急傾斜地・海岸）を 2003 年度に統合したものである。現在の計画期間は 2012 年度から 2016 年度までの 5 年間で、かつての事業費中心のものではなく、成果目標を重視している。

　現行の社会資本整備重点計画では、大規模または広域的な災害リスクの低減、産業・経済の基盤・国際競争力の強化、持続可能で活力ある国土・地域づくり

の実現、社会資本の適確な維持管理・更新という4つの重点目標を設定している。そして重点目標の達成のため、例えば大規模または広域的な災害リスクの低減については、主要なターミナル駅の耐震化率100%（2010年度末88%）、緊急輸送道路上の橋梁の耐震化率82%（同77%）、道路斜面や盛土等の要対策箇所の対策率68%（同54%）などの定量的指標を用いた個別目標を掲げている。また、バブル期に高い成長力や消費の伸びを前提に作られた長期計画が一種の既得権化し、バブル崩壊後も見直されることなく実行された過去の長期計画への反省から、社会経済情勢の変化等に対応した計画期間中の見直しや政策評価の実施を取り入れている。

社会資本整備重点計画以外には、廃棄物処理施設長期計画（2013～17年度）、土地改良長期計画（2012～16年度）、森林整備保全事業計画（2014～18年度）、漁港漁場整備長期計画（2012～16年度）、住生活基本計画（2011～20年度）があり、いずれも事業費を中心とした目標から成果目標へと変えられている。

こうした社会資本整備重点計画や各種計画の下、各年度で計画的に予算や財政投融資計画に計上して、公共事業が実施されている。その結果、水準の高さや生活関連資本の脆弱さなど様々な議論の余地は残すものの、社会資本の整備は進んでいる（表5-4）。とくに、道路や空港の整備の進捗度が早く、水準についても比較の対象などにより色々と言えるが、全般的に高いものがある。

②国際比較と行政投資実績

低下傾向にあるとはいえ、依然として日本の公共事業の規模は大きい。一般政府の総固定資本形成[10]の名目GDP比で国際比較すると、ドイツ1.6%、イギリス2.0%、フランス3.2%、アメリカ3.3%、そして日本は3.2%である（日本のみ2012年、他は2013年）。いわゆる主要先進国のなかでは、日本がフランス、アメリカと並び規模の大きい部類に入る。ただし、1996年には6.1%だったことから考えると、これでも日本の規模はかなり小さくなっている。そして、一般政府の総固定資本形成のうち、日本は地方政府が75.4%を占めており、ドイツ（51.8%、州政府を加えると76.8%）、イギリス（54.6%）、フランス（74.3%）

表 5-4　社会資本の整備水準の推移（年度末）

指標	単位	1975	80	85	90	95	2000	05	10
高規格幹線道路	km	-	-	-	5,074	6,567	7,843	8,839	9,855
国道・都道府県道改良率	%	62.2	67.3	71.3	75.4	78.5	71.5	73.8	75.6
市町村道舗装率	%	27.0	41.3	54.4	65.5	70.2	73.4	75.9	77.5
1人当たり都市公園等面積	㎡/人	3.4	4.1	5.1	6.0	7.1	8.1	9.1	9.8
下水道処理人口普及率	%	23	30	36	44	54	62	69	75
都市計画道路整備率	%	32	36	40	45	49	51	55	60
新幹線営業キロ数	km	1,177	1,177	2,012	2,033	2,037	2,153	2,387	2,620
空港滑走路延長	km	123	139	150	165	182	199	216	232
港湾岸壁延長	km	5	5	6	8	11	16	23	25

（注）1．高規格幹線道路とは、高速自動車国道、本州四国連絡道路、一般国道の自動車専用道路
　　　2．1人当たり都市公園等面積は、都市公園等面積を都市計画区域内人口で除したもの
（資料）国土交通省『国土交通白書』により作成

より高い（アメリカは地方政府のデータなし）。

　行政投資実績を用いて、日本の公共事業における国と地方公共団体の関係について考察してみよう（表5-5）。2011年度行政投資実績を事業主体別に見ると、国主体事業の金額は19.6％に過ぎない。市町村主体事業が全体の46.0％を占め最大で、都道府県は34.5％である。とくに、街路や上下水道など生活基盤投資では、市町村主体事業が71.4％を占め、国は4.5％に過ぎない。一方、国主体事業が多いのは空港や港湾など産業基盤投資で、全体の49.8％を占め、市町村はわずか1.9％にとどまる。都道府県が多いのは農林水産投資や治山治水などの国土保全投資で、それぞれ全体の54.7％、51.3％を占めている。

　一方、2011年度行政投資実績を経費負担別で見ると、国主体事業に比べ国費のウェイトが高くなる。一方、都道府県費や市町村費のウェイトはそれぞれの主体事業のものより低くなっている。とくに、生活基盤投資や農林水産投資において顕著で、例えば生活基盤投資では、事業主体別に比べ国費は20ポイント近く割合が上昇する一方、都道府県費は5ポイント弱、市町村費は15ポイント程度下落している。多くの種類の投資で都道府県費や市町村費のウェイトが事業主体別のものと比較して低下するなか、元々市町村主体事業の少ない

第 5 章 歳出の内訳

産業基盤投資や国土保全投資において、市町村費のウェイトがわずかながら上昇している。これは、国や都道府県の主体事業に対し、市町村が負担金を支出しているからと考えられる。

2011年度行政投資実績の総額は、21.5兆円である。1998年度の47.3兆円と比べ、半分以下の規模になった。1999年度以降、リーマン・ショックに端を発した世界同時不況に対応するため大規模な景気対策を実施した2009年度を例外として、毎年度のように前年度比マイナスの伸びを記録している。事業別では空港投資の減少が最も顕著で、2012年度は1998年度と比較して72.4%減少している。住宅投資がそれに続き、同期間に67.1%減少している。軒並み減少しているなか、その下落率が最も小さいのは厚生福祉投資で、同期間30.6%減にとどまっている。

表 5-5 行政投資実績の金額と構成比（2011年度）

		単位	生活基盤	産業基盤	農林水産	国土保全	その他	合計
事業主体別	国	億円	4,861	19,569	2,831	8,024	6,684	41,969
		%	4.5	49.8	19.9	42.1	19.5	19.6
	都道府県	億円	26,027	18,989	7,787	9,767	11,408	73,978
		%	24.1	48.3	54.7	51.3	33.3	34.5
	市町村	億円	76,941	763	3,606	1,259	16,141	98,709
		%	71.4	1.9	25.3	6.6	47.1	46.0
経費負担別	国費	億円	25,946	20,223	6,548	9,944	11,415	74,076
		%	24.1	51.4	46.0	52.2	33.3	34.5
	都道府県費	億円	21,005	17,510	4,997	7,669	9,515	60,695
		%	19.5	44.5	35.1	40.3	27.8	28.3
	市町村費	億円	60,878	1,588	2,679	1,438	13,303	79,885
		%	56.5	4.0	18.8	7.5	38.9	37.2
合計		億円	107,829	39,321	14,224	19,050	34,233	214,657

（注）各投資の内訳は、以下の通り。生活基盤投資：市町村道、街路、都市計画、住宅、環境衛生、厚生福祉、文教施設、水道、下水道。産業基盤投資：国県道、港湾、空港、工業用水。農林水産投資：農林水産関係。国土保全投資：治山治水、海岸保全。その他の投資：失業対策、災害復旧、官庁営繕、鉄道、地下鉄、電気、ガス等

（資料）総務省自治行政局地域振興室『平成23年度行政投資実績』により作成

③普通建設事業費の内訳

2012年度決算から、普通建設事業費の内訳を見てみよう。普通建設事業費全体では、都道府県6.5兆円、市町村6.6兆円、純計額12.4兆円となっている。普通建設事業費の財源は、地方債が最大で41.5％、一般財源等23.8％、国庫支出金22.7％、その他特定財源11.0％、分担金・負担金・寄付金0.8％、財産収入0.2％である。

目的別分類でクロス分析すると、やはり土木費が最大だが全体の52.1％にとどまり、他の様々な費目にも支出されていることがわかる（表5-6）。とくに単独事業費における土木費の比率は50％を大きく下回っており、学校の施設建設をはじめとした教育費や庁舎建て替えなど総務費も一定の比率を有してい

表5-6 普通建設事業費の内訳の金額と構成比（2012年度決算）

（単位：億円、％）

億円	単独事業費		補助事業費		国直轄事業負担金		合計	
総務費	5,300	9.8	962	1.6	−	−	6,262	5.0
民生費	3,106	5.8	2,710	4.4	−	−	5,817	4.7
衛生費	3,534	6.6	3,095	5.0	−	−	6,629	5.3
労働費	49	0.1	107	0.2	−	−	157	0.1
農林水産業費	3,222	6.0	9,876	16.1	1,665	18.2	14,763	11.9
商工費	1,771	3.3	302	0.5	−	−	2,074	1.7
土木費	22,638	42.0	34,691	56.5	7,500	81.8	64,829	52.1
道路橋りょう費	11,288	20.9	13,108	21.4	4,334	47.3	28,729	23.1
河川海岸費	2,622	4.9	6,007	9.8	2,162	23.6	10,791	8.7
港湾費	415	0.8	1,256	2.0	790	8.6	2,462	2.0
都市計画費	6,738	12.5	10,671	17.4	19	0.2	17,428	14.0
住宅費	1,016	1.9	3,452	5.6	−	−	4,468	3.6
その他	559	1.0	197	0.3	196	2.1	952	0.7
消防費	2,483	4.6	785	1.3	−	−	3,268	2.6
教育費	10,137	18.8	8,266	13.5	−	−	18,404	14.8
その他	1,693	3.0	595	0.9	−	−	2,288	1.8
合計	53,933	100.0	61,391	100.0	9,165	100.0	124,490	100.0

（資料）総務省「平成25年度普通会計決算の概要」により作成

る。教育費は、補助事業費でも全体の1割を超える割合となっており、普通建設事業費全体のなかで土木費に次ぐ規模である。補助事業費で土木費に次ぐ規模は、農道の整備や土地改良事業などの農林水産業費である。農林水産業費は、土木費以外で唯一、国直轄事業負担金がある費目という特徴を持っている。

　土木費のなかでは、道路橋りょう費が最大である。道路橋りょう費は、単独事業費、補助事業費、国直轄事業負担金のいずれも最大で、とくに都道府県における規模が大きい。道路橋りょう費に次ぐ規模は都市計画費で、単独事業費と補助事業費が比較的多く、とくに市町村で規模が大きい。国直轄事業負担金において目立つのは、河川海岸費である。河川や海岸に関する普通建設事業は、都道府県域を超えるものが多く、国が直轄事業として実施することが多いことから、こうした姿になっている。

注

1) 「公立義務教育諸学校の学級編制及び教職員定数の標準に関する法律」で定める義務教育の同学年の1学級あたり標準（事実上の上限）人数は、法制定時の1959～63年度が50人、1964～79年度が45人、1980年度から現在まで40人（ただし2011年度から小学校第1学年は35人）。
2) 投資的経費の額や伸び率は、総務省編『地方財政統計年報』による。
3) 退職者数、採用者数、ラスパイレス指数、給与月額は、各年度における総務省『地方公務員給与の実態』による。
4) 指定管理者数、公の施設数、導入率などは、総務省自治行政局行政経営支援室「公の施設の指定管理者制度の導入状況等に関する調査結果」による。
5) 地方独立行政法人の数や役職員数などは、総務省「第三セクター等の状況に関する調査結果」による。
6) 委託料、その他の手当は、総務省編『地方財政白書』による。
7) 各年度とも4月1日のもの。なお、2012年度と2013年度については、国家公務員に対する給与改定・臨時特例法による給与減額措置があったため一時的にラスパイレス指数が100を上回っており、2013年度は106.9だった。

8) 普通会計決算のもので、総務省編『地方財政統計年報』による。
9) 公務員が保護者である児童には、所属庁が財源を全額負担し実施する。
10) SNA（国民経済計算体系）上の概念で、通常の公共事業費から用地費や補償費を除いたもの。資料は、OECD, *National Accounts,* OECD. による。

第6章 歳入の全体像

1 内訳

①地方財政全体・都道府県・市町村

　地方財政全体で見た2013年度歳入決算額は、101.1兆円であった（表6-1）。主な財源で見ると、最大の地方税が35.4兆円と全体の3分の1強である。かつて、地方税の歳入総額に占める比率が3割台だったことから、その低さを揶揄する言葉として、3割自治と言うこともあった。昨今ではそうした言葉こそ聞かれなくなったが、税源移譲直後を除き構成比はそれほど変わっていない。

　地方交付税は17.6兆円で、歳入全体の2割弱となっている。ただし、地方債のなかの臨時財政対策債は、地方交付税の総額を抑制し交付税及び譲与税配付金特別会計の新規借入金を代替する目的のものなので、その6.0兆円を加えれば23.6兆円となり、歳入全体の4分の1弱になる。

　地方財政全体で3番目に大きい歳入科目は国庫支出金で、16.4兆円になる。この他、10兆円以上の歳入規模を持つのは12.3兆円の地方債で、国庫支出金とともに、歳入全体の1割強を占めている。

　歳入総額51.6兆円の都道府県では、主要財源の構成比が比較的地方財政全体のものと似ている。とくに地方交付税の歳入に占める比率は、地方財政全体のものとほぼ同じである。その他の主要歳入科目を見ると、地方税と国庫支出金の構成比は、地方財政全体より低い。一方、地方債は国全体より構成比が高くなっている。また、個人や法人への貸付金の元利償還金による貸付金元利収入が大きいのも特徴である。

　市町村の歳入総額は57.0兆円と、都道府県を1割程度上回っている。市町村の歳入の特徴としては、都道府県から市町村への移転財源があり、それが歳入に一定のウェイトを占めていることにある。とくに都道府県支出金と各種交

表 6-1　地方歳入決算額の内訳（2013 年度）

	都道府県		市町村		純計	
	金額（億円）	構成比（%）	金額（億円）	構成比（%）	金額（億円）	構成比（%）
地方税	168,092	32.6	185,651	32.6	353,743	35.0
地方譲与税	21,368	4.1	4,220	0.7	25,588	2.5
地方特例交付金	502	0.1	753	0.1	1,255	0.1
地方交付税	88,489	17.2	87,466	15.3	175,955	17.4
国庫支出金	73,425	14.2	91,046	16.0	164,470	16.3
都道府県支出金	–	–	35,150	6.2	–	–
各種交付金	15	0.0	18,113	3.2	–	–
貸付金元利収入	38,974	7.6	14,546	2.6	53,520	5.3
繰入金	19,756	3.8	15,557	2.7	35,314	3.5
繰越金	14,340	2.8	17,564	3.1	31,904	3.2
地方債	67,810	13.1	55,260	9.7	122,849	12.2
諸収入	22,955	4.5	44,959	7.9	67,914	6.7
歳入合計	515,726	100.0	570,285	100.0	1,010,998	100.0

（注）　1．各種交付金には、都道府県は市町村たばこ税都道府県交付金、市町村は利子割交付金、配当割交付金、株式等譲渡所得割交付金、地方消費税交付金、ゴルフ場利用税交付金、特別地方消費税交付金、自動車取得税交付金、軽油引取税交付金、をそれぞれ含む
　　　2．諸収入には、分担金、負担金、使用料、手数料、財産収入、寄付金、延滞金等、預金利子、事業収入、収益事業収入、利子割精算金収入、雑入、が含まれる
（資料）　総務省「平成 25 年度地方公共団体普通会計決算の概要」により作成

付金は合計すると 5.3 兆円にのぼり、歳入の 1 割弱を占める。都道府県から市町村への移転財源は都道府県と市町村の重複計上となり、地方財政全体の歳入純計額には計上されない。そのため、多くの歳入科目において、市町村のものは地方財政全体の純計額に占める比率を下回っている。そうしたなかにあって、いわゆる補助金である国庫支出金は、地方財政全体の比率と同水準となっている。しかも資金源泉は異なるが同様の性格を有する都道府県支出金があるので、いわゆる補助金が市町村に占める比率は都道府県に比べかなり高いと言える。また、諸収入が占める比率の高さも特徴である。これは、使用料や手数料が大きいことによる。

②東京都と島根県

　大都市圏と地方圏の地方公共団体の違いを、極端な例として、東京都と島根県で見てみよう。東京都と島根県では、そもそも人口規模や産業構造、財政規模などが大きく異なる。歳入構造についても、両者はまったく異なっている（表6-2）。2012年度決算において東京都は、地方税収が歳入の68%を占め、特別交付税を含めた地方交付税が地方公共団体で唯一不交付である。一方、島根県は地方税収が歳入の12%に過ぎず、最大の歳入科目である地方交付税が34%を占める。島根県では、国庫支出金などを加えた国からの移転財源全体が、歳入の過半を占めている。また、地方債についても、東京都に比べ10ポイント以上高い構成比となっている。

　一方、歳出の内訳を見ると、東京都と島根県で違いは多々あるものの、歳入ほどの構成比の大きな差異はない。例えば、東京都で目的別に見た最大費目は教育費で、一方の島根県でも教育費は最大費目となっており、構成比にも大きな差はない。島根県で第2の規模の歳出費目である公債費は、歳出全体の18%を占め、東京都の9%を大きく上回るものの、歳入科目ほどの差ではない。産業構造の違いから、東京都では1%に満たない構成比である農林水産業費が島根県では8%を占め、商工費も島根県が大きく上回るなど、それだけを捉えれば大きな差と考えられるが、いずれも構成比で10ポイントを超えるほどの違いは見られない。

　東京都と島根県の違いは、歳入総額の推移ならびに変動要因にも顕著に表れている。東京都は1980年代後半、急激に歳入総額が増大し1993年度に一度ピークを迎え、その後1996年度頃まで横ばいで推移した。1980年代後半の増加要因は、バブル景気に伴う地方税の増加である。1989年度の地方税4.8兆円は、1985年度の3.0兆円の1.6倍に達し、その間に歳入全体で増加した分のほとんどを占めている。しかし、1990年代に入り1993年度までの歳入の拡大とその後の横ばいを支えたのは、地方債であった。1990年度は0.2兆円に過ぎなかった地方債発行額は、最大の1993年度には1.2兆円まで膨張した。この間、地方税は0.8兆円減少していた。1996年度頃から2002年度まで、途中にかなり

厳しい財政再建を実施した結果（財政危機宣言は 1998 年 10 月）、2002 年度の歳入規模は地方債の削減を中心にそれまでのピーク時（2003 年度）の 13% 減となった。地方債はその間、約 3 分の 1 の規模まで縮小された。

東京都の歳入総額は、そうした財政再建を経て増加に転じ、2007 年度決算でピーク時を若干上回る規模となった。しかも、地方債発行額は 0.3 兆円と低水準のままである。歳入規模増大の原因は、地方税の増収である。景気回復や恒久的減税の半減（2006 年度）・廃止（2007 年度）に加え、三位一体の改革による税源移譲が強く影響した。2003 年度と比較して、地方税は 1.4 倍の 5.5 兆円に達した。しかし地方税は、その後の世界同時不況による影響や事業税（法人）の改正などで減少し、2012 年度は 4.3 兆円となっている。また、歳入総額も地方税と並行する形で減少している。

一方、島根県の歳入総額の動きを見ると、東京都同様、1980 年代後半から 1990 年代初頭まで増加した。ただし、1985 年度と 1993 年度の拡大幅は、東京都の 1.8 倍に対して島根県は 1.6 倍とやや小さい。より重要な相違点は、主に増加した歳入科目である。東京都の地方税に対し、島根県は地方交付税が約 7 割の増大であった。この間、地方税も増加したものの、元々歳入に占める比率が小さいうえ、バブル景気の恩恵も少なかったため、歳入全体への影響はごく小幅なものにとどまった。

その後、横ばいで推移していた島根県の歳入総額は、国の景気対策に連動する形で 1998 年度、大幅に拡大した。この時期の増加要因は、地方債と地方交付税であった。この頃東京都が財政再建の最中で景気対策に呼応せず、地方債の発行を抑制していたのとは対照的であった。その後 2001 年度頃まで似たような状況が続いたものの、2002 年度頃から 2008 年度までは歳入総額が減少を続けた。減少の理由は、三位一体の改革による国庫支出金と地方交付税（臨時財政対策債を含む）の削減、そして財政再建（とくに公共事業の削減）による地方債の抑制である。とくに国庫支出金はこの間、約半減している。その後、世界同時不況への景気対策により 2009 年度は一時的に歳入総額が増加したものの、その後再び減少傾向となっている。

第6章　歳入の全体像

2 分類

①使途

歳入の構成を分析する場合、財源の性質によって分類すると特徴が掴みやすい。まず、財源の使途が限定されているかどうかで区分できる。

使途の定めがなく、地方公共団体にとってどのような経費にも自由に用いることができる財源を、一般財源と言う。一般財源には、地方税（目的税を除く）、地方交付税、地方譲与税（地方揮発油税の一部と航空機燃料譲与税を除く）、地方特例交付金、臨時財政対策債などの赤字地方債、使用料・手数料・分担金・負担金・財産収入・寄付金のうち使途の特定されたものを除いた部分、使途の特定のない繰入金、地方公共団体間の各種交付金[1]、特別区財政調整交付金などが含まれる（表6-3）。

表6-2　東京都と島根県の決算の内訳（2012年度）

		東京都		島根県	
		金額（億円）	構成比（％）	金額（億円）	構成比（％）
歳入	地方税	42,571	68.3	625	11.6
	地方交付税	−	−	1,855	34.3
	国庫支出金	3,955	6.3	806	14.9
	地方債	3,413	5.5	818	15.2
	その他	12,392	19.9	1,296	24.0
	計	62,330	100.0	5,399	100.0
歳出	総務費	3,620	6.0	267	5.1
	民生費	8,331	13.8	526	10.0
	農林水産業費	187	0.3	405	7.7
	商工費	3,090	5.1	706	13.4
	土木費	8,144	13.5	872	16.6
	教育費	9,344	15.5	955	18.2
	公債費	5,249	8.7	952	18.1
	その他	22,453	37.2	568	10.8
	計	60,418	100.0	5,252	100.0

（資料）総務省編『地方財政統計年報』により作成

一方、使途の特定された財源は、特定財源と言う。特定財源には、地方税のなかの目的税、地方揮発油税の一部と航空機燃料譲与税、国庫支出金、都道府県支出金、交通安全対策特別交付金、建設地方債、使用料・手数料・分担金・負担金・財産収入・寄付金のうち使途の特定されたもの、使途の特定された繰入金などがある。このうち目的税には、道府県税である狩猟税、水利地益税、道府県法定外目的税、市町村税として入湯税、事業所税、都市計画税、水利地益税、共同施設税、宅地開発税、市町村法定外目的税がある[2]。また、国庫支出金のなかには、一定の範囲内で使途を選択できるものが含まれるものの（第9章3節参照）、完全に自由な訳ではないのですべて特定財源に分類される。

一般財源の割合が多いと、予算策定において政策の選択の幅が広くなる。そのため、財源面での分権の度合を測るうえで、一般財源の割合が一つの目安となる。一方、特定財源が多いと、住民のニーズの変化に合わせた施策が行いにくくなるうえ、突発的な支出への対応が困難になる。

②自主性

地方公共団体が、自主的に収入をあげることが可能な財源かどうかも、重要な区分となる（表6-3）。

財源のなかで、自主的に調達することができるものを、自主財源と言う。自主財源には、地方税、使用料、手数料、分担金、負担金、財産収入、寄付金、繰入金などがある。ただし、地方税のなかには地方消費税のように、税率の変更が不可能なだけでなく賦課徴収まで国が行っていて、実質的に自主財源と言えるか疑問の余地のあるものが含まれている。

自主財源以外のものを、依存財源と呼ぶ。そして依存財源のうち、国から地方公共団体に移転されるものを移転財源と言う（地方公共団体間のものも含む）。移転財源には、地方交付税、地方譲与税、国庫支出金、都道府県支出金、地方公共団体間の各種交付金、特別区財政調整交付金、交通安全対策特別交付金が含まれる。依存財源で移転財源以外のものは、主に地方債である。

地方分権時代の財源には、自主財源が望ましいことは言うまでもない。依存

第6章 歳入の全体像

表6-3 財源の分類

財源	使途	自主性	継続性
地方税（目的税を除く）	一般財源	自主財源	経常財源[注2]
地方税（目的税）	特定財源	自主財源	経常財源[注2]
普通交付税	一般財源	移転財源	経常財源
特別交付税	一般財源	移転財源	臨時財源
地方公共団体間の各種交付金	一般財源	移転財源	経常財源
地方譲与税（下記以外）	一般財源	移転財源	経常財源
地方揮発油税の一部・航空機燃料譲与税	特定財源	移転財源	経常財源
国庫支出金	特定財源	移転財源	経常・臨時財源
都道府県支出金	特定財源	移転財源	経常・臨時財源
交通安全対策特別交付金	特定財源	移転財源	臨時財源
建設地方債	特定財源	依存財源	臨時財源
赤字地方債	一般財源	依存財源	臨時財源
使用料・手数料	一般・特定財源	自主財源	経常・臨時財源
分担金・負担金	一般・特定財源	自主財源	経常・臨時財源
財産収入	一般・特定財源	自主財源	経常・臨時財源
寄付金	一般・特定財源	自主財源	臨時財源
繰入金	一般・特定財源	自主財源	臨時財源

(注) 1. 貸付金元利収入や特別区財政調整交付金などは省略
2. 地方税のなかで、都市計画税、法定外税は臨時財源。また、期限付きの超過課税分も臨時財源
(資料) 月刊「地方財政」編集局編『七訂 地方公共団体 歳入歳出科目解説』ぎょうせい、により作成

財源は、国の財政状況や金融情勢などに左右され、地方公共団体にとって財源の確保が困難になる恐れがある。しかし現実には、自主財源の大部分は地域間格差の大きい地方税が占めており、多くの地方公共団体にとって依存財源は不可欠の存在である。

③**継続性**

財源が毎年度継続的に得られるかどうかも、区分する上で重要なポイントである。毎年度継続的に得られる財源を経常財源、一時的、臨時的に歳入となるものを臨時財源と言う（表6-3）。

経常財源には、一部の税を除く地方税、普通交付税、地方公共団体間の各種交付金、特別区財政調整交付金のうち普通交付金、地方譲与税、国庫支出金や都道府県支出金のうち制度に基づき毎年度継続的に収入されるもの、使用料・手数料・分担金・負担金・財産収入のうち建設事業などに充当されない分、などで構成されている。一方、臨時財源には、特別交付税、地方債、特別区財政調整交付金のうち特別交付金、交通安全対策特別交付金、寄付金、繰入金、繰越金、使用料・手数料・分担金・負担金・財産収入のうち建設事業などに充当される分、などがある。臨時財源となる地方税には、都市計画税、法定外税、期限付きの超過課税分が含まれる。

　経常財源の比率の高さは、財源の安定性を示す。臨時財源の割合が多い地方公共団体は、財源構成が不安定な状態にあると考えられる。また、一般財源であり経常財源でもあるものを経常一般財源と呼び、自由度と安定性を併せ持った財源とされている。

3　推移

①地方財政全体

　日本の地方財政全体の歳入総額は、2013年度決算において101兆円である。歳入総額の推移を見ると、1999年度まで一時的な例外を除いて、少なくとも金額では増加を続けていた（図6-1）。バブル景気の始まった1985年度の歳入総額は57兆円に過ぎなかったが、バブル景気ピークの1990年度は既に80兆円となっている。バブル崩壊後も1990年代は増加を続け、歳入総額の過去最高である1999年度は104兆円に達した。それが減少に転じたのは、2000年度である。2000年度以降は三位一体の改革などにより毎年度減少を続け、1999年度の104兆円が2007年度には12%減少して91兆円となった。しかし、リーマン・ショック（2008年）後の景気対策や地域間格差是正のために国からの移転財源が膨らんだことなどで、2009年度に歳入総額は急増し、その後横ばい傾向で推移している。

第6章 歳入の全体像

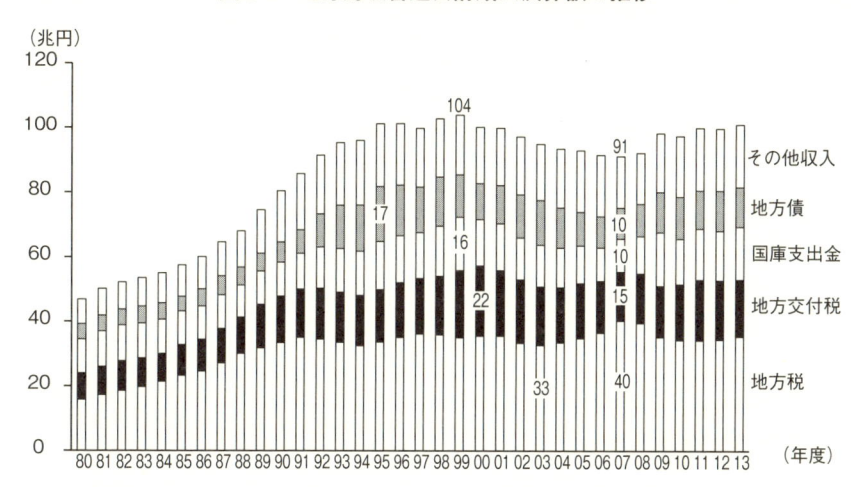

図6-1 地方財政普通会計歳入決算額の推移

(資料) 総務省編『地方財政統計年報』、総務省「平成25年度地方公共団体普通会計決算の概要」により作成

　歳入総額の変化は、すべての歳入科目で等しく増減している訳ではない。まず、1980年代まで順調に増加していた地方税は、バブル崩壊によりやや減少したものの、2000年代前半頃まで長期的に見れば概ね横ばいだった。それが一時的に大きく増加したのは、三位一体の改革による税源移譲のあった2007年度である。しかしそれも、リーマン・ショックに端を発した世界同時不況の影響などで、2009年度にはほぼ税源移譲前の水準に戻ってしまった。

　1990年代を通じて規模を最も拡大したのは、地方交付税だった。1985年度の地方交付税は9兆円、特定財源を削減し一般財源を増加する動きのあった1980年代後半を経て、1990年度に14兆円となった。それが、地方交付税総額のピークである2000年度には22兆円まで増加した。2001年度からは一転縮小し、三位一体の改革が実施された直後の2007年度は15兆円となった。その後は地方税の減少と地域間の税収格差是正、そして東日本大震災による震災復興特別交付税の創設などにより、徐々に増加している。

　国庫支出金についても、1990年代初頭まで10兆円前後だったものがその後

増加し、ピークの1999年度には16兆円となった。2000年度からは減少し始め、三位一体の改革による国庫補助負担金削減の影響で2007年度に10兆円まで縮小した。その後、2009年度に景気対策で大幅増となるなど、増減が続いている。

地方債発行額のピークは他の歳入科目よりやや早い時期で、1995年度の17兆円であった。1980年代後半に5兆円前後だったものが、1990年代に入り増加した。その後は長期的な減少傾向に転じ2007年度は10兆円まで縮小したものの、景気対策による建設地方債の増加と臨時財政対策債の増加などもあり、2008年度からやや増加する年度が多くなった。

②大都市圏と地方圏の違い

歳入規模と構造の変化は、すべての地方公共団体に共通して生じた訳ではない。ここでは、大都市圏と地方圏に分けて、歳入総額や歳入構成の変化を検討してみよう。もちろん、大都市圏や地方圏をそれぞれ構成する地方公共団体でも、例外が数多く存在することは言うまでもなく、全体としての傾向を掴むことが目的である。

まず、1980年代後半のバブル景気の時期から考えてみよう。バブル景気を背景として、この時期には地方税の伸びが顕著だった。この他、地方交付税も高率補助金の削減や地方財政全体の歳出の膨張により伸びたものの、地方税に比べれば増加の時期が遅くかつ増加の規模も小さかった。そのため、歳入に占める地方税の比率の高い大都市圏の地方公共団体を中心に、歳入の増加が顕著となった。この時期、国全体がバブルに踊っていたこともあり、地方公共団体でもMM21開発（横浜市など）や臨海副都心開発（東京都など）など、大型開発事業が実施された。一方、いわゆる地方圏の地方公共団体では、バブルによる税収増がそれほど大きなものではなく、独自の公共事業の膨張などは大都市圏と比較すれば小さかった。

バブル崩壊は、地方税収の減少に直結した。しかし、1990年代半ば頃までは、大都市圏の地方公共団体でもバブルの余韻が残っていたことや、国が企画した景気対策に同調したこともあり、公共事業の追加などを実施していた。国庫支

第6章 歳入の全体像

出金は増加していたものの、大都市圏への配分がそれほど多かった訳ではなく、財源の中核は地方債だった。しかし、地方税の減少と地方債の増大は元々地方税収が豊かな大都市圏の地方公共団体の財政を悪化させ、遂に1998年9月から11月にかけて、大阪府、神奈川県、東京都、愛知県で、相次ぎ「財政危機宣言」を出し、厳しい財政再建に臨まざるを得なくなった。

一方、1990年代後半の地方圏の地方公共団体では、地方交付税の拡大が財源確保に貢献していた。また、国庫支出金も、地方圏の地方公共団体に多くの配分がなされた。さらに、国による景気対策の要請は、地方債の起債許可や元利償還費に対する交付税措置などを伴っており、地方圏の地方公共団体にとって公共事業など歳出拡大を実施しやすい環境にあった。ただし、この時期の大都市圏での苦境と地方圏への移転財源の増加が、大都市圏住民の強い不満につながり、三位一体の改革の一因となった。また、こうした対立感情の背景には、地方圏から大都市圏への人口移動が減少し、都市圏住民における地方圏出身者の比率が低下、あるいは地方圏出身でも大都市圏居住期間の長期化も指摘できる。これにより、地方圏への手厚い財源配分に理解が得られにくくなっている可能性も考えられる。

2000年代に入っても、しばらくこうした状況は続いたが、2002年から議論がスタートし2004年度から本格的に実施された三位一体の改革により、状況は一変した。それまで苦しんでいた大都市圏の地方公共団体の多くが、地方税の大幅増収により歳入が増加した。また、大都市圏の地方公共団体の多くでは、1990年代から厳しい財政再建を実施して比較的歳出が絞り込まれていたことも影響した。一方、地方交付税や国庫支出金が多かった地方圏の地方公共団体は、地方税の増収よりも地方交付税などの削減が大きく、予算編成に苦慮する姿がしばしば見られるようになった。そして、地域間格差の問題が顕在化した。その後、世界同時不況の影響や事業税（法人）の改正などで地方税収が減少し大都市圏の地方公共団体の財政状況が厳しくなる一方、地方交付税や臨時財政対策債などは増加したため、地域間格差の問題は少し緩和されたが、地方圏の財政状況の厳しさには変わりがない。

4 国際比較

　州政府や地方政府の歳入の構成を、SNAベースのものを用いて主要先進国間で比較してみよう（表6-4）。全体として、各国ともかなり構成に違いがある。

　連邦制国家における州政府では、全般的に州税の占める比率が高い傾向にあるものの、オーストラリアは歳入の3分の1程度にとどまる。ただし、税外収入の比率が比較的高いため、移転財源の構成比は、税外収入が比較的少ないスペインの州政府をやや下回っている。それに対して、ドイツやカナダの州政府は、州税の占める比率が高いことなどから、移転財源への依存度は低い。連邦制国家でも、地方政府における税収が占める比率は全般的に低く、移転財源への依存度が高くなっている。ただし、オーストラリアの地方政府では、税外収入の比率がかなり高いため、州政府とは異なり移転財源の占める比率がドイツやカナダの地方政府よりも低くなっている。

　単一制国家の場合、地方政府の歳入に占める税の比率は全般的に低い。なかでもイギリスは、歳入に占める地方税のウェイトが1割強にとどまっている。そのため、移転財源への依存度が高く、歳入全体の7割弱を占めている[3]。同じ単一制国家でも、フランスは税や税外収入の割合が高く、移転財源への依存度は低い。日本は、税外収入の比率こそフランスに近いものの、地方税の割合はそこまでではなく、移転財源の比率がイタリアと並び4割強となっている。

5 主要財源以外の概略

①地方譲与税・地方特例交付金

　地方税や地方交付税などいわゆる主要財源と呼ばれるもの以外にも、地方財政には様々な財源がある。そのうち、地方税と関係の深いものとして、地方譲与税と地方特例交付金がある。

　地方譲与税は、本来地方税とすべきものを、徴税上の便宜などの理由から国税として課税し、一定の基準で地方公共団体に譲与するものである。2015年

表 6-4 州政府・地方政府の歳入構成比（2007 年）

（単位：％）

国	州・地方	税	税外収入	移転財源
オーストラリア	州	33.8	22.2	43.9
	地方	38.9	47.3	13.8
カナダ	州	60.1	20.5	19.4
	地方	40.4	19.2	40.4
ドイツ	州	70.9	12.2	17.0
	地方	41.2	24.1	34.7
スペイン	州	54.6	4.8	40.6
	地方	50.9	14.1	34.9
フランス	地方	47.0	25.5	27.5
イタリア	地方	45.5	11.6	42.9
イギリス	地方	13.1	17.9	69.0
日本	地方	39.4	24.1	41.4

（注）1．下記資料では、日本やアメリカの 2007 年のデータがなく、日本のみ 2012 年度普通会計決算
　　　2．2008 年以降の下記資料には、税外収入や移転財源の掲載がない
　　　3．税外収入に地方債は含まない
（資料）OECD, *Revenue Statistics 2009*, OECD、総務省編『地方財政統計年報』により作成

度において、地方譲与税は 6 税で構成されている（表 6-5、金額は 2013 年度のもの）。地方譲与税には、比較的長期にわたり設けられているもの、最近創設されたもの、一時的に設けられたものなどがある。現存する地方譲与税として比較的長期にわたるものには、特別とん譲与税（1957 年度〜）、石油ガス譲与税（1966 年度〜）、航空機燃料譲与税（1979 年度〜）がある。最近設けられたものは、地方揮発油譲与税[4]と地方法人特別譲与税（ともに 2009 年度〜）である。一時的に設けられたものとしては、三位一体の改革において所得税から道府県民税（所得割）及び市町村民税（所得割）へ税源移譲するまでのつなぎの役割を担った所得譲与税（2004 〜 06 年度）を、例としてあげることができる。

　地方譲与税は移転財源だが、財源調整を目的としたものではない。ただし、地方揮発油譲与税については、都道府県と政令指定都市分で、地方交付税にお

ける普通交付税の財源超過団体に対する譲与制限がある。地方法人特別譲与税についても、普通交付税の財源超過団体に対する一定の調整がある。また、地方譲与税の多くは使途の制限のない一般財源だが、航空機燃料譲与税については、空港対策に関する費用に充当しなければならない。また、地方揮発油税についても、一部が道路に関する費用に限定されている。

地方特例交付金は、地方税減収の補填のために交付されるもので、各地方公共団体にとって使途の自由な財源である。2015年度における地方特例交付金の目的は、いわゆる住宅ローン減税による地方税の減収分の補填で、都道府県及び市区町村向けに総額1,189億円を予定している。各地方公共団体への按分は、住宅ローン減税の見込額による。なお、現在の地方特例交付金は、地方税の減収補填のみが目的のため、地方交付税の算定に際しては地方税同様の扱いとなっている。

元々地方特例交付金は、1999年度の恒久的減税に伴う地方税の減収補填のため、創設された。恒久的減税は2007年度に廃止されたが[5]、その後も地方特例交付金は存続している。例えば、現在の住宅ローン減税による減収補填のみとなったのは2012年度からで、2011年度までは、2009年度の税制改正における自動車取得税の減税に伴う自動車取得税交付金の減収補填部分と、2006・2007年度における児童手当の拡充及び2010年度における子ども手当の創設等に伴い交付する児童手当及び子ども手当特例交付金があった。

②使用料・手数料、分担金・負担金

一般的に、行政サービスへの対価の支払いは必要ない。無論、税を多く負担したからといって、特別な行政サービスを享受できる訳ではない。これを、ノンアフェクタシオンの原則と言う。しかし、地方公共団体が行う行政サービスのなかには、受益者に一定の負担等を求めるものがある。そうしたサービスの対価として徴収されるのが、使用料、手数料、分担金、負担金である。

使用料は、地方公共団体の公共施設利用の対価として、手数料は、特定の者のために行う事務の費用に充てるため、それぞれ徴収する。2012年度では、

第6章　歳入の全体像

表 6-5　地方譲与税一覧（2013 年度決算）

区分	金額（億円）	譲与先	譲与基準
地方揮発油譲与税	2,766	都道府県・市町村	道路の延長・面積（人口や道路の形態等で補正）
石油ガス譲与税	104	都道府県・政令市	道路の延長・面積（普通交付税算定と同様の補正）
自動車重量譲与税	2,641	市町村	道路の延長・面積（人口で補正）
航空機燃料譲与税	149	都道府県・市町村	着陸料収入・騒音被害世帯数（騒音程度等で補正）
特別とん譲与税	125	市町村	特別とん税収入額相当
地方法人特別譲与税	19,803	都道府県	人口・従業員数
合計	25,588	―	―

（資料）財務省編『平成 25 年度決算の説明』により作成

　都道府県、市町村ともに、公営住宅の家賃に相当する公営住宅使用料が最大である（表 6-6）。2008 年度まで、都道府県の使用料のなかでは授業料が最大だったが、高等学校の授業料実質無償化の影響で大幅に減収となった。一方、市町村では、保育所利用による使用料収入も大きい。手数料は、戸籍謄本や住民票の写しの交付、事業系一般廃棄物の処理、飲食店など食品衛生法に基づく営業許可申請など、多岐にわたる。

　地方公共団体の行う事業で、特定の個人などに特別の受益が生じる場合、事業の費用の一部を徴収するのが、分担金や負担金である。地方自治法（第224条）では分担金とされているが、地方公共団体によっては負担金という名称を使っている。

　例えば農道整備事業を行った場合、受益者は周辺で農業を営む特定の者である。こうした時に、当該事業の費用の一部を受益者から徴収するのが分担金や負担金である。もちろんその性格上、分担金や負担金は、受益の限度内でなければならない。一般的に農道整備事業の場合、分担金や負担金は地方公共団体で賄う事業費全体の 10% や 20% 程度のところが多いようである。

表6-6 使用料・手数料の内訳（2012年度決算）

区分	都道府県		市町村	
	金額（億円）	構成比（％）	金額（億円）	構成比（％）
使用料	4,408	68.4	10,023	73.1
授業料	153	2.4	288	2.1
保育所使用料	−	−	2,045	14.9
公営住宅使用料	2,429	37.7	3,135	22.9
発電水利使用料	324	5.0	−	−
その他	1,503	23.3	4,555	33.2
手数料	2,039	31.6	3,684	26.9
法定受託事務	456	7.1	271	2.0
自治事務	1,583	24.6	3,413	24.9
合計	6,447	100.0	13,708	100.0

（資料）総務省編『地方財政白書』により作成

③繰入金など

　この他にも、様々な歳入科目がある。比較的規模の大きなものとして、2013年度決算で3.5兆円の繰入金がある。繰入金は、他会計等からの資金移動であり、特別会計繰入金、基金繰入金、財産区繰入金に分かれる。なかでも規模が大きいのは基金繰入金で、2013年度決算の繰入金全体の96％を占めている。繰入金の特徴のひとつとして、年度による増減の激しさがある。それは、景気後退期に地方税が減収となり基金の取り崩しが増加する一方、景気上昇期は地方税の伸びが大きく基金を取り崩す必要性が少なくなるからである。

　繰入金の大部分を占める基金繰入金は、過去に積み立てられたいわゆる貯金に相当する各種基金が源泉である。各種基金のうち、使途が自由な財政調整基金の現在高は、2005年度頃から増加傾向にある（図6-2）。一方、地方債の計画的な償還に用いる減債基金は、公債費の増加抑制のために取り崩される傾向にある。大規模施設の建設などに用いられる、その他特定目的基金は、長らく減少傾向にあったが、財政調整基金同様に2005年度頃から増加傾向に転じている。そのため、2005年度末に13.0兆円だった現在高の総額は、2013年度末

に22.4兆円まで積み増されている。各種基金の現在高について、2011年度末まではバブル崩壊直後の1992年度末の20.7兆円が最大だったが、2012年度末に上回った。

その他では、貸付金元利収入も多い。2013年度決算で、5.4兆円にのぼった。これは、地方公共団体による個人や法人への貸付金に対する元金償還及び利子の支払いである。地方公共団体による貸付金は、土地区画整理事業貸付金のように国で定めたルールのもと、地方公共団体が貸し付けを行うものの他、各地方公共団体が任意で設けているものもある。例えば東京都武蔵野市では、中学3年生及び高校3年生（浪人生含む）の子供がいる低所得者に対して、受験に向けた学習塾等の費用や受験料を無利子で融資する受験生チャレンジ支援貸付事業を行っている[6]。また、鳥取県では、県内で看護職員として就業する意思をもった看護学生に対し、看護職員修学資金を貸し付けている。

最近、市町村において伸びる傾向にあるものとして、寄付金をあげられる。いわゆるふるさと納税制度（第7章7節参照）を利用したもので、寄付者への特産品贈呈などが過熱化していることもあり、絶対額はまだ小さいものの増加傾向にある地方公共団体が多くなっている。

6 三位一体の改革

①全体像

昨今の地方財政の歳入をめぐる大きな動きとしては、三位一体の改革をあげることができる。とくに、地方公共団体間の財源格差を考えるうえで、三位一体の改革の考察は不可避であろう。

三位一体の改革は、2002年6月「骨太方針第2弾」（経済財政運営と構造改革に関する基本方針2002）において「三位一体」[7]を初めて明記し、事実上始まった。そして、実際の制度等の改革は、2004年度から3年間で実施された。三位一体の改革とは、地方財政の主要な歳入科目である、地方税、国庫支出金（国庫補助負担金）、地方交付税（臨時財政対策債を含む）を一体で改革するも

図6-2 積立金（各種基金）現在高の推移

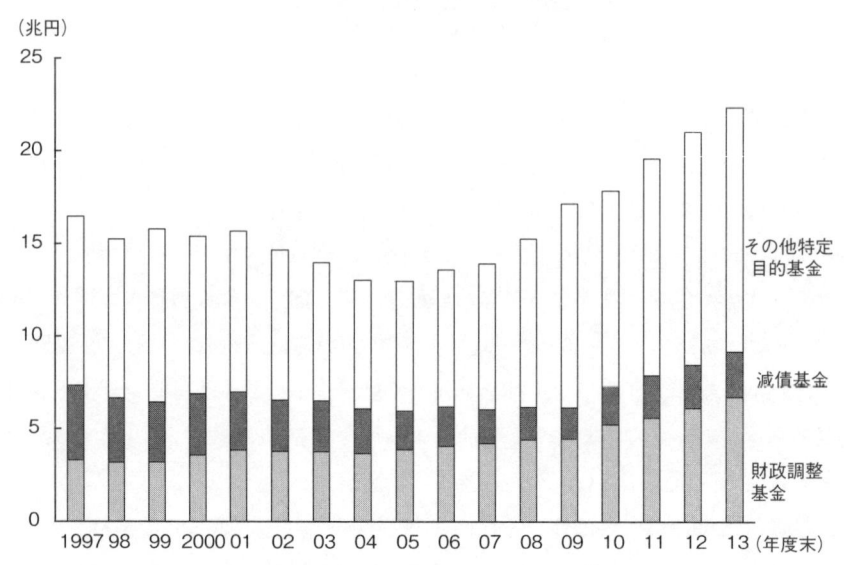

(兆円)

その他特定目的基金
減債基金
財政調整基金

（資料）総務省編『地方財政統計年報』、総務省「平成25年度地方公共団体普通会計決算の概要」により作成

のである。

　改革の背景には、財源面での地方分権の進展と国の財政難があった。財源面での地方分権には、大きく2つの方向性がある。第1に、地方公共団体にとって使途が自由な一般財源を増やすこと、第2に、地方公共団体独自の自主財源を増やすことである。前者の使途の自由な財源を増やすことであれば、かつて1980年代後半に、高率補助金の原則廃止が実施された。地方公共団体独自の事業の実施に必要な財源のほとんどを補助金等で賄うことができてしまうと、住民のニーズよりも、補助金の有無で事業を選択する恐れが強かった。そこで、対象事業に占める補助金の比率の高い高率補助金を原則廃止し、補助率全般の引き下げを実施した。これにより国庫支出金総額は減少したが、地方財政計画の歳出規模を変えずに歳入で国庫支出金のみが削減されると、地方交付税の総額拡大につながる。地方交付税は使途が自由な一般財源であり、特定財源である国庫支出金から代替された。

第 6 章　歳入の全体像

　三位一体の改革では、自主財源の増加が強調された。つまり地方税の増加であり、国庫支出金や地方交付税の削減である。あわせて、大都市圏地方公共団体の財源難による不満の解消や、国の財政負担軽減も改革の狙いにあった。

　三位一体の改革の全体像をまとめておこう。もっとも注力された国庫支出金（国庫補助負担金）改革は、前倒し実施分を含めた全体で約 4.7 兆円となった。このうち、地方公共団体が引き続き実施する必要があり税源移譲する分が、3.1 兆円である。引き続き国の予算に計上するものの、手続きを簡素化し執行を弾力化する交付金化は 0.8 兆円、事務事業そのものを廃止するスリム化分が 1 兆円となった。主要な事務事業では、一時廃止も議題にのぼった義務教育費国庫負担金について、国庫負担の割合は従来の 2 分の 1 から 3 分の 1 へ、8,500 億円程度の減額及びその分の税源移譲となった。児童扶養手当は従来の国庫負担割合 4 分の 3 が 3 分の 1 に引き下げられ、児童手当は従来の 3 分の 2 が 3 分の 1 となった[8]。

　地方交付税改革は、地方交付税に臨時財政対策債を加えて約 5.1 兆円の減額となった。税源移譲による減額効果以外の改革として、段階補正の縮小による小規模市町村の算定について効率的な団体を基礎とする縮減があった。算定の簡素化としては、都道府県分の補正係数を概ね半減するとともに、事業費補正を縮減している。また、地方財政計画と決算の乖離を是正するため、過剰に計上されていた投資的経費（単独事業）を 2005 年度に 7,000 億円、2006 年度は 2 兆円それぞれ減額し、過少計上だった経常的経費（単独事業）は 2005 年度に 3,500 億円、2006 年度は 1 兆円をそれぞれ増額した。

　国税から地方税への税源移譲は、税制改正の見込税収として 3 兆 100 億円であった。2006 年度税制改正において、所得税から個人住民税（所得割）への税源移譲を実施した。また、所得税と個人住民税（所得割）の税率構造も変更されている。それまで累進税率だった個人住民税（所得割）は、税源移譲後一律 10％（道府県民税と市町村民税の合計）となった。定率化は、そもそも所得再分配が国の役割で、また累進所得課税は所得の高い人が多く住む地域の税収をより多くし税収格差拡大につながり、地方税として不適当だからであった。

②税源移譲及び定率化

　三位一体の改革のうち、税源移譲及び定率化は、所得税が2007年分から、住民税は2007年度分から適用となった。それまでは、所得譲与税等で対応していた。簡単に、税源移譲の過程を押さえておこう。

　税源移譲の始まりは2004年度で、所得税の一部（4,249億円）を所得譲与税化し、それを都道府県と市区町村に2分の1（2,125億円）ずつ譲与した。また、税源移譲予定特例交付金として、都道府県向けに2,309億円を交付した。2005年度は、所得譲与税を1兆1,159億円に増額し、都道府県へ6,695億円、市区町村へ4,464億円譲与した。税源移譲予定特例交付金も同様に増額し、6,292億円を都道府県向けに交付した。2006年度には、税源移譲予定特例交付金を廃止し所得譲与税に一本化したうえ、最終的な税源移譲の総額に匹敵する3兆94億円の規模に増額し、都道府県へ2兆1,794億円、市区町村へ8,300億円譲与した。そして、税源移譲を実施した2007年度には、税制改正の見込税収として総額3兆100億円（同額の所得税の減収）の個人住民税（所得割）の増収となった。このうち道府県民税（所得割）が2兆1,800億円、市町村民税（所得割）は8,300億円の増加であった。

　税源移譲及び定率化のポイントのひとつが、所得税と個人住民税（所得割）を合計した各納税者の税負担額を、原則として変えないことである。個人住民税（所得割）の税率引き上げ及び定率比に合わせて、税負担が変化しないように所得税の税率構造を変更した。

　具体的には、道府県民税（所得割）について、従来の700万円まで2％、700万円超が3％だった税率を一律4％とし、市町村民税（所得割）について、それまでの200万円まで3％、200万円超700万円まで8％、700万円超10％が一律6％となった。一方、所得税の税率は、330万円まで10％、330万円超900万円まで20％、900万円超1,800万円まで30％、1,800万円超37％と4段階の税率だったが、195万円まで5％、195万円超330万円まで10％、330万円超695万円まで20％、695万円超900万円まで23％、900万円超1,800万円まで33％、1,800万円超40％と6段階に改正された[9]。

第6章 歳入の全体像

③地方財源全体で見た三位一体の改革の実績

　三位一体の改革による地方財政の財源全体への影響を、実績から確認してみよう（表6-7）。税源移譲に関しては、ほぼ改革案（3兆円）通りの規模を達成している。改革開始前の2003年度（決算）は、道府県民税（所得割）2.2兆円、市町村民税（所得割）5.5兆円の合計7.7兆円だったが、改革後の2007年度（決算）は、道府県民税（所得割）4.5兆円、市町村民税（所得割）7.1兆円の合計11.6兆円と3.9兆円増加した。改革案よりも実際の増加幅が大きいものの、それは恒久的減税として実施されていた定率減税が2006年度に半減され（3,880億円増収）、2007年6月に廃止された（4,274億円増収）影響が大きかった。なお、その後個人住民税（所得割）の税収は2008年度に合計12.1兆円まで増加した後、リーマン・ショックの影響によって減収となり、2013年度（決算）は道府県民税（所得割）4.5兆円、市町村民税（所得割）6.7兆円の合計11.2兆円にとどまっている。

　国庫支出金（国庫補助負担金）の削減は、改革案で3.1兆円だった。改革開始前の2003年度と改革後の2007年度を決算で比較すると、都道府県分が7.8兆円から5.1兆円へと2.7兆円の減少、市町村分が5.2兆円から5.1兆円に0.1兆円の減少となっている。地方交付税と臨時財政対策債については、改革案が5.1兆円削減だった。2003年度と2007年度を比較すると、都道府県が12.7兆円から9.4兆円に3.3兆円減少、市町村は10.6兆円から8.1兆円へと2.5兆円減少となった。地方交付税と臨時財政対策債の減少幅が改革案より大きくなった理由としては、地方税の増収が定率減税廃止などの影響により、改革案に比べ大きかったことがあげられる。

　地方財政の財源全体として、三位一体の改革による純計額は、改革案が5.2兆円の減収を予定していたものの、実際には4.7兆円の減少にとどまった。この背景には、上述のように地方税収の増加が改革案を上回ったことが大きい。ただし、三位一体の改革全体として見れば、ほぼ改革案通りの実績を達成したと見て良いだろう。

　こうした三位一体の改革により、地方公共団体間の財源全体の格差は、大幅

に拡大した。一部の大都市圏の地方公共団体では財源がかなり豊かになる一方、地方圏の多くの地方公共団体が財源難に苦しむようになり、地域間の格差問題が喧伝されるようになった。

ただし、三位一体の改革によって変化した歳入構造も、リーマン・ショック（2008年）に端を発した世界同時不況への影響や事業税（法人）の改正などにより、再び大きく変わることになった。地方税の税源移譲による増加は、景気後退により三位一体の改革前の規模に戻った。臨時財政対策債を含む地方交付税は、地方税の減収への対応と三位一体の改革により拡大した歳入の格差是正の両面から、増加を余儀無くされた。国庫支出金も、世界同時不況への景気対策などにより、やや増加した。

表6-7 三位一体の改革の実績

内容	改革案		03年度実績 (a, 兆円)	07年度実績 (b, 兆円)	増減額 (b-a, 兆円)	伸び率 (b/a-1, %)
税源移譲	3兆円	都道府県	2.2	4.5	2.3	107.7
		市町村	5.5	7.1	1.6	29.0
国庫補助負担金削減	－3.1兆円	都道府県	7.8	5.1	－2.7	－34.5
		市町村	5.2	5.1	－0.1	－2.0
地方交付税・臨時財政対策債削減	－5.1兆円	都道府県	12.7	9.4	－3.3	－26.0
		市町村	10.6	8.1	－2.5	－23.4
純計	－5.2兆円	都道府県	22.7	19.1	－3.7	－16.1
		市町村	21.3	20.3	－1.0	－4.6

（注）改革案の金額の正負は、地方公共団体にとっての歳入増減を示す
（資料）総務省編『地方財政統計年報』により作成

第6章　歳入の全体像

> **注**
>
> 1) 都道府県から市町村への交付金として、利子割交付金、配当割交付金、株式等譲渡所得割交付金、地方消費税交付金、ゴルフ場利用税交付金、特別地方消費税交付金、自動車取得税交付金、軽油引取税交付金があり、市町村から都道府県への交付金には、市町村たばこ税都道府県交付金がある。
> 2) 国民健康保険の保険料を税方式で徴収している場合には、それも目的税として考えることが可能である。
> 3) イギリスでは2013年度から事業用レイト保持制度が導入されたため、移転財源への依存度は2007年よりも低くなっていると考えられる。
> 4) 地方揮発油譲与税は、前身の地方道路譲与税が1955年度創設、さらにその前身の揮発油譲与税は1954年度創設（当該年度限り）だった。
> 5) 恒久的減税に伴う地方税の減収補填分は2006年度を最後に廃止されたが、2009年度まで経過措置として特別交付金を交付していた。
> 6) 武蔵野市や鳥取県の例では、ともに一定の条件を満たした場合に返済を免除する制度が設けられている。
> 7) 「経済財政運営と構造改革に関する基本方針2002」第4部の3. 国と地方、において、「国庫補助負担金、交付税、税源移譲を含む税源配分のあり方を三位一体で検討し、それらの望ましい姿とそこに至る具体的な改革工程を含む改革案を、今後一年以内を目途にとりまとめる」としていた。
> 8) 児童手当は、2010・11年度が子ども手当、2012年度から再び児童手当となり、国庫負担割合は3分の2に戻されている。
> 9) 所得税の税率は改正され、2015年分から、1,800万円超4,000万円まで40%、4,000万円超45%となった。

第7章 地方税

1 課税の根拠

　税は政府活動の主要な財源となるべきものであり、地方公共団体の場合、それは地方税である。

　税を課す根拠となる考え方には、大きく租税利益説と租税義務説の2つがある。租税利益説において、政府活動が国民や住民に与える利益の対価として課税の根拠を持つ。一方、租税義務説は、政府を社会の上位に位置付けることで、必然的に納税の義務を負うという考え方である。日本国憲法では、第30条において「国民は、法律の定めるところにより、納税の義務を負う」と定めており、日本における課税の根拠は租税義務説によるという考えが主流だが、神野(2007)のように、「租税の根拠は、租税利益説以外にはありえないといえるかもしれない」[1]と考える場合もある。

　日本において地方税の課税は、憲法第92条のなかの「地方自治の本旨」によって、財源を地方公共団体自ら調達する権利を持つと考えられる。つまり、自治権の一部として地方税を課すという考え方である。ただし、憲法第84条で租税法律主義が謳われており、国の定める法律の枠組みのなかで課税することになる。ただし、こうした地方税を課税する権限は、国によって大きく異なっている。

2 課税権の国際比較

①税目設定

　地方公共団体による地方税の課税権を考察する場合、2つのポイントがある。第1に、地方公共団体が税目を自由に設定する権限があるか、第2に税目を自

由に設定できなかったとしても、税率を自由に変更できる権限が地方公共団体にあるか、である。

　まず、地方公共団体が税目を自由に設定する権限について見てみよう。州を含めて考えるならば、課税権が最も強い主要国のひとつとして、アメリカとカナダをあげることができる。アメリカでは、重複課税制度として、連邦と州がそれぞれ自由に課税できる。そのため、州や地方公共団体によって税目が異なっている。例えば多くの州で課税されている小売売上税（Sales Tax）でも、アラスカ州はじめ5州は課税しておらず、課税している州でも州間の税率の違いがあるうえ、州内でも郡や市によって税率が異なるケースもある[2]。ただし、そのアメリカでも、一般消費課税は連邦で課さないといった暗黙の了解のようなものは存在していると言われる。カナダでも、連邦と州は重複して課税することが可能である。例えば連邦が付加価値税（GST：Goods and Services Tax）を課す一方、州のなかには付加価値税を課す、小売売上税（RST：Retail Sales Tax）を課す、一般消費課税を課さない、といった様々な対応がされている[3]。ただし、アメリカ、カナダともに地方公共団体については、州により税目の設定権限が異なる。

　同じ連邦制国家でもドイツやオーストラリアは、アメリカやカナダと大きく異なっている。ドイツでは、連邦と州そして地方公共団体の間で、基幹税を共同税とする、分与（共同）課税制度を採用している。所得税と付加価値税が連邦、州、市町村の共同税、法人税が連邦と州の共同税である。所得税と法人税の配分は、ドイツの連邦憲法である連邦基本法第106条によって定められ、付加価値税の配分は連邦法で定められている。ドイツの連邦法は、州の代表によって構成される連邦参議院の同意が必要なため、連邦と州は対等の立場で配分を決定できる。これは、自動車税をはじめとする共同税以外の州税も同様である。各州の独自の課税権は、地域を限定した消費課税や奢侈税以外に認められず、連邦基本法第106条によって市町村税とともに税目が定められている。ただし、上記のように連邦基本法の改正過程に連邦参議院を通じて州が関与する形となっている。

第7章　地方税

　オーストラリアは基本的に分離課税制度であり、連邦、州、地方が別の税源に課税する仕組みである。連邦制国家としては珍しく州の課税権が弱く、主要な税源が連邦に多く配分されている。連邦では個人所得課税、法人所得課税、付加価値税、関税等が課せられている。州は賃金税、個別消費課税（印紙税、賭博税、自動車税など）、土地税など税目の数は多いものの、賃金税以外は規模が小さく、所得課税や一般消費課税がないため税収が少ない。地方税は、日本の固定資産税に相当するレイト（Rates）と呼ばれる土地保有者への税のみの単一課税である。

　単一制国家の場合、地方公共団体に税目の設定を認めていない国が多い。その例として、イギリスとフランスをあげられる。なかでもイギリスの地方税は、固定資産税を基本として人頭税と所得税の要素を持つカウンシル・タックス（Council Tax）だけの単一課税制度である。2013年度から事業用レイト保持制度ができたものの、それも地方税ではない。一方、フランスは地方公共団体独自の税目は設定できないが、州、県、市町村それぞれで土地への資産課税をはじめ、多くの地方税が存在している。

　日本において、税目の設定は原則として国が地方税法で規定する（法定税）。法定税は、国と実質的に課税ベースを共有するケースが多く、混合課税制度と言える（表7-1）。例えば個人所得課税では、国で所得税、都道府県で都道府県民税（所得割）、市町村で市町村民税（所得割）などがそれぞれ課税されている。地方公共団体による独自課税は、法定外税として認められているものの、課税ベースが国税や法定税と競合しないなど厳しい条件が付けられているうえ、総務大臣の同意が必要である。そのため、税収に占める比率はわずかに過ぎない（2013年度0.1％）[4]。税目の設定について、独自課税の余地はあるものの、全体としてはフランスにやや近い制度となっている。

②税率設定

　次に、税率の設定や変更について見てみよう。地方公共団体が税目を自由に設定できない国でも、税率の変更は可能なケースが多い。イギリスのカウンシ

表 7-1 国税・地方税の税目（2014 年度）

	国税	地方税	
		道府県税	市町村税
個人所得課税	所得税 復興特別所得税	道府県民税（所得割・個人均等割・利子割・配当割・株式等譲渡所得割） 事業税（個人）	市町村民税 （所得割・個人均等割）
法人所得課税	法人税 地方法人特別税 地方法人税	道府県民税（法人税割・・法人均等割） 事業税（法人）	市町村民税（法人税割・法人均等割）
消費課税	【一般消費税】消費税 【個別消費税】揮発油税　石油石炭税　たばこ特別税　航空機燃料税　酒税　石油ガス税　とん税　自動車重量税　地方道路税　関税　電源開発促進税　特別とん税　地方揮発油税　たばこ税	地方消費税 鉱区税　狩猟者登録税 道府県たばこ税 ゴルフ場利用税 軽油引取税　入猟税 自動車取得税	鉱産税 市町村たばこ税 入湯税
資産課税	相続税　贈与税 地価税　登録免許税 印紙税	自動車税 不動産取得税 固定資産税（特例分） 水利地益税	固定資産税　共同施設税　特別土地保有税 事業所税　軽自動車税 都市計画税　水利地益税　宅地開発税

（注）地方税の法定外税は除く
（資料）地方税務研究会編『地方税関係資料ハンドブック』地方財務協会、により作成

ル・タックスでも税率の変更は可能で、実際に税率は地方公共団体によって異なる。しかし、歳入に占める地方税の比率が元々小さいため、多くの歳入を得るには大幅な税率の引き上げが必要である。フランスの地方公共団体も、税率は一定の範囲内で変更が可能である。ドイツでは、土地税及び営業税について、市町村が一定の範囲内でその税率を決める権限を持っている。共同税の税率については、連邦法の改正過程に連邦参議院を通じて州が関与する。

　日本では、法定税であっても、地方消費税など地方税法で税率の変更が認められていない一定税率の税目を除き、税率の変更は可能である（表 7-2）。た

だし、自由に設定可能な任意税率の税目はごくわずかである。多くの税目は、地方税法で「通常よるべき税率」として標準税率が設定され、さらに制限税率として地方公共団体が変更可能な上限を決められている形のものが多い。一方、法律上一定税率以外の税目で税率の下限はないものの、標準税率未満での課税は地方債発行にあたり協議制から許可制に変わることもあり、実際には難しい[5]。また、標準税率を上回る税率についても、法人所得課税を除けば、ケー

表7-2 主な地方税の税率の種類（2014年度）

	税目	税率の種類
道府県税	道府県民税（所得割）（個人均等割）	標準税率
	〃 （利子割）（配当割）（株式譲渡所得割）	一定税率
	道府県民税（法人税割）（法人均等割）	標準税率＋制限税率
	事業税（法人）	標準税率＋制限税率
	事業税（個人）	標準税率＋制限税率
	地方消費税	一定税率
	不動産取得税	標準税率
	道府県たばこ税	一定税率
	ゴルフ場利用税	標準税率＋制限税率
	自動車取得税	一定税率
	軽油引取税	一定税率
	自動車税	標準税率＋制限税率
市町村税	市町村民税（所得割）（個人均等割）	標準税率
	市町村民税（法人税割）（法人均等割）	標準税率＋制限税率
	固定資産税	標準税率
	軽自動車税	標準税率＋制限税率
	市町村たばこ税	一定税率
	鉱産税	標準税率＋制限税率
	入湯税	標準税率
	事業所税	一定税率
	都市計画税	制限税率
	水利地益税	任意税率

（資料）地方税務研究会編『地方税関係資料ハンドブック』地方財務協会、により作成

スは多くない。例えば市町村民税（所得割）は、標準税率のみの税目であり、上限の定めはないが、実際に標準税率（6％）を上回る税率で課税している超過課税の市区町村は、2013年度において北海道夕張市（6.5％）と兵庫県豊岡市（6.1％）だけだった。

③地方税の規模

　地方税の規模を見てみよう。地方税の規模が大きいからといって、必ずしも地方分権が進んでいるとは言えないものの、重要な観点のひとつである。地方税の規模を見るために、歳出、国税（連邦税）、経済規模との対比という、3つの視点で検討してみよう。なお、国際比較を容易にするため、SNA（国民経済計算体系）ベースのものを用いる（表7-3）。

　日本と同じ単一制国家のなかで、最も地方税の税収規模が小さいのは単一課税のイギリスである。2012年おいて歳出の12.7％しか賄うことができず、国税の1割にも満たない規模である。一方、スウェーデンは単一制国家のなかだけでなく、連邦制国家と比較しても地方税の大きさが目立つ。歳出の6割以上を賄っていることに加え、国税に準じる規模となっている。また、元々国税も含め税負担の重い福祉国家だということもあり、地方税の対名目GDP比は16.2％と突出している。

　日本、イタリア、フランスの地方税は、イギリスとスウェーデンの間に位置する。日本は、国において財政赤字が巨額なため、対国税比はスウェーデンを凌ぐ大きさになっている。対名目GDP比で見ても、スウェーデンには遠く及ばないものの、地方税のみで見ればそれに次ぐ規模となっている。一方、日本の地方政府は単一制国家のなかで大きな歳出規模を持つため、地方税の対歳出比はフランスやイタリアと比べ低い。

　連邦制国家では、単一課税であるオーストラリアの地方税の規模が、イギリスよりもさらに小さい。オーストラリアの場合、分離課税制度の下、連邦に課税ベースの大きな税源が集中しているため、州税の規模の小ささも特徴である。オーストラリア以外の連邦制国家では、概ね州税の規模が大きい。なかでもス

第 7 章　地方税

表 7-3　地方税・州税の規模の国際比較

(単位：％)

	年	対歳出比			対国（連邦）税比			対名目 GDP 比		
		地方税	州税	地方＋州	地方税	州税	地方＋州	地方税	州税	地方＋州
イギリス	2012	12.7	–	–	6.5	–	–	1.7	–	–
日本	2012	43.3	–	–	75.0	–	–	7.2	–	–
イタリア	2012	49.0	–	–	31.6	–	–	6.8	–	–
フランス	2012	50.0	–	–	40.2	–	–	6.0	–	–
スウェーデン	2012	63.7	–	–	72.8	–	–	16.2	–	–
オーストラリア	2011	データなし	23.5	データなし	4.2	18.8	22.9	0.9	4.0	4.9
アメリカ	2012	データなし	26.1	データなし	36.0	48.0	84.0	3.7	4.9	8.6
カナダ	2012	34.4	57.0	50.6	23.0	97.2	120.2	2.9	12.3	15.2
ドイツ	2012	40.4	63.5	54.9	25.9	68.7	94.6	3.1	8.1	11.2
スペイン	2012	53.5	58.4	57.2	43.3	143.3	186.7	3.2	10.6	13.8

（資料）OECD,*Revenue Statistics*,OECD. , OECD,*National Accounts*,OECD. により作成

ペインは、地方税、州税ともに歳出の 5 割以上を賄い、州税は連邦税の 1.4 倍以上、名目 GDP 比 10％超となっている。カナダやドイツの州税も、スペインに準じる規模である。アメリカの州税は、そうした国々とオーストラリアの間にある。アメリカの州は自由に課税できる一方、小さな政府志向が強いため、こうした規模となっていると考えられる。連邦制国家でも、地方税のみで見ると、対歳出比で単一制国家とそれほど差はなく、対国（連邦）税比や対名目 GDP では単一制国家を下回る国が多い。

3　地方税の租税原則

①租税原則

　そもそも地方税には、どのような税目が望ましいだろうか。税の役割には、

本源的機能として財源調達、派生的機能として所得再分配と経済安定化をあげることができる。しかし、地方税はこのうち派生的機能について、重きを置くべきではない。所得再分配や経済安定化は、国全体として取り組むべき課題であり、地方公共団体に多くを期待すべきものではない。そのため、地方税は財源調達機能をより重視したものでなければならない。

望ましい税とは、時代背景や経済状況などによって異なる。そもそも各個人にとっては、自らに負担がないか軽く、他者のみが多くの負担をする税こそが最適ということになる。しかし、社会全体で財源を支えなければ、公共サービスの提供は不十分で不安定なものになる。そこで、望ましい税の条件が多くの識者から提示されている。それが、租税原則と呼ばれるものである。租税原則の例として有名なものが、アダム・スミス（Adam Smith）の4原則、アドルフ・ワグナー（Adolph Wagner）の9原則、リチャード・マスグレイブ（Richard Abel Musgrave）の7条件である。公平性や明確性、徴税費用の最小化などが、共通点としてあげられる。一方、識者によりポイントの置き方や経済運営との関わりなどの相違点もある。そもそも、スミスが税を課される立場から考えたのに対して、ワグナーは課税側から考えているといった、視点の相違も存在している。

ただし、スミスやワグナー、マスグレイブの租税原則は、国税を含めたものであり、必ずしも地方税にすべて適合する訳ではない。例えば、マスグレイブの7条件のなかの経済の安定と成長は、経済の安定や成長の為に財政政策を実施しやすい税構造にするというもので、地方税にはふさわしくない。そのため、地方税に関しては、基本的にスミスらの租税原則で言う「公平・中立・簡素」などを前提として、それに地方税の特性を上乗せするような形で捉えるべきだろう。

地方税独特の租税原則については、地方財務協会（2003）によるものが参考になる。そこでは、地方税の租税原則が以下のように示されている[6]。

　a．十分性かつ普遍性：収入が十分あり、全地方公共団体に普遍的である
　b．安定性：収入が安定的である

c．伸張性：社会経済の発展とともに増加する行政支出に対応する税収入が
　　　　　得られる
　d．負担分任性：地方公共団体の構成員が負担
　e．伸縮性：地方公共団体が自主的に税収を調整できる
　f．応益性：受益に応じた負担

　これらの租税原則は、各税目が全項目を充足すべきという性格のものではない。地方税の租税原則は、地方税の体系全体の中で充たすべきものである。理想の地方税制は、上記の租税原則のバランスを考慮したうえで、経済状況や時代背景に配慮したものである。

②租税原則から導出される税目

　地方税の租税原則から見て、適切な税目を考えてみよう。最も適当な税目として、土地や建物等への資産課税があげられる。日本の固定資産税に代表される土地や建物等への資産課税は、土地等がすべての地方公共団体に存在し、土地等の存在する地方公共団体に納税されるため、十分性かつ普遍性や負担分任性が充たされる。また、行政サービスの行き届いた場所では地価も高くなる傾向にあることから、応益性にも適する。各地方公共団体で税率を変えることも可能で伸縮性に富み、地価などは所得に比べ安定していることが多いため、安定性も確保できる。さらに、地価が経済成長とともに伸びれば、伸張性もある程度確保される。こうした地方税に適した特性から、土地や建物等への資産課税は地方税の数少ない国際標準となっており、イギリスで唯一の地方税であるカウンシル・タックスも、人頭税等の要素は持つものの、土地や建物への資産課税となっている。オーストラリアの分離課税制度の下でも、土地等への課税が地方税に割り振られている。日本でも、固定資産税が市町村税の最大税目である。

　この他では、先に掲げた地方税の租税原則の多くを充足する税目は見つからない。比較的租税原則を多く充たすものとして、まず、累進性がなく課税最低限の低い個人所得課税が考えられる。累進性がなく課税最低限の低い個人所得

課税では、とくに応益性や十分性かつ普遍性、安定性に優れる。累進性や高い課税最低限がある場合、所得再分配に資することができるものの、応益性等の地方税に求められる特性は生かされない。また、個別品目に対する消費課税も、比較的望ましいものである。やはり、応益性や十分性かつ普遍性、安定性に適する。ただし、税率を地方公共団体間で異なるものにすると、当該品目の地域間における売り上げの違いに大きく影響するため、現実問題として伸縮性に適合しているとは言い難い。とくに基礎的自治体のような狭い地域での課税において、伸縮性を持たせることはより困難だろう。また、売上金額が小さい品目への課税では、十分性は充たされないだろう。

一方、地方税にあまり適切とは言えない税目は、法人所得課税である。法人所得課税で十分に充たされる地方税の租税原則は、伸張性のみである。十分性かつ普遍性、安定性、負担分任性、応益性などには反する税である。法人所得課税は、税収に普遍性がない（税収が地域によって大きく偏る）、当該地方公共団体以外で獲得した所得にも課税される、伸張性に富む一方で不安定である、行政サービスを受益していても課税上赤字であれば税負担がない、といった地方税としての問題点が存在する。

③**実態**

州・地方税の国際比較をすると、2012年における課税ベースの構成は、各国様々で、ほとんど標準型と言えるようなものはないことがわかる（図7-1）。単一課税制度のイギリスが資産課税100％なのは当然として、その資産課税のウェイトがドイツでは低い。ドイツでは個人所得課税のウェイトが高いものの、フランスやアメリカでは高くない。アメリカやカナダでは消費課税が大きいものの、これは州で一般消費税を課しているからで、単一制国家ではそこまで大きくない。単一制国家では、資産課税が他の課税ベースより大きいことは共通しているものの、ウェイトの高さは国により異なっている。

日本の地方税の特徴のひとつとして、国税との混合課税制度のため、課税ベースのバランスの良さがあげられる。他の国々では、極端にウェイトの高い課税

第 7 章　地方税

ベースがある反面、課税されていないかきわめて小さい割合の課税ベースが存在する。日本以外の国々で共通点を探すと、法人所得課税のウェイトの低さをあげることができる。単一制国家ではイギリスやフランスのように法人所得課税が地方税として課せられていないか、イタリアのようにごくわずかに過ぎない。連邦制国家の州・地方税でも、法人所得課税の占める比率は他の課税ベースに比べかなり低い。ドイツは法人所得課税の比率が10％強と日本以外の国と比べれば高いものの、これは法人所得課税が連邦税との共同税になっているからである。

　諸外国で地方税として法人所得課税がない、あるいはあったとしてもわずかである理由は、租税原則で見たように、地方税に不適切な課税ベースだからである。とくに、単一制国家において法人所得課税を基幹税のひとつにしてしまうと、人口や経済で見られる地域格差よりも大きな地域間の税収格差を生み、

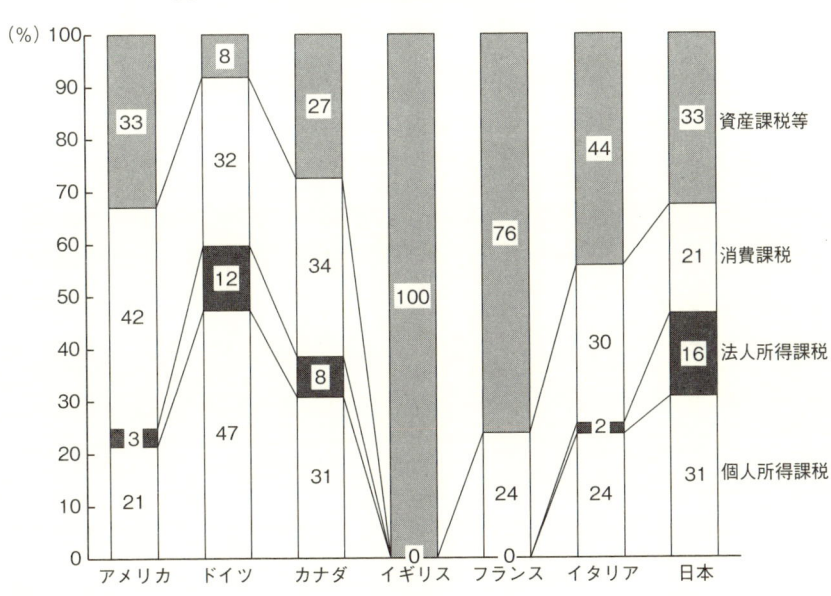

図7-1　州・地方税の課税対象別内訳（2012年）

国	個人所得課税	法人所得課税	消費課税	資産課税等
アメリカ	21	3	42	33
ドイツ	47	12	32	8
カナダ	31	8	34	27
イギリス	0	0	0	100
フランス	24	0	0	76
イタリア	24	2	30	44
日本	31	16	21	33

（資料）OECD, *Revenue Statistics*, OECD. により作成

手厚い財政調整制度を必要とする。それに対し日本では、法人所得課税のウェイトが税収全体の4分の1強ある。しかも広域的自治体である都道府県だけでなく、基礎的自治体である市町村でも、法人所得課税が課税されている。

4 日本の地方税の内容

①道府県税と市町村税

　日本の地方税について、2013年度決算の内訳を税収の多い税目中心に見てみよう（表7-4）。道府県税は、極端に税収の大きい税目はない[7]。道府県民税（個人）が最大税目で、事業税（法人）、地方消費税などが続く。なお、2014年度に地方消費税の税率が1％から1.7％へと引き上げられ、2015年度に事業税（法人）が地方法人特別税の一部から復元されたため、両税の税収増が予想されている。

　道府県税で税収の比較的大きい税目を見ると、4区分された課税ベースのすべてが入っており、ある意味バランスが取れている。ただし、本来地方税として望ましくない法人所得課税が、事業税（法人）と道府県民税（法人）の2税目入っており、都道府県間の税収格差を拡大する要因となっている。

　市町村税については、固定資産税が総税収の4割強を占め、最大税目となっている。また、ほぼ同じ課税ベースで一緒に課税される都市計画税を加えると、約5割を占める。固定資産税に次ぐ規模の市町村民税（個人）も、道府県税の最大税目より税収が大きく、税収の約3分の1を占める。そのため、固定資産税、都市計画税、市町村民税（所得割）の合計で税収の8割強を占める。この他、法人所得課税である市町村民税（法人）が、1割弱を占めている。

②主な税目の概要：個人所得課税

　個人所得課税とは、個人の所得に担税力を見出す税で、各国において基幹税のひとつとなっている。一般的に、担税者と納税者の一致を予定している直接税である。個人所得課税の長所は、人税として税負担者の状況を斟酌できる、

第7章 地方税

表7-4 地方税の内訳と課税ベース（2013年度決算）

	税目	税収（兆円）	構成比（％）	課税ベース
道府県税	道府県民税（個人）	5.0	33.8	個人所得
	事業税（法人）	2.7	18.1	法人所得
	地方消費税	2.6	17.9	消費
	自動車税	1.6	10.7	資産
	軽油引取税	0.9	6.4	消費
	道府県民税（法人）	0.8	5.7	法人所得
	その他	1.1	7.5	－
	道府県税計	14.8	100.0	－
市町村税	固定資産税	8.7	42.0	資産
	市町村民税（個人）	7.0	34.1	個人所得
	市町村民税（法人）	2.2	10.5	法人所得
	都市計画税	1.2	6.0	資産
	市町村たばこ税	1.0	4.8	消費
	その他	0.6	2.7	－
	市町村税計	20.6	100.0	－

（注）東京都税のうち、他の道府県で課されている税だけを道府県税に算入し、市町村で課されている税は市町村税に含めている。また、特別区の税収は、すべて市町村に含む
（資料）総務省「平成25年度都道府県普通会計決算の概要」「平成25年度都市町村普通会計決算の概要」により作成

所得再分配機能を持つ、垂直的公平に資することができる、景気安定化機能を持つ、ことがあげられる。一方、短所として、税収が不安定である、所得捕捉に難があり水平的公平が確保しづらい、納税・徴税に費用がかかる、といったことがあげられる。ただし、比例税率で課す場合には、所得再分配機能等はなく、税収も比較的安定する。

　日本の地方税としての個人所得課税は、款項目の目として3税（道府県民税（個人）、道府県民税（利子割）、市町民税（個人））、所得の対象別に細かく見れば8税ある。まず、道府県税の基幹税である道府県民税（所得割）は、各都道府県内に住所を有する個人に対して、原則として、前年中の所得金額を課税標準とし、4％（標準税率）の税率で課される。また、同様の課税標準の税に市町村民税（所得割）があり、こちらは税率が6％（標準税率）となっている。

つまり、個人の所得には、基本的に 10％の比例税率の地方税が課されている[8]。なお、ここで言う所得は、収入と定義が異なる点に注意が必要である。収入にはそれを得るための経費が含まれており、それを控除したものが所得である。給与所得の場合、給与所得控除制度があり、原則として一定の割合で収入から控除される[9]。所得が複数ある場合には、利子、配当、株式等譲渡所得などを例外としてすべて合算し、そこから様々な所得控除を差し引く。そして控除後の所得に税率を乗じ、得られた額から税額控除を差し引き、税額が決定する。つまり、

$$収入 - 経費 = 所得$$
$$(所得 - 所得控除) \times 税率 - 税額控除 = 税$$

である。所得控除には、人的控除とその他控除がある。人的控除には、様々なものがある。例えば、2015年度において夫婦片働きで子供2人（大学生と高校生）、親一人（80歳）と同居しているケースを考えてみよう。このケースで主たる会計維持者は、道府県民税（所得割）及び市町村民税（所得割）であれば基礎（33万円）、配偶者（33万円）、一般の扶養親族（33万円）、特定扶養親族（38万円）、老人扶養親族（同居加算を含め45万円）の合計182万円が、所得から控除される。このうち、無条件で適用されるのは基礎控除のみで、それ以外の控除は対象者の家庭の状況に応じて適用されるものである。その他控除には、社会保険料控除、生命保険料控除、損害保険料控除、医療費控除、寄付金控除などがある。これらは、社会保険料控除のように全額が所得控除されるもの、生命保険料控除や損害保険料控除のように一定の限度内の金額が控除になるもの、そして医療費控除や寄付金控除のように一定の金額を超えた部分を控除できるものがある。また、税額控除には、いわゆる住宅ローン控除や寄付金控除などがある。

この他の個人所得課税としては、一定の所得以上の人に同額の税が課せられる、道府県民税（個人均等割）と市町村民税（個人均等割）がある。それぞれ、年額1,500円と3,500円（いずれも標準税率）が課税されている。このうち各

第 7 章　地方税

500 円は、復興財源確保のため 2023 年度までの加算である。また、利子所得に対しては、道府県民税（利子割）が 5％（所得税と合計 20％）の税率で分離課税される。また、一定の上場株式等の配当所得には道府県民税（配当割）が、特定株式等譲渡所得には道府県民税（株式等譲渡所得割）が、それぞれ原則として 5％（所得税と合計して 20％）の税率で分離課税される。道府県民税（利子割）（配当割）（株式等譲渡所得割）は、名称通り道府県税だが、税収から徴税費相当分（1％）控除後の 5 分の 3 は、それぞれ交付金として市町村へ交付される（利子割交付金、配当割交付金、株式等譲渡所得割交付金）。さらに、個人事業主に対して、前年中の不動産所得や事業所得に事業税（個人）が課税される。事業税（個人）では、業種によって 3 ～ 5％の税率が所得に対して課税される。

　ちなみに、国税においても個人所得には、所得税や復興特別所得税が課税される。道府県民税（所得割）や市町村民税（所得割）とは、税率や所得控除額、税額控除の範囲など異なる部分も多い。

③主な税目の概要：法人所得課税

　法人所得課税とは、企業の利益など法人の所得に担税力を見出し課す税のことである。日本も含め、個人所得課税から分かれてできた経緯を持つ国が多い。法人所得課税の長所は、経済の発展とともに税収も伸びる伸張性に富むこと、そして景気の波を緩和する景気調整機能を持つことである。一方、短所は税収が不安定であること、そして税源が偏在していてかつ逃げやすいことである。また、昨今では取引が国際化し複雑化するなかで、所得を捕捉し適切に課税するのが大変になっている面もあげられる。

　法人所得課税は、税の帰着があいまいな、つまり実質的な負担者が明確ではない税と言える。法人所得課税の負担者は誰かということについて、法人擬制説と法人実在説という 2 種類の捉え方がある。法人擬制説は制度面に着目して、法人を株主の集合体と想定する。一方、法人実在説では実態面に着目して、法人は株主と独立した存在であると考える。地方税としての法人所得課税は、所

得の源泉が当該地域外に及ぶことが多く、より負担者との関係が見えづらくなっている。

法人所得課税における課税の基本は以下の通りで、その構造は個人所得課税と同様である。

$$収入 - 費用 = 所得$$
$$所得 \times 税率 = 税$$

個人所得課税との最大の相違点は、個人の状況を斟酌する必要がないので、所得控除が存在しない点である。ただし、法人の種類によって、必ずしも所得のすべてに課税される訳ではない。国内に本社や主たる事業所を持たない外国法人は、国内に源泉のある所得のみ納税義務があり、海外で得た所得には日本の法人所得課税はかからない。一方、国内に本社や主たる事業所を持つ内国法人は、原則として全世界で得たすべての所得に日本の法人所得課税の納税義務がある。ただし、海外で納めた税額分は、原則として日本における税額から控除して二重課税を避けている。内国法人でも、地方公共団体、独立行政法人、公庫などの公共法人は、一切課税されない。学校法人、宗教法人、社会福祉法人などの公益法人は、本来の設立目的に関する収益は非課税だが、それ以外の事業のなかで限定列挙された33業種の収益は課税される。

法人所得課税は、国税において、基幹税のひとつである法人税、税収全額を地方譲与税として都道府県へ譲与する地方法人特別税、税収全額を地方交付税の財源とする地方法人税がある。地方税としての法人所得課税には、まず道府県税として、道府県民税（法人税割）と事業税（法人）がある。道府県民税（法人税割）は、法人税額を課税標準として課す税で、当該都道府県内に事務所または事業所を置く法人等が納税義務者となっている。法人は、複数の都道府県に事務所または事業所を置くケースも多いが、その場合は課税標準を従業員数で分割する。

事業税（法人）は、当該都道府県内に事務所または事業所を置く法人等が納税義務者である点は道府県民税（法人税割）と同じだが、課税標準が異なる。

普通法人で資本金1億円以下の場合、課税対象は所得である。それに対して、資本金1億円超の場合、付加価値額と資本金等の額の外形基準に課税する外形標準課税が全体の4分の1導入されており、残りが所得に対する課税である。なお、外形標準課税の割合は、2015年度に8分の3、2016年度以降は2分の1と段階的に引き上げられる予定である。また、電気・ガス・保険業については、資本金とは関係なく、収入に対して課税される。

市町村税には、道府県民税（法人税割）と同じ課税内容で、税率のみ異なる市町村民税（法人税割）がある。

この他、厳密には法人所得課税とは言えない部分があるものに、道府県民税（法人均等割）と市町村民税（法人均等割）がある。これらの税は、企業等に対して所得と関係なく課税される。道府県民税（法人均等割）は資本金の額に応じて年間2～80万円（標準税率）、市町村民税（法人均等割）が資本金の額と従業員数に応じて年間5～300万円（標準税率）、それぞれ課税される。

④主な税目の概要：地方消費税

消費課税は、財やサービスの消費時に課税するもので、原則としてすべての財やサービスに課税する一般消費税と、個別の財やサービスに限定して課税する個別消費税がある。日本の地方税では、前者に地方消費税、後者に道府県・市町村たばこ税、自動車取得税などがある。歴史的に見て、一般消費税の歴史は浅く、現代の税と言える。一方、個別消費税の歴史は深く、労役や物納の時代から金銭徴収に移り直ちに課税の始まった国が多い。とくに酒やたばこは、古くから現在に至るまで各国で課税されている。

一般消費税は、単段階課税と多段階課税に分けられる。単段階課税とは、商品等の製造から消費までのいくつかある段階のなかで、一度だけ課税する形式の税である。このうち小売段階に課税するものとして、カナダのいくつかの州やアメリカの州・地方の多くで見られる小売売上税がある。多段階課税とは、財やサービスが売買される都度課税するもので、取引の全段階で課税はされるが前段階の課税分を控除することで、税の累積を排除する。日本の地方消費税

や世界各国で課税されている付加価値税は、多段階課税である。一般消費税の多くが国税及び連邦税であり、日本のように国の消費税に加えて地方公共団体でも課税される例は珍しい。ドイツの付加価値税が連邦・州・地方の共同税として課税されている他、カナダの州やアメリカの州・地方で見られる程度である。

一般消費税の長所は、消費支出が安定的に推移する傾向にあるので税収が安定している、原則すべての財やサービスに課税するので水平的公平を確保しやすく中立性が高い、税負担が分かりやすく簡素、といった点である。一方、短所としては、所得が高いほど貯蓄率も高い傾向にあるため、所得に対する税負担の比率が所得の減少とともに上昇する逆進性をあげることができる。日本においては、消費者の払った税が国庫等に納まらない、いわゆる益税問題もある。その背景には、免税業者や簡易課税制度の適用基準の甘さがあげられる[10]。

日本の消費税や地方消費税は、原則すべての財やサービスの消費に課税されるが、例外もある。課税対象とならないものに、免税取引と非課税取引がある。免税取引には、海外の消費者に日本国内の税を課税できないという理由から、海外への輸出が該当する。業者等は輸出に際して、仕入れなどの際に課された消費税等を還付あるいは控除できる。非課税取引には、消費税等の性格上課税対象とならないものと、政策的配慮から非課税とされているものがある。性格上課税対象とならないものは、譲渡しても付加価値を生まないと考えられる財やサービスで、土地や郵便切手などがあげられる。一方、政策の配慮に基づくものは、医療や教育分野の財やサービスが多い[11]。

日本における一般消費税は、消費税と地方消費税からなる。2015年度における税率は、国税である消費税が6.3％、道府県税である地方消費税が1.7％（地方税法上の表記は消費税額の17/63）となっている。地方消費税の納税義務者である事業者は、複数の都道府県にまたがって取引を行うことが多い。そのため、一旦各都道府県に納付された地方消費税を、都道府県ごとの消費相当額に応じて清算する必要がある。清算にあたっては、商業統計による小売年間販売額とサービス業基本統計によるサービス業対個人事業収入額の合計額で全体の8分の6のウェイト、国勢調査による人口で8分の1のウェイト、経済センサ

ス基礎調査による従業員数が8分の1のウェイトで算出する。

　地方消費税は道府県税だが、税収の半分は市町村に交付される（地方消費税交付金）。市町村への交付にあたっては、地方消費税率1％分の税収の2分の1を、国勢調査による人口と経済センサス基礎調査の従業員数を基準にして、それぞれ同じウェイトで配分する。そして残りの0.7％分の税収の2分の1は、社会保障財源として国勢調査による人口を基準に配分する。

　消費税の導入は1989年度だが、その時には地方消費税はなかった。1997年度に消費税率引き上げとともに地方消費税が導入され、税率は2013年度まで1％だった。2014年度から現在の税率に引き上げられ、2017年4月には、消費税7.8％と地方消費税2.2％（地方税法上の表記は消費税額の22/78）へ引き上げる予定である。

⑤主な税目の概要：固定資産税・都市計画税

　固定資産税や都市計画税は、固定資産の所有の事実に着目して、資産価値に担税力を見出す資産課税である。特別区を除き、ともに市町村税として課税されている。

　市町村税である理由としては、固定資産の価値が地域行政サービスと関連する応益性の高さをあげることができる。例えば、公園の設置や街路の整備、あるいは下水道を完備すれば、地域の不動産の価値は上昇するだろう。一方、行政サービスが行き届かない、あるいは治安に問題がある地域は居住環境が悪く、相対的に地価は低く抑えられる。また、税源である土地や家屋が普遍的に存在していることや、比較的税収が安定していることも市町村税に向く理由とされる。諸外国でも、基礎的自治体の基幹税として類似したものが、定着している国が多い。

　固定資産税の課税対象は、土地、家屋、償却資産であり、それらの資産価値に着目して課税される。納税義務者は土地等の所有者で、家賃への上乗せなど実質的に間接税化している部分がある可能性は含まれるものの、直接税である。固定資産税の課税対象になるのは、個人だけでなく法人も含まれる。2015年

度地方財政計画における対象ごとの税収を見れば、土地3.4兆円、家屋3.7兆円、償却資産1.6兆円である。償却資産のほとんどは法人が対象であり、土地や建物についても法人の所有割合は高い。なお、償却資産への課税は、必ずしも地方税に適当とは言えない部分がある。

都市計画税は、固定資産税に上乗せして課税される市町村税である。ただし、課税対象は土地と家屋だけであり、償却資産には課税されない。固定資産税が使途を特定しない普通税であるのに対して、都市計画税は都市計画事業に充当する目的税である。そのため、都市計画を持たない地方公共団体では、課税されない。

固定資産税や都市計画税を課税する際の評価額は、固定資産税評価額として示される。固定資産税評価額は固定資産課税台帳に登録され、土地と家屋は3年ごと、償却資産は毎年評価替えが行われる。土地の評価額は地価公示価格に準じて決められ、評価の目処はその7割とされている。しかし、地方公共団体によって各種の負担調整制度があり、課税の不公平が問題視されている。また、評価替えが3年に1度のため、地価の上昇局面では地価に対する実質的な税負担は軽減し、一方地価の下落局面では実質的な税負担が重くなる。本来、土地などの価格は大きく上下しないと考えられているために、3年に1度の評価替えだが、日本では地価の変動が激しく、必ずしも想定通りにはなっていない。

5 課税自主権の実態

①法定外税

2000年4月にいわゆる地方分権一括法が施行され、その度合いの評価については意見が分かれるものの、権限面における地方分権が一定程度進展したことは間違いない。一方、財源面の分権は、権限面に比べ遅れていると言わざるを得ない。そうしたなか、三位一体の改革（2002年議論開始、改革は2004～2006年度）において、国税から地方税への税源移譲として、税収中立の下で所得税から住民税への移譲を行ったものの、その後の税収の落ち込みなどによ

り、住民税（所得割）の定率化以外の成果は乏しい。しかし、そうした国全体を巻き込む大掛かりな制度変更などを伴わなくても、課税自主権を行使することで、各地方公共団体が税収を増加する方策はある。日本の地方税の課税自主権としては、法定外税の創設と超過課税がある。

2000年度に地方分権一括法の一部として、法定外税の対象の拡大を行った。従来の法定外普通税のみでなく、新たに法定外目的税の創設が可能になり、またそれまでの許可制から同意制へと変わった。同意制とは、新たに法定外税を創設したり内容を変更する場合、あらかじめ総務大臣の同意を必要とするものである。内容変更については、税率の引き下げと課税期間短縮等は、同意不要とされている。

地方公共団体が法定外税を創設しようとして総務大臣が同意しないのは、次のいずれかに該当する場合である。

○国税または他の地方税と課税標準が同じで、住民の負担が著しく過重
○地方公共団体間の物の流通に重大な障害を与える
○国の経済政策に照らして適当でない

これらのうち、課税標準が同じとは、形式的だけでなく実質的に同じものを含む。現行の国税や地方税はすでに、主要な課税ベースに対して課税しているため、大きな税収を生むような税目の新設は難しい。また、物の流通への影響ということでは、内国関税的なものが想定され、地域内の生産物や業者を保護する目的の課税が禁じられている。

2000年度の法定外税拡大の際には大きな話題となったものの、同意基準が厳しいこともあり、法定外税の新設はなかなか進んでいない（表7-5）。2014年度首において、都道府県では法定外普通税が13道県、法定外目的税は29都道府県で課税されており、数のうえではそれなりのものとなっている。しかしその内容を見ると、法定外普通税では1972年度施行の石油価格調整税（沖縄県）を除き、すべて原子力発電関連のものである。法定外目的税では、宿泊税（東京都）と乗鞍環境保全税（岐阜県）を例外として、すべて産業廃棄物関連である。

市町村では、法定外普通税が6市区町、法定外目的税は7市町村での課税にとどまっている。ただし、その内容は多岐にわたっており、導入時に話題を呼んだ遊漁税（当時の山梨県河口湖町・勝山村・足和田村、現富士河口湖町）、狭小住戸集合住宅税（いわゆるワンルームマンション税、東京都豊島区）、歴史と文化の環境税（いわゆる駐車場税、福岡県太宰府市）などがある。

　こうした法定外税の税収は、課税する地方公共団体として貴重であることは間違いないものの、税収全体への寄与は限定的である。なお法定外税のなかには、狭小住戸集合住宅税のように特定の財・サービスの抑制を目的としたのではないかと考えられる、インセンティブ課税に近いものも含まれ、必ずしも税収確保だけが課税の目的とは言えない。

②超過課税の実態

　超過課税の実態は、税目によって大きく異なる（表7-6）。2013年度において、超過課税が最も多く行われているのは、法人所得課税である。国税である法人税は、いわゆる税の競争に巻き込まれ、幾度もの税率の引き下げを実施し、それでもなお国際的に見て低いとは言えない水準にある。また、地方税についても、標準税率は低下傾向にある。そうしたなか、税率の引き下げ競争が起きても不思議ではない法人所得課税において、超過課税が常態化している。道府県民税（法人税割）は、1984年度から静岡県以外の46都道府県で超過課税が実施されている。道府県民税（法人均等割）についても、33府県で超過課税が行われている。ただし、こちらは2001年度に大阪府で初めて超過課税が実施され、その後急速に広がったものである。事業税（法人）も、8都府県で1980年度以降超過課税が継続されている。

　市町村でも、多くが法人所得課税で超過課税を実施している。2013年度に1,719あった市町村のうち、996市町村が市町村民税（法人税割）の超過課税を実施し、市町村民税（法人均等割）についても、401市町村が超過課税を行っている。都道府県民税（法人税割）同様、市町村民税（法人税割）は古くから多くの市町村が超過課税を実施していた。市町村民税（法人均等割）について

第7章　地方税

表7-5　法定外税の状況（2014年度首）

	法定外普通税		法定外目的税	
	名称	地方公共団体	名称	地方公共団体
都道府県	核燃料税	福井県、愛媛県 佐賀県、島根県 静岡県、鹿児島県 宮城県、新潟県 北海道、石川県	産業廃棄物税等	三重県、鳥取県、岡山県 広島県、青森県、岩手県 秋田県、滋賀県、奈良県 新潟県、山口県、宮城県 京都府、島根県、福岡県 佐賀県、長崎県、大分県 鹿児島県、宮崎県、 熊本県、福島県、愛知県 沖縄県、北海道 山形県、愛媛県
	核燃料等取扱税	茨城県		
	核燃料物質等取扱税	青森県	宿泊税	東京都
	石油価格調整税	沖縄県	乗鞍環境保全税	岐阜県
市区町村	別荘等所有税	静岡県熱海市	山砂利採取税	京都府城陽市
	砂利採取税	神奈川県山北町	遊漁税	山梨県富士河口湖町
	歴史と文化の環境税	福岡県太宰府市	環境未来税	福岡県北九州市
	使用済核燃料税	鹿児島県薩摩川内市	使用済核燃料税	新潟県柏崎市
	狭小住戸集合住宅税	東京都豊島区	環境協力税	沖縄県伊是名村 沖縄県伊平屋村 沖縄県渡嘉敷村
	空港連絡橋利用税	大阪府泉佐野市		

（注）産業廃棄物税等には、産業廃棄物処理税（岡山県）、産業廃棄物埋立税（広島県）、産業廃棄物処分場税（鳥取県）、産業廃棄物減量税（島根県）、循環資源利用促進税（北海道）を含む。
（資料）総務省「法定外税の状況」により作成

も、古くから多くの市町村が超過課税を行っていた。この点は、道府県民税（法人均等割）と異なる。

　個人所得課税は、標準税率の設定のみで制限税率もないが、超過課税の実施は一部地方公共団体にとどまっている。そうしたなか、道府県民税（個人均等割）は、33県で超過課税が実施されている。2003年度に高知県が環境保全費用に充当する目的で初めて道府県民税（個人均等割）の超過課税を実施した背景もあり、同様に環境対策費に充当することを謳ったものが多い。一方、道府県民税（所得割）では、神奈川県のみが唯一超過課税を2007年度から実施し

表 7-6 超過課税の状況（2013 年度）

	税目	数	地方公共団体名
道府県税	道府県民税 （個人均等割）	33	岩手県、宮城県、秋田県、山形県、福島県、茨城県 栃木県、神奈川県、富山県、石川県、山梨県 長野県、岐阜県、静岡県、愛知県、滋賀県、兵庫県 奈良県、和歌山県、鳥取県、島根県、岡山県 広島県、山口県、愛媛県、高知県、福岡県、佐賀県 長崎県、熊本県、大分県、宮崎県、鹿児島県
	道府県民税（所得割）	1	神奈川県
	道府県民税 （法人均等割）	33	岩手県、宮城県、秋田県、山形県、福島県、茨城県 栃木県、富山県、石川県、山梨県、長野県、岐阜県 静岡県、愛知県、滋賀県、大阪府、兵庫県、奈良県 和歌山県、鳥取県、島根県、岡山県、広島県 山口県、愛媛県、高知県、福岡県、佐賀県、長崎県 熊本県、大分県、宮崎県、鹿児島県
	道府県民税（法人税割）	46	静岡県を除く 46 都道府県
	事業税（法人）	8	宮城県、東京都、神奈川県、静岡県、愛知県 京都府、大阪府、兵庫県
	自動車税	1	東京都
市町村税	市町村民税 （個人均等割）	2	北海道夕張市、神奈川県横浜市
	市町村民税（所得割）	2	北海道夕張市、兵庫県豊岡市
	市町村民税 （法人均等割）	401	（略）
	市町村民税（法人税割）	996	（略）
	固定資産税	159	（略）
	軽自動車税	31	（略）
	鉱産税	10	（略）
	入湯税	2	三重県桑名市、岡山県美作市

（資料）地方税務研究会編『都道府県税研修用テキスト』地方財務協会、により作成

ている。

　市町村民税では、超過課税を実施した市町村は、所得割、個人均等割ともに 2 市にとどまっている。いずれも 2007 年度に財政再建準用団体（当時）となった北海道夕張市が、財政再建策の一部として超過課税を行ったのが最初である。

　その他の税目では、市町村税で固定資産税が 159 市町村、軽自動車税は 31

市町など、超過課税が実施されている。超過課税による税収は、12年度決算において5,019億円と地方税収全体（34兆4,608億円）の1.5％を占めており、法定外税より税収への貢献は大きい。

なお、2013年度において、超過課税が可能な税目のうち、事業税（個人）、不動産取得税、ゴルフ場利用税は実施する都道府県がなかった。市町村税では、超過課税可能なすべての税目が、いずれかの市町村において実施されていた。

6 日本の地方税の課題

国際比較で明らかになったように、日本の現行地方税制の特徴は、法人所得課税のウェイトが高いことである。また、個人所得課税も累進性こそ三位一体の改革によってなくなったものの、依然として課税最低限は所得税より少し低い程度で高い水準を維持している。結果的に、伸張性が重視され、十分性かつ普遍性、安定性、応益性が不足し、地方公共団体間の税収格差の広がりなどの問題点を助長している。

それでも、経済成長率や物価の伸びが高い場合、伸張性を重視した税体系は必ずしも否定される訳ではない。とりわけ経済の発展段階にあり、行政サービスも十分でない状況であれば、経済発展とともに増す行政サービスのニーズを充足するため、経済成長や物価の上昇が税収に反映されやすい伸張性を重視した税目が望まれるだろう。しかも、国が社会資本整備や各種制度の整備を率先して行い、地方公共団体には独自の行政よりもまずはナショナル・ミニマムあるいはナショナル・スタンダードに相当する部分の整備が優先される状況ならば尚更である。地方公共団体の財源不足分を、国からの移転財源で賄えるならば、法人所得課税が一定の割合を占め税収格差が助長される地方税体系でも、問題は小さいかもしれない。

しかし、現在はそうした状況とは大きく異なっている。バブル崩壊以降、経済成長率の鈍化が顕著である。また、円安などを背景にある程度の物価上昇は見られるものの、かつてのようなインフレとは水準が異なる。こうした経済状

況の変化に加え、価値観の多様化などを背景として各地域が独自の事業を行う地方分権の時代に、伸張性を重視した地方税体系は不適当である。地方税収に大きな格差が生じると、地方分権も単に財源の豊かな一部の地方公共団体のみの話になる。一方、多くの地方公共団体では、いかに移転財源を確保するかに重きが置かれてしまう。

　そもそも、地方税の地方公共団体間の格差は、人口と経済活動の違いによって概ね説明することが可能である。実際、都道府県を例にしても、人口、県内総生産ともに大きな違いがある（表7-7）。重要なことは、人口や県内総生産の都道府県格差・ばらつきよりも、地方税の方が大きいことである。人口（2012年度）と県内総生産（2011年度）の最大最少倍数は22.3倍と52.3倍、変動係数は97.4%と136.6%、ジニ係数は0.449と0.510である。一方、2012年度の地方税の最大最少倍数は83.8倍で、変動係数は182.8%、ジニ係数は0.569にのぼる。つまり、ただでさえ大きい人口や経済活動の差が、地方税制によって助長されている可能性を指摘できる。なかでも法人所得課税は、税収の格差が大きい。

　また、法人所得課税の短所として税収の安定性の欠如がある。国から地方への多額の移転財源を前提にすれば、不安定性についても国からの穴埋めで問題を解決できる。しかし、地方の独自性を重視し移転財源を縮小する地方分権時代には、地方債での対応しかなくなるだろう。だが、地方債の発行は地方公共

表7-7　都道府県の格差（2012年度）

	人口	県内総生産	税収	道府県民税（法人税割）
平均	273万人	10.6兆円	3,429億円	146億円
最大最小倍率	22.3倍	52.3倍	83.8倍	145.1倍
標準偏差	266万人	14.5兆円	6,270億円	307億円
変動係数	97.4%	136.6%	182.8%	210.1%
ジニ係数	0.449	0.510	0.569	0.627

（注）県内総生産は名目で2011年度のもの
（資料）総務省編『地方財政統計年報』、内閣府経済社会総合研究所『県民経済計算』により作成

団体にとって制限があるうえ、発行規模の小ささやそれに伴い流通市場が未整備であるなどの理由からコスト（金利）が高くなること、そもそも財源の豊かな地方公共団体とそれ以外で発行コストの差が付き財源格差を助長すること、後世代への負担転嫁の可能性がより高くなること、などからそもそも多くを期待してはいけない。

7 ふるさと納税制度

①仕組み

いわゆるふるさと納税制度は、地方公共団体に寄附をする際、一定の上限まで所得税や住民税（所得割）の控除を行うことが可能な制度で、2009年度分から始まった。地方公共団体への寄附については、1994年度分から住民税（所得割）の所得控除の対象とされるようになっていた。しかし、所得控除であることに加え、適用下限額が10万円とかなり高かったため、利用実績は乏しかった。ふるさと納税制度の導入によって、寄附者にとって有利な税額控除に変わったうえ、適用下限額は5,000円と大幅に下げられた[12]。その後2011年度分からは、適用下限額が2,000円に引き下げられた。ふるさと納税制度とは通称で、住民税（所得割）や所得税の寄附金控除制度の一部である。

納税者が地方公共団体に対して寄附をすると、寄附金のうち2,000円を超える部分について、総所得額等の30％まで、原則として次の通り、所得税と住民税（所得割）から全額が控除される。

所得税：（寄附金額 − 2,000円）を所得控除（所得控除額×所得税率　が軽減）
住民税（所得割）：（寄附金額 − 2,000円）× 10%　を税額控除

そして、上記では控除し切れなかった寄附金額を、以下の通り税額控除（所得割額の1割が限度）される[13]。

住民税（所得割）：（寄附金額 − 2,000円）×（100% − 10% − 所得税率）

を税額控除

　例えば、給与収入のみ年間300万円で住宅ローン控除等を受けていない独身者は、16,000円以下の寄附であれば自己負担額は最小の2,000円、同じ条件で年間1,000万円の給与収入の場合、寄附額94,000円まで自己負担額が最小の2,000円となる（それぞれ上限額を超える寄附をすると自己負担額が増加する）。

　なお、寄附の対象となる地方公共団体は、自分の生まれ故郷や応援したい地方公共団体など、どの地方公共団体に対するものでも可能である。また、控除を受けるには、原則として寄附をした翌年に確定申告を行うことが必要だが、2015年4月分からは、確定申告を行わない給与所得者などに対する「ワンストップ特例制度」ができ、確定申告不要の場合がある。

②推移と問題点

　地方公共団体向けの寄附金は、ふるさと納税制度を導入した2009年度には33,149人による73億円だった[14]。それが2013年度では、106,446人が130億円を地方公共団体へ寄附している。こうしたふるさと納税制度の活用増加の背景には、制度の浸透やふるさとを思う気持ちなどもあるだろう。しかし実際には、そうした制度本来の狙いとは異なる面が、寄附額の増加に大きく貢献していると考えられる。それが、各地方公共団体による寄附に対する返礼の存在である。ふるさと納税制度導入当初の返礼は、寄附者に対する礼状や簡素なグッズの送付程度だった。それが現在では、カニ、メロン、牛肉、菓子といった各地の名産品をはじめ、ダイヤのペンダントといった非常に高価なものまで、寄附額に応じて贈られるようになっている。高価な返礼で有名になった地方公共団体向けの寄附額が急増したことから、多くの地方公共団体が追随している。現在では、株や為替など投資商品などを主に紹介する雑誌で、ふるさと納税制度の返礼の特集が組まれたりするようになっている。

　こうした現状は、明らかにふるさと納税制度設立の趣旨に反している。また、各地方公共団体の行動は合理的でも、地方財政全体で見れば非合理的な結果になる合成の誤謬の典型例と見ることもできる。各地方公共団体にとって、例え

第 7 章　地方税

ば10,000円の寄附をした人に5,000円分の商品を贈っても、残りの5,000円分は実質的な収入の増加になる。しかも、5,000分の商品に地元の特産品を使えば、地域振興に資することになる。寄附をした人にとっても、2,000円の自己負担額で5,000円分の商品を得ることができれば、それだけ得をすることになる。しかし、財政全体で見れば、商品代の5,000円分だけの税収が、他の本来使うべき行政サービスに回すことができなくなる。最近では、100万円以上の寄附金に対する極めて高額な返礼まで登場しており、各地方公共団体の努力といった看過できる水準を超えている。寄附者に対する返礼については問題が大きくなり、何らかの歯止めが必要な時期に来ている。

注

1）神野（2007）、154頁。
2）アメリカで小売売上税を課していない州は、アラスカ州、コネティカット州、モンタナ州、ニューハンプシャー州、オレゴン州である。州のなかで税率が異なるケースとして、ニューヨーク州などがある。
3）カナダには、10州と3準州がある。このうち連邦付加価値税と調和したHST（Harmonized Sales Tax）に移行したのがニューファンドランド・ラブラドル州、ノバスコシア州、ニューブランズウィック州、オンタリオ州、プリンスエドワードアイランド州、課税ベースはHSTとほぼ調和しているものの独自課税のケベック州、それぞれ異なる内容の小売売上税を課すのがサスカチュワン州、マニトバ州、ブリティッシュコロンビア州、そして州税として一般消費課税がないのはアルバータ州、北西準州、ユーコン準州、ヌナトバ準州である（2013年4月）。
4）表7-5の通り、法定外税の多くを原子力関連が占めている。2013年度は福島第一原発の事故を受け、原子力発電所の多くがストップしていたため、それらの税収が少なかった。しかし、震災前の2010年度でも法定外税が税収に占める比率は0.15％に過ぎず、やはり税収への貢献は地方財政全体として見るとわずかである。
5）実際に標準税率未満の税率を設定しているのは、2014年度において愛知県名古屋市と沖縄県金武町のみである。
6）地方財務協会（2003）、3〜4頁。

7) 東京都は都の特例により、特別区分について、市町村税のうち固定資産税、市町村民税（法人税割）、市町村民税（法人均等割）、特別土地保有税、事業所税、都市計画税を都税として課している。そのため、制度上、道府県税と称するが、地方財政全体での統計上は、東京都で課している税のうち、他の道府県で課されている税だけを道府県税に算入し、市町村で課されている税は市町村税に含めている。また、特別区の税収は、すべて市町村に含む。
8) 退職所得は、分離課税で現年課税である。また、申告分離課税を選択した上場株式等配当所得など、異なる税率のものもある。
9) この他、給与所得者の特定支出控除制度がある。
10) 納税義務のない免税事業者は課税売上高1,000万円以下、みなし仕入れ率を用いた簡易課税制度を選択できる事業者は、課税売上高5,000万円以下。とくに簡易課税制度は、国際的に見てかなり高い売上高まで選択できる（フランスのように簡易課税制度がない国もある）。
11) 税の性格から課税対象とならないものは、土地の譲渡及び貸付け、有価証券や支払手段等の譲渡、貸付金等の利子や保険料等、郵便切手類や印紙等の譲渡、行政手数料や国際郵便為替や外国為替取引等。政策的配慮に基づくものには、医療保険各法等の医療、社会福祉事業法に規定する社会福祉事業等、一定の学校の授業料や入学検定料・入学金、施設設備費、学籍証明等手数料、助産・埋葬料や火葬料、身体障害者用物品の譲渡や貸付け等、教科用図書の譲渡、住宅の貸付け、がある。
12) 同時に、ふるさと納税以外についても、税額控除への変更、適用下限額の引き下げ、上限額を総所得金額等の25％から30％へ引き上げ、が実施された。また、地方公共団体が条例により指定した寄附金を対象に加えた。なお、ふるさと納税の場合、住民税（所得割）の額に限度がある特例控除など、取り扱いの異なる部分がある。
13) 2016年度分からは、限度額が2割に引き上げられる。そのため、計算式の10％の部分は20％に変更となる。また、2014年度からは所得税率に復興特別所得税の税率が加算されている。
14) 寄附金控除の申告があった寄附金のみ。資料は、総務省「寄附金税額控除に関する調」による。なお、2012年度は東日本大震災に関連した寄附金が急増したため、741,677人、649億円と大きく膨らんだ。

第8章　地方交付税

1　財政調整制度

①考え方

　地方公共団体の活動を支える財源は、地方税をはじめとした地方公共団体の自主財源が基本である。しかし、一般的に地方税などは地方公共団体間で格差が生じる。一方、国によってその水準は異なるものの、ナショナル・ミニマムやナショナル・スタンダードを国全体で達成しようとする場合、国だけの活動でそれを実現するのは困難あるいは非効率で、地方公共団体の果たす役割は大きい。そのため、地方公共団体間の財源の格差を調整したり、必要な財源を保障する制度が用意されている。それが、財政調整制度である。財政調整制度の難しい点は、何を基準にどこまで調整すべきかということである。これは、財源面での地方自治とナショナル・ミニマムあるいはナショナル・スタンダードの保障を、どうバランスさせるかという問題でもある。

　財政調整制度には、財源を受ける地方公共団体にとって使途の定めがない一般財源によるものと、使途が限定されている特定財源によるものがある。一般財源によるものは、主に財源の格差是正に重きが置かれ、特定財源によるものは主にナショナル・ミニマムあるいはナショナル・スタンダードの保障に重きを置くことが多い。ただし、こうした区分は絶対的なものではなく、例えば特定財源であっても税収の多寡によって交付額に違いが出るものや、一般財源でもナショナル・ミニマムあるいはナショナル・スタンダードの保障の要素を持つものもある。

　財政調整制度は、資金の動きによって垂直的財政調整制度と水平的財政調整制度に分けることができる。垂直的財政調整制度とは、単一制国家であれば国から地方公共団体、連邦制国家であれば連邦から州または地方公共団体あるい

は州から地方公共団体へと財源が移転されるものを言う。一方、水平的財政調整制度とは、州から州へ、あるいは地方公共団体から地方公共団体へと財源が移転されるものを指す。

②国際比較

　主要先進国では、国あるいは連邦から、地方公共団体や州などに一般財源を移転する財政調整制度を有していることが多い。その例外と言えるのが、アメリカである。アメリカには、連邦が行う一般財源の財政調整制度が存在しない。連邦からの移転財源は、ハイウェイの建設など使途を限定した特定財源のものだけである。州による市町村等への財政調整は、各州でその仕組みも規模も大きく異なる。

　一方、アメリカの隣国で同じ連邦制国家のカナダには、連邦から州への一般財源による財政調整制度がある。カナダの平衡交付金（Equalization Payment）は、各州の1人あたり税収等の格差是正を目的として、1人あたり税収等の少ない州に対し、連邦から一般財源が移転される（準州向けの制度は別に存在する）。連邦から州向けの特定財源には、条件付き補助金（Conditional Grants）がある。連邦から市町村など地方公共団体への一般財源による財政調整制度は、存在しない。地方公共団体の財政調整は州の役割であり、各州でその方法や規模などが異なる。

　ドイツの特徴は、州間財政調整（Landerfinanzausgleich）が水平的財政調整制度だということである。ドイツにおける州間財政調整は、2段階によって行われる。付加価値税の州分の税収は、その75％が各州の人口を基準に配分される。残りの25％が、第1段階の財政調整に用いられる。基準となるのは住民一人あたりの総税収で、それが州全体の平均の92％を下限の目標にして、州分の付加価値税収の25％を平均未満の州に配分する。第2段階として、各州の住民1人あたりの税収が[1]、州全体の平均の95％に達するまで税収の多い州から少ない州へ財源が移転される。州に関しては、こうした州間財政調整が主だが、それを補うものとして、連邦から州への連邦補充交付金

(Bundeserganzungszuweisung)がある。垂直的財政調整制度である連邦補充交付金は、州間財政調整を行ってもなお残る1人あたり税収の州間格差を、最低の州が州全体の平均税収の99.5％になるまで調整する。州内の市町村の財政調整は、各州によって具体的な算定方法は異なるものの、概ね基本交付金（Schlusselzuweisung）と需要交付金（Bedarfszuweisung）、そして特定目的交付金（Zwecksgebundenezuweisung）からなる。これらはすべて州から市町村への移転財源で、基本交付金は、財政需要額と地方税収の差を補填する一般財源である。需要交付金は財政需要を基準にして交付する一般財源で、特定目的交付金は特定財源である。

　地方税収の少ないイギリスでは、地方公共団体の歳入の中核を担うのが、国からの移転財源である[2]。イギリスでは、使途の特定された補助金が、移転財源全体の過半を占める（表8-1）。2012年度で見ると、699億ポンドの移転財源のうち、59.8％に相当する418億ポンドが特定財源であった。2012年度まで、歳入援助交付金（Revenue Support Grant）、事業用レイト（Non-Domestic Rates）、警察交付金（Police Grant）が一般財源の財政調整制度であった。2013年度から、このうち事業用レイトの部分が変更になった。事業用レイトは事業者に対する不動産課税で、国税として課したものを2012年度までは全額各地方公共団体へ人口比で配分していた。2013年度からは、事業用レイト保持制度（Business Rates Retention Scheme）が導入され、事業用レイトの50％分はレイト保持制度剰余金（Retained Income from Rate Retention Scheme）として従来通り地方公共団体へ配分されるものの、残りの50％が地方分として地方公共団体の増収努力と財政力を反映するものとなった[3]。そして、各地方公共団体の標準的な財政需要に対して、唯一の地方税であるカウンシル・タックスの標準的な税収と事業用レイト配分額等の合計で不足する分を、歳入援助交付金で調整する。なお。警察交付金は、警察組織へ直接交付する一般財源である。

　特定財源の多いイギリスに対して、フランスの財政調整制度は一般財源が主である。国から地方への財政調整制度のなかで最大規模のものは、経常費総合

表8-1 イングランドの移転財源（決算）

（単位：100万ポンド）

年度	2008	2009	2010	2011	2012	2013（予算）
一般交付金	27,495	28,269	29,012	29,436	27,802	33,504
歳入援助交付金	2,854	4,501	3,122	5,873	448	15,175
事業用レイト	20,506	19,515	21,517	19,017	23,129	−
レイト保持制度剰余金	−	−	−	−	−	10,763
警察交付金	4,136	4,253	4,374	4,546	4,224	7,565
特定交付金	42,920	45,639	45,750	45,502	41,820	43,917
その他	3,098	3,362	4,411	316	273	66
合計	73,513	77,271	79,173	75,254	69,895	77,487

(注) その他の内容は、年度により異なることがある。2013年度のその他は、地方サービス援助交付金（Local Services Support Grant）
(資料) Department for Communities and Local Government, *Local Government Financial Statistics England*, No.24, 2014.

交付金（Dotation Globale de Fonctionnement）である。経常費総合交付金は、付加価値税（TVA：Taxe sur la Valeur Ajoutée）を財源として国から県及び市町村の経常会計に移転される一般財源である。複数の交付金制度を再編してできたため配分方法は複雑だが、基本的に1人あたり税収等を基準として財源保障と財政調整が図られている。この他、投資会計に移転される付加価値税保障交付金や、権限移譲に関わる補償交付金など、様々な制度が存在している。また、2011年度の不動産有償譲渡税平衡基金など、1人あたり税収などを基準とした水平的財政調整制度が、規模としては小さいながらも導入されている。

スウェーデンは、かつて単一制国家のなかで水平的財政調整制度を有する国として注目されていたが、2005年の改正を経て現在は垂直的財政調整制度のみとなっている。ただし、国から地方への一方的な調整ではなく、1人あたり課税所得などが一定の基準を上回る地方公共団体は、国へ財源を納付する仕組みとなっている。スウェーデンの地方公共団体間の平衡化制度は、収入平衡化交付金・納付金、構造的条件に配慮した費用平衡化交付金・納付金、構造・移行交付金、調整交付金・納付金で構成されている。このうち、収入平衡化交付金・納付金は1人あたり課税所得、費用平衡化交付金・納付金が1人あたり財

政需要を、配分に際しての基本的な基準としている。こうした一般財源のほか、国から地方公共団体に対して、特定財源も移転されている。

このように、財政調整制度は国によって違いがあることがわかる。一般財源による財政調整制度の算定では、1人あたり税収等を考慮する制度、財政需要の多寡に着目するもの、税収等と財政需要をそれぞれ別に考慮するものなどがある。次節以降で詳述する日本の地方交付税のように、税収と財政需要を連動させる複雑な財政調整制度は、国際的に見て珍しい存在である。

2 地方交付税とは

①基本事項

日本において、財政調整制度の中核を担っているのが、地方交付税である。地方交付税は、シャウプ勧告（1949年）に基づいて1950年度に創設された地方財政平衡交付金が、その前身である。地方財政平衡交付金の特徴は、地方公共団体における地方税収と必要経費の差を全額保障する点にあった。しかし、国の財源難に加え、必要な経費の妥当性について国と地方公共団体の間で食い違いが生じ、見直しが必要になった。そこで地方財政平衡交付金を改組する形で、1954年度に総額を原則として国税の一定割合にする地方交付税が創設された。

地方交付税の目的について、制度の根拠となる地方交付税法を見てみよう。地方交付税法第1条では、「この法律は、地方団体が自主的にその財産を管理し、事務を処理し、及び行政を執行する権能をそこなわずに、その財源の均衡化を図り、及び地方交付税の交付の基準の設定を通じて地方行政の計画的な運営を保障することによって、地方自治の本旨の実現に資するとともに、地方団体の独立性を強化することを目的とする」となっている。つまり、地方公共団体間の財源の均衡化と、計画的行政執行のための財源保障が地方交付税の目的である。そのため、地方交付税は使途の定めのない一般財源として、国から地方公共団体へと移転される。

地方交付税には、普通交付税と特別交付税がある。普通交付税は、狭義の地方交付税と言えるもので、一定の算式で財源不足団体に配分される。それに対して特別交付税は、普通交付税では把握できない要因で配分される。地方交付税が創設された1954年度から1957年度まで、普通交付税は総額の92％、特別交付税が総額の8％で、その後1958年度から2015年度まで普通交付税が94％、特別交付税は6％という配分が続く予定となっている。そして2016年度のみ普通交付税95％と特別交付税5％、2017年度以降は普通交付税が総額の96％で特別交付税が4％となる予定である。地方交付税のなかで、一般的に注目度が高いのは普通交付税である。普通交付税が交付されている地方公共団体のことを「交付団体」、交付されていない地方公共団体を「不交付団体」と呼ぶが、あえて普通交付税と断らない場合が一般的である。

　地方交付税の総額は、2013年度決算で18兆円になる。これは、地方財政全体の歳入の17％を占め、地方税に次ぐ規模の財源である。ただし、地方交付税の占める割合については、注意が必要である。それは、地方公共団体によって、地方交付税に依存する度合に大きな違いが存在することである。2013年度の各都道府県の普通会計決算を見ると、地方交付税にまったく依存しない東京都から、最も地方交付税の占める割合の高い高知県の37％まで、大きな違いがある。そして、地方税などの財源の均衡化や財源の保障を目的としていることから、歳入に占める地方交付税の比率は、地方税の占める比率とトレード・オフに近い関係にある。

②スケジュール

　地方交付税について、間違えやすい重要なポイントのひとつに、総額決定から交付までのスケジュールをあげることができる。

　地方交付税において最初に行われることは、地方財政計画で地方交付税の総額を決定することである。例年であれば交付前年度の12月25日頃、政府予算案とともに「地方財政対策の概要」や「地方財政対策のポイント」において、地方交付税総額の概算額が示される。そして交付前年度の2月頃、地方財政計

画によって総額が正式に決まる。そして、地方交付税の総額が決定すると、割り振られた割合に従って自動的に普通交付税と特別交付税の総額が決まる。

各地方公共団体への配分額の決定は、当該年度中に行う。普通交付税について、地方交付税法（第10条第3項）は8月末迄の決定を義務付けており、実際は7月末迄に決まることが多い。一方、特別交付税は12月に災害復旧関係を中心として総額の3分の1以内を配分し、年度末の3月に残額を決定する。特別交付税はその他、大規模災害等による特例交付が必要に応じてある。つまり、各地方公共団体に配分される地方交付税の金額は、特別交付税も含めれば、当該年度の年度末まで分からないということである。地方交付税について間違えやすい事柄は、各地方公共団体への配分額の合計が総額になっているのではないかという点である。後述のように、各地方公共団体への配分の決定方法は、総額と独立しているように見えるため、そうした間違いを犯しやすい。また、前身の地方財政平衡交付金がそうした性格を有した制度だったということも背景にあるかもしれない。しかし、スケジュールからも明白な通り、地方交付税は総額を先に決定してそれを各地方公共団体へ配分するものである。

各地方公共団体への交付について、普通交付税は4回に分かれている。配分額決定前の4月と6月には、前年度実績などを基礎とした概算額の4分の1ずつ、配分額決定後の9月と11月に、残額の2分の1ずつを交付する。配分額決定前にも交付するのは、とくに地方交付税への依存度の高い地方公共団体の資金繰りを考慮してのことである。なお、国が補正予算において税収を増加した場合、各地方公共団体へ追加交付することがある。特別交付税は、配分額の決定とともに交付を行う。

3 総額

①決定方法

地方交付税の総額の決定方法について、検討してみよう。地方交付税の総額は、国の予算とともに策定される地方財政計画（詳しくは第3章5節）によっ

て決定される。単純化すれば、地方財政計画において算定される歳出に対して、地方交付税以外の歳入で不足する分が地方交付税の総額となる。

地方財政計画について、歳出は翌年度の普通会計の見込額が計上される。ただし、地方財政計画には地方財政運営の指針を示す役割もあり、そこにあるべき姿が反映されることも影響して、投資的経費は実績より多めに見積もられることが多く、人件費は少なめに計上されることがある。

一方、歳入科目を見ると、地方税は法定税が標準税率で算定される税収の見込額である。地方譲与税は、対象税目の見込額を計上する。国庫支出金は、国の施策によって支出されるものであり、当該年度の国の予算案決定後に金額が計上される。ただし、地方財政計画は普通会計が対象のため、国庫支出金でも公営企業会計向けなどは含まれない。臨時財政対策債を除く地方債は、原則として建設地方債のため、歳出における投資的経費の金額や起債充当率などによって決まる。その他、使用料や手数料などが歳入に含まれる一方、各種基金からの繰入金や前年度からの繰越金などは含まない。

こうして、地方交付税と臨時財政対策債を除く歳入の金額が決まる。そして、歳出に対して不足する分を、地方交付税と臨時財政対策債によって賄う。これが、地方交付税におけるマクロ調整である。ちなみに、臨時財政対策債とは、地方交付税の一部を代替するものとして2001年度から発行されるようになった公債で、地方財政法第5条に依拠しない赤字地方債である。

②推移

次に、地方交付税の総額の推移を見てみよう（図8-1）。重要なことは、地方交付税そのものだけでなく、臨時財政対策債もあわせて考えることである。

地方交付税の総額は、1980年代後半から1990年代を通じて、継続的に増加していたことがわかる。1985年度に9.4兆円だったものが、2000年度は21.8兆円と過去最高額に達した。とくに1997年度以降の増加ペースが目立つ。臨時財政対策債を含めたピークは2003年度で、合計23.3兆円だった。この間の地方交付税（臨時財政対策債を含む）の総額増加の原因を、地方財政計画から

探ってみよう。まず、1985年度から2003年度までの長期的に見た地方交付税増加の主要因は、歳出の増加にあった。1985年度における地方財政計画の歳出は50.5兆円だったが、2003年度には35.7兆円増の86.2兆円となった。地方税はじめ多くの歳入は、いずれも1985年度と比べ増加しているが、歳入のうち国庫支出金については、1980年代後半における高率補助金の補助率引き下げや国の財政再建にともなう歳出抑制などから、減少傾向にあった。そのため、1980年代後半から1990年代前半にかけて、国庫支出金の減少も地方交付税増加の一因であった。ただし、こうした傾向は、1997年度以降には必ずしも該当しない。1997年度からの急激な地方交付税の増加は、地方交付税と臨時財政対策債を除く歳入の減少にその主な要因がある。ただし、必ずしも地方税の減収だけではないことに注意が必要であろう。一方、歳出は費目によって傾向に違いはあるが、総額でみると比較的堅調に推移していた[4]。

　2003年度から2007年度までは、地方交付税に臨時財政対策債を加えたベースで見ても、大きく減少している。2007年度は、地方交付税だけで見れば15.2兆円と1990年代前半、臨時財政対策債を加えても17.5兆円と1997年度頃の水準まで減少し、歳入に占める比率で見れば1990年代終盤あるいは1980年代後半の水準まで下がった。こうした急激な縮小の原因は、いくつかある。地方税が低水準ながら景気回復により伸びたことや、地方財政計画における投資的経費（単独事業）を実態に近付けたことなどがあげられる。三位一体の改革も、その一因である。公務員定数の抑制等による給与関係経費の削減や、投資的経費（補助事業）も削減された。

　その後、2008・2009年度に地方交付税と臨時財政対策債を合計した金額は、大きく増加した。これは、リーマン・ショックに端を発した世界同時不況によって地方税収が減少したことに加え、景気対策として投資的経費を中心に地方財政計画の歳出を拡大させたからである。また、三位一体の改革による地域間の財源格差が拡大し、地方圏の多くの地方公共団体で地方交付税総額が減少し、「予算が組めない」といった声が聞こえるようになったことも背景のひとつとしてあげられる。ただし、増加額の多くは臨時財政対策債であることに、注意

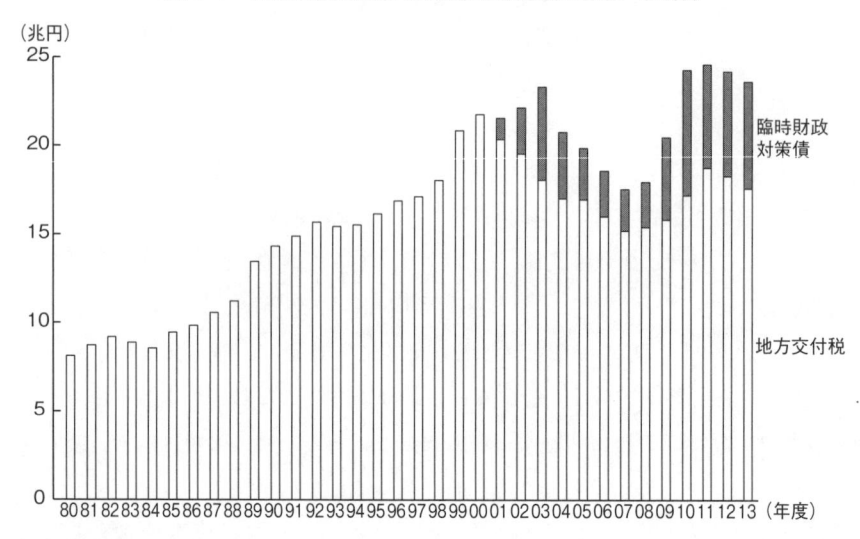

図 8-1　地方交付税及び臨時財政対策債の推移（決算）

(注) 普通会計
(資料) 総務省編『地方財政統計年報』、総務省「平成 25 年度地方公共団体普通会計決算の概要」により作成

が必要であろう。

4　財源

①本来の財源

　国において地方交付税は、交付税及び譲与税配付金特別会計（以降、交付税特会）で会計処理されている。交付税特会の主な歳出は、各地方公共団体に交付される地方交付税であり、地方財政計画におけるマクロ調整によって算出されるものである（これを出口と言う）[5]。一方、交付税特会の主な歳入は、原則として一般会計から繰り入れられる国税4税の一定割合と交付税特会に直入される地方法人税の全額である（これを入口と言う）。これが、地方交付税総額の財源として位置付けられるもので、総務省などでは「地方団体共有の固有財源」[6] という見方をすることもある。なお、国税4税の一定割合とは、酒税

の 50％、法人税・所得税の各 33.1％、消費税の 22.3％のことである（2015 年度）。これらの割合のことを、地方交付税率と言う。地方交付税率や対象税目は地方交付税制度創設以来何度も変更されている。例えば地方法人税は、地方交付税の財源として 2014 年度に創設されたもので、また消費税の地方交付税率は消費税・地方消費税の税率引き上げに伴い、2014 年度に前年度までの 29.5％から引き下げられたものである。さらに、2014 年度まではたばこ税の 25％が財源だったが、2015 年度に廃止された。

　各地方公共団体に交付される地方交付税の総額と、国税 4 税の一定割合に地方法人税の全額を加えたものの間には、直接的な関連は存在せず、乖離の発生は制度上不可避である。もちろん、前者と後者の多寡が長期的に見て均衡すれば問題ない。しかし、バブル崩壊以降、前者の方が後者より多いという形での乖離が恒常的な姿となっている。2000 年度以降で地方交付税の総額と国税 5 税（当時）の一定割合の乖離が最も大きかった 2003 年度を例にとれば、地方交付税総額との乖離だけで 6.8 兆円、これに臨時財政対策債の発行額を加えれば 12.1 兆円にのぼる。こうした歳入不足分については、本来であれば国税の地方交付税率を引き上げるか、地方財政計画の歳出を見直すべきところである。しかし、現実には一般会計からの加算や交付税特会の借入金などで賄ってきた。

　2003 年度以降、乖離の幅は縮小し、2007 年度からは交付税特会の新規の借入金はなくなったものの、2015 年度においても各種の加算や臨時財政対策債の発行に頼っている状態である。2015 年度の国税 4 税の一定割合と地方法人税の全額は、13.8 兆円である（表 8-2）。それに対して、地方交付税総額は 16.8 兆円にのぼる。その乖離の多くを、一般会計からの各種加算で埋めている。しかし、国の一般会計は国債依存度が 38％（2015 年度当初予算）にのぼり、こうした加算の財源は事実上赤字国債の発行によるものである。

②交付税特会借入金・臨時財政対策債

　地方交付税制度に影を落としているのは、交付税特会における借入金と地方公共団体が発行する臨時財政対策債の存在である。2007 年度以降は新規の借

表 8-2 2015 年度地方交付税総額算定基礎

区分	内訳	金額（億円）
一般会計からの繰り入れ	国税 4 税の一定割合	133,013
	過年度精算分等	− 2,484
	法定加算等	4,326
	別枠加算	2,300
	臨時財政対策特例加算	14,529
	計	154,169
地方法人税		4,770
借入金元利償還		− 4,614
剰余金活用		1,000
前年度繰越金等		12,224
合計		167,548

(注) 当初予算
(資料) 総務省「平成 27 年度地方団体の歳入歳出総額の見込額」により作成

入金こそないものの、2015 年度末借入金残高見通しは 32.8 兆円にのぼる（図 8-2）。これらは、すべて地方負担分である。地方負担分の意味は、地方交付税制度の枠内において、地方公共団体の負担で返済しなければならない借入金ということである。しかし、各地方公共団体に債務を負っている意識はない。各地方公共団体にとって、地方交付税として交付されるものは、あくまで国からの移転財源であり、その原資が税か借入金かは無関係である。とくに、地方債を発行してその元利償還保障として、普通交付税の基準財政需要額に算入されるケースでは、各地方公共団体の債務を交付税特会借入金によって事実上肩代わりした形だが、当然各地方公共団体にそうした認識はない。また、あくまで地方交付税制度の枠内で返済すべきものなので、東京都など不交付団体はこの範疇に入らない。

地方負担分の借入金残高は、地方交付税総額の約 2 年分の規模である。償還計画はあるものの、2049 年度末に完済するというもので、しかも当面の償還額は低く抑えたものになっている。これまでも、例えば 2007 年度から 2009 年度までの償還予定額は、地方交付税総額確保を理由として 2010 年度以降に繰

第 8 章　地方交付税

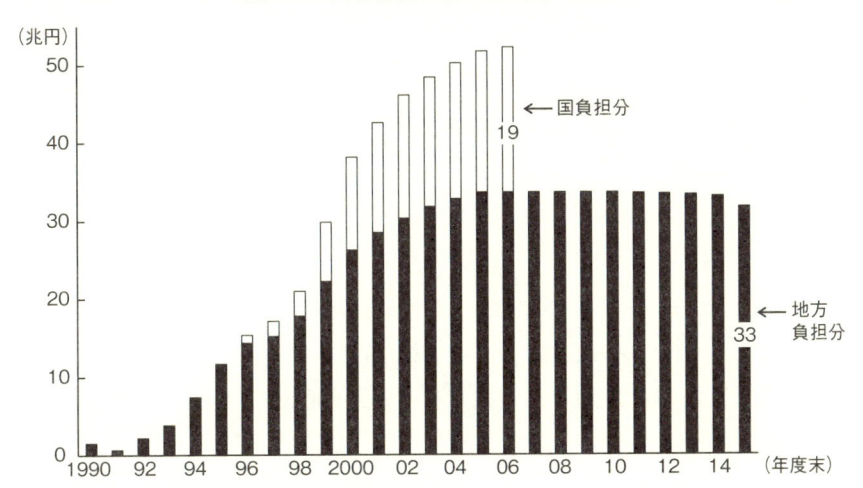

図 8-2　交付税特会借入金残高の推移

(注)　国負担分は 2007 年度に一般会計が承継
(資料)　参議院予算委員会調査室編『財政関係資料集』により作成

り延べられており、返済の目途がたっているとは言えない状況である。また、新規借入金ゼロと言っても、今後もそれを維持できる保証はない。

　一方、新規の発行及び累増に歯止めが掛からないのは、地方交付税の総額抑制に用いられている臨時財政対策債である。地方財政計画における 2015 年度の発行予定額は 4.5 兆円、2014 年度末の残高見通しは 48.4 兆円にのぼる(詳細は第 10 章参照)。臨時財政対策債は、交付税特会借入金に比べ債務者が明白だが、名称通りあくまで「臨時」のものであり、地方交付税の財源不足の解決策と言えるものではない。交付税特会において新規借入金がゼロになったからと言って、財源不足という根本的な問題は解決していない。しかも臨時財政対策債の元利償還金相当分については、その全額が後年度普通交付税の基準財政需要額に算入される。つまり、将来の地方交付税を先取りして、現在の地方交付税総額を圧縮しているとも言えるものである。

　地方交付税は、日本の財政調整制度の中核をなすものであり、とりわけ地方圏の地方公共団体の多くにとって不可欠な財源である。しかし、こうした財源

面での脆弱さが、地方交付税制度の維持可能性を弱めている。

5 普通交付税の配分

①配分の基本

　地方交付税の総額が地方財政計画におけるマクロ調整で決まった後、各地方公共団体への配分というミクロ調整が行われる。まず、各地方公共団体に交付される普通交付税について、どのようにして算定されているか見てみよう。

　各地方公共団体に交付される普通交付税額の算定にあたり、各地方公共団体について妥当な水準で標準的な行政を行う経費と定義される基準財政需要額を算定する。同時に、各地方公共団体の標準的な状態での見込税収等からなる基準財政収入額を算定する。そして、基準財政需要額に対して基準財政収入額が不足する場合、概ねその財源不足分が普通交付税となる。一方、基準財政需要額に対して基準財政収入額が超過する場合は、原則として普通交付税が不交付となる。すなわち、

普通交付税額 ≒ 財源不足額（正の場合）＝ 基準財政需要額 − 基準財政収入額

である。

　この際、基準となるのは各年度の4月1日が原則である。すなわち、地方交付税を配分する年度の開始時点の状況が、普通交付税において勘案される。算定に際しては、地方交付税法及び普通交付税に関する省令に基づき、必要な資料を地方公共団体から収集し、総務大臣の責任において実施する。普通交付税の実際の算定実務において、都道府県分については総務省自治財政局交付税課が専ら担い、市町村分については、交付税課と地方公共団体情報システム機構が主に担っている。

②基準財政需要額

第8章　地方交付税

　ここでは、妥当な水準で標準的な行政を実施する経費と定義付けられる、基準財政需要額の算定方法について考えてみる。基準財政需要額は、各地方公共団体について、詳細かつ複雑な算式に基づいて毎年度算定されている。その狙いは、的確かつ客観的に各地方公共団体の一般財源所要額を算定することにある。基準財政需要額は、その中心となる個別算定経費と、包括算定経費に分かれる。

　個別算定経費について具体的には、まず行政内容を目的別分類に基づいて、いくつかの費目に区分する。2014年度の道府県であれば、警察費、土木費、教育費、厚生労働費、産業経済費、総務費、地域経済・雇用対策費、地域の元気づくり推進費、地域の元気創造事業費、公債費である[7]。このうち、土木費、教育費、厚生労働費、産業経済費、総務費、公債費は、それぞれさらに細分化される。例えば教育費は、小学校費、中学校費、高等学校費、特別支援学校費、その他の教育費、となる。

　そして、各地方公共団体の各費目について、次の算式により基準財政需要額を積算する。つまり、

測定単位×単位費用×補正係数

である。このうち、測定単位とは財政需要の量を測る尺度のことであり、人口や面積などを利用することが多い。例えば厚生労働費のなかの社会福祉費は、住民が対象となる行政サービスで、財政需要は人口に比例すると想定されるため、人口を測定単位としている。また、土木費の道路橋りょう費であれば、道路の維持管理費が中心なので、道路の面積と道路の延長がそれぞれ測定単位となっている。このように、各費目について財政需要と最も緊密な関係にあると考えられるものが、測定単位として選定されている。

　単位費用は、標準的な施策に必要とする一般財源額のことで、いわゆる単価を意味する。単位費用を算定するには、まず当該費目が標準団体において、どの程度の経費がかかるか算定する。標準団体とは、都道府県で人口170万人、面積6,500km²、69万世帯、市数15、市部人口150万人、町村数20、町村部人

口20万人、市町村は人口10万人、面積160km²、4.1万世帯である[8]。こうした標準団体において、それぞれの費用の総額を見積る。例えば2014年度における教育費の小学校費（道府県分）であれば、設置基準などから、標準団体において学校数400校、校長400人、教頭400人、一般教員5,143人、事務職員等521人、が必要と見積る。そして、道府県が市町村設置の公立小学校でかかる費用の多くは給与費や旅費などで、標準団体では530.8億円かかると算出する。ただしここでは、一般財源である地方交付税の算定なので、国庫支出金等の特定財源により賄われる分は算定されない。つまり、標準団体の小学校費（道府県分）では国庫支出金が128.3億円見込めるため、それを控除した402.5億円が一般財源所要額となる。これを、小学校費の測定単位である教職員数（合計6,464人）で除すと622.7万円になり、これが当該費目の単位費用となる。

単位費用はあくまで標準団体を想定したものであり、実際の地方公共団体は様々な条件の違いのなかで運営されている。そうした条件の違いが、必要な行政経費の差となって表れる。補正係数は、各地方公共団体の立地や規模など、条件が異なることによる経費の差を補正するものである。ただし、各地方公共団体の差異を完全に反映させるのは不可能である。そのため、補正係数として採用されるのは、その影響が顕著なものやある程度普遍化でき計数化可能なものに限られる。補正係数の例としては、気候や人口密度、特定の公債費などがある（表8-3）。例えば2014年度の小学校費（道府県分）の場合、普通態容補正（地域手当などの差を反映）、経常態容補正（年齢構成の違いを反映）、そして寒冷補正（寒冷地手当の差を反映）といった補正係数がかけられる。

例えば、ある県で公立小学校に勤務する教職員が7,000人いた場合、教職員数が測定単位で単位費用が622.7万円のため、両者を乗じて435.89億円となる。そして仮に補正係数が、普通態容補正1.1、経常態容補正1.0（補正なし）、寒冷補正1.1の場合、435.89億円×1.1×1.0×1.1で、527.4269億円がその県における当該費目の基準財政需要額となる。

こうして各費目等で積算されたものを合計して、各地方公共団体における個別算定経費の基準財政需要額とする。この他に、包括算定経費として、人口と

第8章 地方交付税

表8-3 主な補正係数とその内容

種類	内容
密度補正	人口密度等の大小
態容補正	都市化の程度、法令上の行政権能、公共施設の整備状況
寒冷補正	寒冷・積雪地域の特別な増加経費（給与差、寒冷度、積雪度）
人口急増・急減補正	人口の急激な変化
段階補正	人口や面積の規模の違い
事業費補正	地方単独事業の元利償還金など
種別補正	測定単位の種別の違い

（資料）地方交付税制度研究会編『地方交付税のあらまし』地方財務協会により作成

面積によって算定する部分がある。2014年度の道府県の包括算定経費では、人口（1人あたり）に対する単位費用が10,860円、面積（1k㎡あたり）は127.7万円である[9]。つまり、標準団体の場合、人口が184.62億円（=170万×10,860円）、面積は83.005億円（=6,500×127.7万円）で、合計267.625億円が包括算定経費による基準財政需要額となる。そして、個別算定経費との合計が、当該地方公共団体の基準財政需要額となる。

③基準財政収入額

基準財政収入額は、標準的な税収入などを算定する。基準財政収入額の算定は、基準財政需要額に比べればわかりやすい。基準財政収入額の対象となるのは、地方税の大部分と地方譲与税、地方特例交付金、都道府県から市町村への税交付金、国有資産等所在都道府県交付金、国有資産等所在市町村交付金、交通安全対策特別交付金、である。一方、対象とならないのは、各地方公共団体が独自に設けた法定外税や法定目的税のなかで事業所税を除くすべて（都市計画税や入湯税など）、地方債、繰入金、手数料などである。

基準財政収入額算定にあたり、地方税について、税率は地方税法で通常よるべきとされる標準税率等で算定されるため、現実に各地方公共団体で適用されている税率と一致するとは限らない。そして、標準税率等で算定された見込税収の75％に、税目ごとに定められた捕捉徴収率を乗じて算定される[10]。基準

財政収入額に算入する比率のことを算入率、基準財政収入額に算入しない25％分のことを留保財源と呼ぶ。75％の算入率は、地方法人特別譲与税、地方特例交付金、税交付金、国有資産等所在都道府県交付金、国有資産等所在市町村交付金にも適用される。

　地方税の税収等の全額を基準財政収入額に算入しない理由は、全額を算入すると各地方公共団体が地方税を増やす動機が失われるからである。例えば、基準財政需要額が同じ100の地方公共団体が、AとBの2つあるとする。仮にAの地方税収が80でBが40として地方税収を100％算入すると、普通交付税がAに20でBに60となり、AとBともに一般財源の合計は100となり、地方税を増やす意味がなくなる。しかし75％算入だと、Aの基準財政収入額は60、Bが30となる。他の条件が同じであれば、Aの普通交付税が40で地方税と合わせた一般財源は120、Bは普通交付税が70で地方税は40なので一般財源合計額は110となり、Aを下回る。このように、地方税が増加すれば一般財源が大きくなる。

　なお、地方税のなかでも、三位一体の改革による税源移譲分と、地方消費税（地方消費税交付金を含む）の税率引き上げによる増収分は、財政力格差拡大抑制などの見地から、算入率は100％となっている。また、地方譲与税（地方法人特別譲与税を除く）と交通安全対策特別交付金についても、収入見込額のすべてが基準財政収入額に算入される。

④マクロ調整とミクロ調整

　これまで、各地方公共団体に交付される普通交付税の算定方法を見てきた。それによると、合理的かつ標準的な行政を実施するために必要な財政需要に対して、地方税などの財源の不足分が普通交付税として交付される。しかし注意しなければならないのは、あくまで各地方公共団体への配分は、総額が決まったうえでのものだということである。

　普通交付税の総額は、地方交付税以外のマクロ調整で地方財政計画において決まる。各地方公共団体への配分については、主に基準財政需要額を変化させ

ることで配分額を総額に合わせる。実際、基準財政需要額(財源不足団体分)は、1991年度の29.0兆円が、2001年度には43.0兆円まで増加している。その後、三位一体の改革などの影響で一度は減少に転じたものの再び増加し、2014年度は39.7兆円である（臨時財政対策債分を含めると45.3兆円）。

そのため景気後退期など、地方財政計画で決定される地方交付税の総額が比較的大きく増加する局面では、元々地方税など自主財源の多くない恒常的な交付団体において、ある程度財源の余裕ができる傾向にある。これが、1990年代から2000年代初頭までの動きである。一方、元々地方税などが多い恒常的な不交付団体では、こうした時期に普通交付税は変わらずゼロの一方、地方税や国庫支出金などは減少しているケースが多く、財政運営は厳しくなる。こうしたことから、地方税の減少が目立つ景気後退期では、地方税などの豊かな地方公共団体が多い大都市圏において、大きな不満が出やすい。

しかし、地方税の増加局面では、これとは逆の動きとなる。地方税などの少ない地方公共団体の多い地方圏では、地方税の増加分より地方交付税の削減分の方が上回り、一般財源の減少に直面する可能性が高い。一方、恒常的な不交付団体では、地方交付税の総額が減少する状況においては地方税の増加を伴っていることから、一般財源が豊かになる傾向がある。

⑤配分実績

2014年度における普通交付税の配分実績を見てみよう。都道府県で普通交付税の不交付団体は、東京都のみである（表8-4）。他の道府県は、すべて交付団体となっている。かつて2006年度から2008年度までは愛知県も不交付団体だったが、リーマン・ショックに端を発した世界同時不況による地方税の減少などで、交付団体となっている。また、バブル景気に沸く1988年度には、東京都、神奈川県、愛知県、大阪府が不交付団体となり、それが1992年度まで続いたものの、1993年度から2005年度までは東京都のみとなっていた。

市町村については、不交付団体が54市町村で、全市町村（1718）の3%に相当する。つまり、普通交付税の不交付団体となる市町村は、全国的に見てか

なり地方税等が豊かな地方公共団体だということがわかる。例えば愛知県豊田市に象徴される国際的大企業の本社所在地、東京都武蔵野市に代表される高級住宅地、北海道泊村のような原子力発電所所在地、長野県軽井沢町のような高級リゾート地といった地方公共団体である。なお、1970年度以降の市町村で最も不交付団体の数が多かったのは、バブル景気の只中にあった1988年度の189市町村、市町村全体に占める不交付団体の割合が高かったのは、三位一体の改革直後の2007年度における10%だった。

⑥算定の課題

先に述べたように、普通交付税は一定の算式に基づいて配分されている。地方交付税法で示されているように、基準財政需要額は本来、「合理的、且つ、妥当な水準」（第3条3項）に基づく標準的にかかる需要額を「合理的に測定」

表8-4　普通交付税不交付団体一覧（2014年度）

【都道府県分】		東京都	
【市町村分】			
北海道	泊村	青森県	六ヶ所村
福島県	大熊町、広野町	茨城県	神栖市*、東海村
栃木県	芳賀町	群馬県	上野村
埼玉県	戸田市、三芳町	千葉県	市川市、成田市*、浦安市、袖ヶ浦市、君津市
東京都	立川市、武蔵野市、三鷹市、昭島市、調布市、多摩市		
神奈川県	鎌倉市、藤沢市、厚木市、箱根町、寒川町、愛川町		
新潟県	聖籠町、刈羽村	山梨県	昭和町、忍野村、山中湖村
長野県	軽井沢町	静岡県	御前崎市*、長泉町
愛知県	碧南市、刈谷市、豊田市*、安城市、小牧市、東海市、大府市、みよし市、長久手町、豊山町、大口町、飛島村、幸田町		
三重県	川越町	京都府	久御山町
大阪府	田尻町	福岡県	苅田町
佐賀県	玄海町		

（注）＊印は、一本算定では不交付団体だが、合併の特例により普通交付税が交付される市町村を示す
（資料）総務省「平成26年度普通交付税大綱」により作成

第8章 地方交付税

（第2条4項）したものでなければならない。しかし、その基準財政需要額算定の中身に、本来のあり方からすれば必ずしも適当とは言い切れないものが含まれている。

　普通交付税の算定は、最近修正されているとは言え、配分の説得力を増すという理由などからかなり複雑になっている。まず、基準財政需要額算定の際の費目について、その推移を検証してみよう（表8-5）。地方交付税創設直後の1955年度と2014年度を比較してみると、道府県分・市町村分ともに、大費目の数は7から10へと増加している。大費目のなかにそれぞれ含まれている費目数の合計を比べると、道府県分・市町村分ともに、2000年度の時点で1955年度の約2倍になっている。増加の時期を10年単位で見ると、道府県分では1985年度以降のペースが急である。一方、市町村分では、1955〜75年度と1985〜2000年度に同様のペースで増加していることがわかる。こうした費目数の増加の主要因は、公債費にある。道府県分で見ると、1955年度から2014年度までの純増22費目のうち公債費が16費目、市町村分では純増26費目のうち18費目を公債費が占めている。地方交付税創設時、公債費には災害復旧事業の財源調達のために発行された地方債の元利償還費があっただけだった。しかし、2014年度には道府県分・市町村分合計して36費目となっている（道府県分・市町村分で名称の重複を含む）。一方、2000年代に入り大項目の追加はあったものの、人口と面積のみで算定する包括算定経費の導入などもあり、適用される単位数は削減されている。2014年度について見ると、2000年度に道府県分で63あったものが52に、市町村分は72あったものが58まで減少している。

　費目が追加される場合、本当にそれが必要か議論の余地はあるが、地方財政の姿をより詳しく基準財政需要額に反映させるという側面はある。ただし、少なくとも公債費の追加については、そうした観点で言い尽くせるものではない。これは、特定の事業について起債を同意（かつては許可）された地方債の元利償還分について、基準財政需要額に算入するものである。普通交付税の交付される地方公共団体にとって、特定の地方債であれば元利償還の一部もしくはす

表8-5 基準財政需要算定の際の費目・項目の推移

	年度	1955	65	75	85	95	2000	14	2014-55
道府県分	大費目数	7	7	7	7	8	8	10	＋3
	費目数	20	23	26	28	35	39	42	＋22
	うち公債費	1	2	6	7	11	15	17	＋16
	総単位数	28	35	34	46	55	63	52	＋24
	包括算定経費	－	－	－	－	－	－	2	皆増(＋2)
市町村分	大費目数	7	7	7	7	8	8	10	＋3
	費目数	19	26	31	32	37	41	45	＋26
	うち公債費	1	4	9	10	12	17	19	＋18
	総単位数	26	36	39	55	63	72	58	＋32
	包括算定経費	－	－	－	－	－	－	2	皆増(＋2)

(注) 1．公債費について、各種基金費などを含めて大費目数では1とカウント
2．警察費のように大費目に細目がないケースでは、費目数では1とカウント
(資料) 総務省『地方交付税関係計数資料（各年度版）』により作成

べてを地方交付税に加算される可能性がある。とくに1990年代後半においては、地方税減税の見返りにしたり、地方単独事業の投資的経費を誘導する手段のひとつとして用いられてきた。また、2001年度からは、臨時財政対策債の元利償還費も全額公債費で算定されている。

　補正係数についても、基準財政需要額の算定費目の公債費と類似したものがある。それが、事業費補正による地方債元利償還保障である。これは、特定の事業に対して起債する地方債について、将来発生する元利償還費の一定割合を、補正係数を通じて基準財政需要額に加えるものである。普通交付税の交付団体であれば、将来その分の地方交付税額の加算が期待できる。こうした措置によって、国は地方公共団体を特定の事業などに誘導することが可能になる。事業費補正は、1962年度に道府県分の港湾費とその他土木費の一部に適用されて以来（市町村分は1967年度から）、とくに1990年代に拡大した後、2000年代中頃以降は減少傾向にある。

　補正係数については、標準団体と実際の各地方公共団体の間に、様々な面で

違いがあるので、その差を埋めることにある程度の合理性は考えられる。しかし、上述の事業費補正以外で、どこまで事情を斟酌するかなど、客観的で公平な線引きは難しい。その例が、段階補正の縮小と市町村合併の関連である。従来、段階補正によって、人口の少ない地方公共団体に比較的有利な配分がされていた。現在もその制度は維持されているものの、2006年3月を期限とした合併特例法に合わせて、補正規模は徐々に縮小された。この背景には、国が行政の効率化や財政基盤の強化などを目的として、規模の小さい市町村を合併に導きたいという思惑があった。その一環として、地方交付税の補正係数が使われた。

なお、補正係数の種類を大項目で見た場合、道府県分で1960年度、市町村分で1965年度頃に現在の原型ができあがった。小項目で見ても、1969年度頃には現在とほぼ近い姿ができている。一方、補正係数が適用される項目については、補正係数の種類がほぼ安定した後も、増加が続いていた。同様の傾向は、補正係数適用総数を見ても明らかである。ひとつの項目で複数の補正係数が適用されることは多い。ただし、1998年5月に閣議決定された「地方分権推進計画」に沿って、地方交付税の算定方法を簡素化する動きがあり、以降、補正係数の適用総数は減少に転じている。

6 特別交付税の配分

①算定の意義

次に、特別交付税の配分について検討してみよう。先に見たように、普通交付税は多くの交付団体にとって重要な財源のひとつである。しかし、基準財政需要額や基準財政収入額が当該年度の開始前から分かっている訳ではないので、各地方公共団体に交付される金額は、年度のはじめには決まっていない。地方交付税法の規定では、当該年度の8月末までに各地方公共団体へ交付する普通交付税額を決定しなければならない。ただしそれでも、普通交付税額決定後、災害の発生をはじめ地方財政に影響を与える様々なことが起きるのは避け

がたい。また、普通交付税の算定では、様々なとても詳細な事柄まで斟酌されているものの、それでも把握し切れない事象は存在する。そこで特別交付税によって、普通交付税では把握できない要因を拾いあげることになっている。

特別交付税は地方交付税の一部として、財源調整機能と財源保障機能を持つものの、地方交付税の中核はあくまで普通交付税で、特別交付税は補完の役割を担う。石原（2000）によると、普通交付税は「客観性、中立性の確保」が図られ、「補正係数の運用等によって各地方団体の個別事情についてもかなり配慮されてはいるものの、その算定結果がある程度画一的になる」。また、「公信力のある統計資料」の「大部分がその年の4月1日以前のものが用いられるため、その年度に入ってからの要因は算定結果には反映しない」。これらを普通交付税で解決するには、「算定方法が更に複雑となり、また客観性・中立性が後退するおそれが出てくる」[11]。そこで、特別交付税によって補完する。

特別交付税の算定項目の類型化は、その意義や現行の問題点を考えるうえで示唆に富む[12]。整理してみると、まず加算事項と減算や錯誤解消等の事項に大別できる。加算事項はさらに3種類に分けられる。第1に、「基準財政需要額の算定方法の画一性を補完」（画一補完）である。この類型には、普遍性はあるが普通交付税で算定するほどではないか技術上困難（例：冬期分校の設置）、あるいは臨時的な需要（例：特別選挙）、算定が画一的で実態と乖離（例：特別支援学級）、地域的特殊性が普通交付税で一部または全く配慮されない（例：島しょ離島）、ものが含まれる。第2は「普通交付税算定後生じた事情」（算定後）である（例：災害）。第3は、「その他特別の事情」（その他）である（例：特殊土壌）。減算や錯誤解消等の事項も、「基準財政収入額の算定過大」、「基準財政需要額の過大、基準財政収入額の過少の減額」（例：国の基準を超える諸手当）、「財政調整制度に基づく減額」（例：不交付団体の財源超過額）の3種類ある。

上記は、災害関連をはじめいずれも他の財源では代替困難なものであり、普通交付税の補完としての特別交付税の存在意義を示している。ただし、石原等（1973）が指摘するように、その規模は「過去の実績や経験に照らして定める

第8章 地方交付税

ほかはな」いものだが、「算定方法の客観性において普通交付税の場合よりも劣り、機能的にも普通交付税に対する補完的制度に過ぎないものである以上」、「特別交付税の総額は、少なきに越したことはない」ものである。そして、算定に際しては、「客観性の厳密性については普通交付税の場合に劣るが、その本質は普通交付税と全く同一のものであり、地方交付税制の全体として理念の枠外におかれるものではない」のであって、「決して個々の地方団体の実態に妥協するものではない」。「あくまで客観的にみて理由のあるものに限られ」、「その内容・方法をなるべく明確詳細に規定し、恣意・作為の介入を防いで、算定結果の信頼度が失われないように配慮」[13] しなければならない。

つまり、特別交付税は一定の存在意義のある制度だが、あくまで普通交付税の補完であり、どうしても客観性等に劣るので、規模は小さい方が望ましい。そして、算定に際しては、上記類型の対象に限定し、普通交付税ほどではなくとも客観性等が必要で、恣意・作為等は排除しなければならない。

②**算定方法**

特別交付税の具体的な算定方法は、地方交付税法で定められていない。そこでは、考慮すべき事柄が大まかに示されているだけである（地方交付税法第15条）。まず、基準財政需要額の算定において捕捉されない需要である。また、普通交付税の算定後に生じた災害等による、特別な財政需要や税収の減少があげられている。さらに、予期せぬ税収の落ち込みをはじめ、特別の事情がある場合とされている。

特別交付税の具体的配分方法は、特別交付税に関する省令（以下、省令）に任され、算定の実務は普通交付税と異なり総務省自治財政局財政課が担っている。地方交付税総額の一定比率が自動的に特別交付税総額となるので、地方交付税の総額が増加すれば、おのずと普通交付税で把握できない要因で配分するという特別交付税も増加する。一方、総額が減少すれば特別交付税も同じ比率で減少することになる。

特別交付税は、12月に全体の3分の1以内、3月に残額が算定・交付される。

1975年度まで2月一括交付だったが、総額増加などを理由に1976年度から現行方式になった。2011年度からは大規模災害時の特例交付が可能となり、まず2011年4月8日に東日本大震災の被災団体等へ計762億円交付された。12月分の算定は、省令に算式が明記されるルール項目と、算式に財政力を加味する準ルール項目が基本となる（一部調整項目）。3月分はこれらに、算式がなく財政状況や他の算定状況を総合的に勘案する調整項目が加わる。

　算定の加減算の構造は、都道府県分と市町村分で異なる。都道府県分は次の通りである。なお、需要項目は加算項目のことで、減額項目に財源超過額を含む。

【12月分】需要項目－減額項目＋普通交付税の錯誤額
【3月分】需要項目－（減額項目＋12月分の減額不能額）

市町村分の加減算の仕組みは、次の通りである。なお、特定項目、準特定項目、一般項目は加算項目である。また、財源超過額は減額項目と別になっている。

【12月分】特定項目＋|準特定項目＋（一般項目－減額項目）－財源超過額|＋
　　　　　錯誤額　　　※各カッコ内が負の場合はゼロとして算定

【3月分】特定項目＋|準特定項目＋（一般項目－減額項目－12月の減額不能額）－12月の減額不能財源超過額|
　　　　　※各カッコ内が負の場合はゼロとして算定

　都道府県分は全需要項目が減算対象で、減額項目の算定額が需要項目の算定額を上回ると特別交付税は交付されない。一方、市町村分の特定項目は減算対象外、準特定項目は財源超過額のみの減算である。2013年度の減額項目には、問題のある制度（徒歩手当、退職時特別昇給）、国の基準を上回る諸手当、公営競技収益、財源超過額などがある。結果として、2013年度の東京都（財政力指数0.87）は不交付となった。

　2013年度の省令の構成と、項目数を見てみよう[14]。本則第2条以降が算定ルー

第8章　地方交付税

ルで、12月分の都道府県分は、ルール項目57、準ルール項目16、減額項目14、普通交付税の錯誤、前年度精算がある。市町村分は、特定項目10（すべてルール項目）、準特定項目25（すべてルール項目）、一般項目103（ルール項目76、準ルール項目27）、減額項目3（財源超過額、錯誤、前年度精算項目）となる。3月分で都道府県分は、ルール項目45、準ルール項目7、調整項目24、減額項目5、12月減額不能分減額、前年度精算、12月分加算精算の各項目がある。市町村分は、特定項目16（ルール項目15、調整項目1）、準特定項目2（ルール項目2）、一般項目74（ルール項目26、準ルール項目18、調整項目30）、減額項目5、12月減額不能分減額、前年度精算、12月分加算精算の各項目である。本則には別途特例として、市町村分の加算項目5（すべて調整項目）、過大算定の3月分と翌年度の精算がある。

　本則の後には附則があり、ここにも算定項目がある。12月分では、都道府県分が17（ルール項目12、準ルール項目5）、市町村分は一般項目25（ルール項目18、準ルール項目7）がある。3月分では、都道府県分がルール項目27、準ルール項目6、調整項目1、減額項目2、市町村分は特定3（ルール項目2、調整項目1）、準特定1（ルール項目）、一般項目43（ルール項目36、準ルール項目5、調整項目2）がある。附則では、この後に東日本大震災関連の12月分の都道府県分でルール項目9、市町村分が特定項目9（すべてルール項目）、3月分の都道府県分はルール項目9、市町村分が特定項目9（すべてルール項目）ある。

　算定の意義で見た通り、特別交付税の算定項目は、客観性等で普通交付税ほどではなくとも、あくまで客観的に見て理由のあるものに限られ、なるべく明確詳細に規定し、恣意・作為を防ぐことが必要である。しかし、特別交付税の規模拡大とともに新設された項目などのなかには、先の類型に当てはまらない、あるいは一応当てはまるように見えても望ましくない項目も多い。

　2013年度では、職員の海外派遣、地域おこし協力隊員設置、中小企業対策、大学等連携地域おこし活動など、算定の必要性は乏しい。普通交付税化が望ましい例として、人口急減団体、公立病院等、市町村合併関連、公債費負担が多

額、での算定があげられる。地域活性化や過疎対策等は、類型化すれば画一補完だろうが、様々なものが特別交付税で算定されている。しかし、普通交付税の上乗せ項目も多く、必要性に疑問が残る。

　また、類型には含めにくい政策誘導ツールの算定もある。住基ネット普及を取りあげてみよう。住基ネットでは、導入時にシステム改修費特別仕様分(2001年度)、セキュリティ強化経費の5割（上限500万円、2003年度）が算定された。2003年度からは住基カード普及のため、多目的利用経費の5割（上限3,000万円、2年後に5,000万円へ増額）と、カード交付1枚当たり1,000円（2008年度から手数料無料の場合1,500円）が算定される。政策誘導ツールとして特別交付税を活用する例は他にもあり、その必然性に疑問の余地がある。

　特別交付税を景気対策に活用することもあるが、これも先の類型には含まれないもので不適切である。極端だった1998年度は1,550億円算定され、特別交付税総額の14.4%にのぼった。

　さらに、恣意性の問題がある[15]。類型のなかの画一補完やその他で特殊性等を考慮する場合も、恣意性の排除と一定の客観性の担保は不可欠で、それなしでは地方交付税制度への不信につながる。しかし、省令で算式の明示されない調整項目が多く存在しており、例えば2009年度では算定総額の54.6%を占めていた。3月分には「その他財政需要又は財政収入が過大又は過少であること」という項目まである。市町村分には、都道府県による恣意性の問題もある。市町村分はまず都道府県で算定されるが、その際に省令で定めたルールの一部項目について、各知事に裁量の余地を残している。

③災害と特別交付税

　年度末まで算定額を決定しない特別交付税は配分の柔軟性が高く、地方公共団体にとっては使途の自由な一般財源で使い勝手が良い。そのため、災害対策のなかで災害復旧、とくに普通交付税で対応困難な災害発生直後に重要な役割がある。ただし、災害復旧では特別交付税が財源のすべてではない。公共施設等の災害復旧にあたり、国は万全の措置を講じる責務と災害経費負担の適正化

を図る義務がある（災害対策基本法第3条）。復旧事業の主体は施設の所有者等の地方公共団体中心だが、多くは国庫支出金を伴う補助事業である。

災害における特別交付税の役割は、直接的な被害の回復に限らず、厳密に算定できない周辺負担分等への対応が含まれる。特別交付税における災害関連の算定は「災害防災対策」に区分され、さらに災害発生後緊急に行う復旧整備等の「現年災」、過去発生した災害の復旧事業費等が一定条件を超える場合の「過年災」、防災対策等の「その他」に分けられ、項目数はその他が多い。

対象災害が幅広く、発生時に大規模な算定となるのは、「現年災（災害復旧）（応急対応）（その他）」である。このうち現年災（災害復旧）は、都道府県が災害復旧事業費・災害対策事業費・国施行災害復旧事業費の1.5％、市町村は同2％と大まかな算式となっており、災害対策本部の設置や職員の時間外勤務手当、燃料費、通信費、水防資材費、税の減免など幅広く災害関連支出等への充当が想定されている。また、現年災（応急対応）は、弔慰金や生活再建支援金の地方公共団体負担分などのため、罹災世帯数、死者・行方不明者数、農作物被害面積などに応じて算定される。さらに、現年災（その他）では、市町村のみ上記（災害復旧）の50％と（応急対応）の20％が加算される。

災害防災対策には多くの項目があり、なかには問題項目も含まれる。例えば、消防操法大会参加経費は無理に類型化すれば「画一補完」だが、そもそも地方交付税の対象として不要だろう。高速道路等救急業務や過年災など地方債元利償還費を算定する項目は、普通交付税化が可能である。また、除排雪や地震対策、不発弾（都道府県分）は算式を明示しない調整項目で、客観性・中立性の面から問題がある。

④配分実績

2013年度について、特別交付税の不交付団体は東京都のみである。これは、何も都道府県に限らず、市町村を含めたものである。例えば、財政力指数が2.08（2013年度）と最も高い愛知県飛島村に対しても、特別交付税が配分されている。また、恒常的に普通交付税の不交付団体である東京都武蔵野市（同1.41）

でも、毎年度特別交付税は配分されている。こうした実態が、地方交付税本来の目的に合致した配分か、改めて考え直す必要があるだろう。

一方、特別交付税の交付額を都道府県別で見ると、結果的にではあるが普通交付税を補完する傾向にある。普通交付税が各都道府県に交付された割合と、特別交付税が各都道府県に交付された割合を比較すると、大きな災害のあった地域を除き、毎年度かなり近い数値になっている[16]。

特別交付税算定において最重要項目である災害防災対策の算定額は、その性格上、年度によって大きく増減している（図8-3）。2011年度が突出しているのは、東日本大震災の影響である[17]。災害防災対策の算定額の対特別交付税総額比を見ると、特別交付税の規模がそれほど大きくなかった1980年代前半頃までは、15～20％程度が多かった。しかし、特別交付税の総額が拡大した1980年代後半以降、その比率はかなり低くなり、2010年度には6％となった。

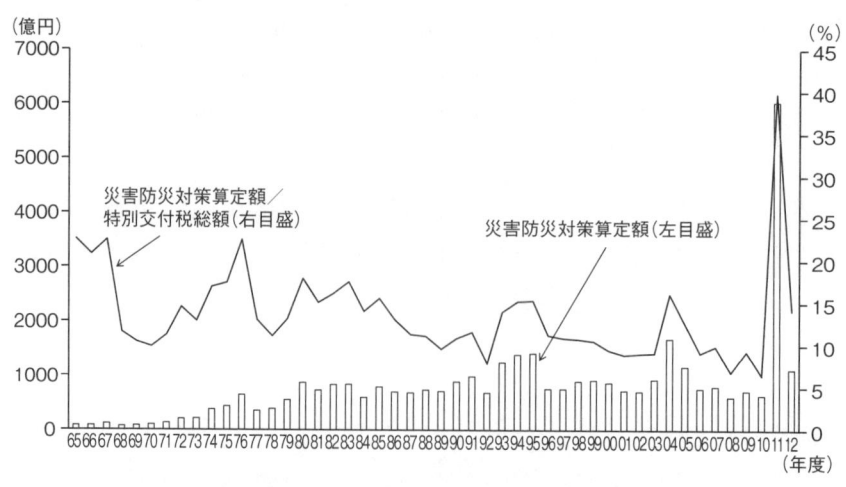

表8-3 基特別交付税における災害防災対策算定額の推移

(注) 1. 都道府県の普通交付税の不交付団体への算定分や市町村の一般項目で減額対象の算定分などを含む為、算定額すべてが交付された訳ではない
2. 震災復興特別交付税は含まない

(資料) 内閣府編『防災白書』（各年版）、内閣総理大臣官房審議室『防災に関してとった措置の概況』（各年版）、総務省編『地方財政統計年報』（各年版）、より作成

ただし、東日本大震災の影響により、2011年度は40％と急上昇した。なお、算定項目の現年災等は、当該年度の12月末までに発生した災害が対象である。しかし、1995年1月17日発生の阪神・淡路大震災では、特別に発生年度中に算定された。また、2011年3月11日発生の東日本大震災でも、ごく一部（20億円）ながら発生年度中に算定された。

7 都区制度と都区財政調整制度

①特別区の権限と財源

　橋下大阪府知事（当時）等による大阪都構想発表以来、都についての話題が多く出るようになった。2015年1月現在、都は全国で東京都のみである。東京都は、戦時体制下の1943年にそれまでの東京府と東京市を廃止して設立された。その後、日本国憲法や地方自治法の施行により、23の特別区が設置された。

　東京都の特徴は、都区制度にある。2000年の地方自治法改正により、それまで東京都の内部的団体という位置付けだった特別区が、市町村同様の基礎的自治体となった。戦後の地方自治法施行時に、一時は特別区を基礎的自治体と位置付け区長を公選していたが、1952年の改正により区長公選制が廃止され、特別区は東京都の内部的団体となった。その後、特別区の権限が徐々に拡大され、1975年には区長公選制が復活した。そして、2000年の地方自治法改正へと繋がっている。

　特別区の権限は、1965年度の福祉関係事務をはじめ、2000年度に清掃事業や国民健康保険料の調整など、徐々に拡大している。しかし、普通地方公共団体である市に比べ、上下水道の設置及び管理、消防、一定規模以上の都市計画決定、児童相談所設置、一級河川の管理など、一定の権限が制限され、それらは東京都によって実施されている。特別区長会が2006年11月設置した都区のあり方検討委員会で出された「都区の事務配分に関する検討状況」によると、2011年1月19日現在で、東京都が行っている事務のうち、区へ移管するなど

の検討対象項目として、法令に基づく事務 336 件、任意共管事務 108 件があげられている[18]。

地方自治法では、区の権限の制限について、「人口が高度に集中する大都市地域における行政の一体性及び統一性の確保の観点から当該区域を通じて都が一体的に処理することが必要であると認められる事務を処理する」(第 282 条の 2) としている。確かに、一体的な処理を行った方が、効率性や確実性などの面で望ましい事務があることは間違いない。しかし、特別区の権限とされたものでも、特別区が共同または連携して処理している事務も多い。例えば清掃事業の中間処理は、全特別区が一部事務組合を結成して実施している。また、生活保護施設の設置や管理についても、同様の一部事務組合で行っている。さらに、国民健康保険の保険料についても、全特別区で協議を行い、同じ条件であれば同額になるよう調整している。

一方、財源面でも、特別区は普通地方公共団体である市と異なっている。市町村税のなかで、市町村民税(法人)、固定資産税、特別土地保有税、事業所税、都市計画税は、特別区分について東京都が課税している。また、市町村向けの交付金のうち、国有資産等所在市町村交付金と国有提供施設等所在市町村交付金は、特別区分が東京都に交付されている。さらに、特別とん譲与税は市町村向けだが、特別区分が東京都に譲与されている。地方交付税については、特別区全体をひとつの市と見なしたうえで東京都分と合算し算定して、財源不足額がある場合には東京都に交付される(算定上、恒常的に財源超過のため交付実績はない)。そして、特別区に対する財源調整は、都区財政調整制度によって行われる。

②都区財政調整制度

都区財政調整制度の目的について、地方自治法では、特別区間の財源の均衡化と自主的かつ計画的な行政運営確保のための財源保障という、地方交付税と同様のものを掲げている[19]。

特別区財政調整交付金の仕組みは、基本的に地方交付税と同様である。まず、

第8章 地方交付税

財源について、地方交付税では原則として国税4税の一定比率と地方法人税の全額であるのに対し、特別区財政調整交付金は調整税3税の55％分が総額となる。調整税3税は、東京都が徴収した特別区分の市町村税のうち、市町村民税（法人分）、固定資産税、特別土地保有税である。地方交付税では各種の加算や借入金などで総額を確保しているが、特別区財政調整交付金ではそのようなやりくりは行っていない。地方交付税では総額の94％を普通交付税、6％を特別交付税としているが、特別区財政調整交付金では総額の95％を普通交付金、残りの5％を特別交付金とする。

　普通交付金の算定は、区ごとに基準財政需要額と基準財政収入額を算定して、概ね財源不足額を普通交付金として交付する。基準財政需要額の算定方法は普通交付税同様、まず行政需要を目的別分類に従って区分し、費目ごとに、測定単位×補正係数×単位費用、を積算し全費目を合算する。測定単位とは財政需要の量を測る尺度で、単位費用は標準的な施策に必要とする一般財源額のことで、いわゆる単価を意味する。補正係数は、各区の立地や規模など様々な条件の違いによる経費の差を補正するものである。基準財政収入額の算定も、普通交付税のものに準じている。ただし、普通交付税において地方税の算入率が原則75％で留保財源が25％であるのに対し、普通交付金では85％が算入され留保財源が15％と小さい点に違いがある。留保財源率の低さは、特別区間の一般財源の差が市町村間のものより小さくなることを意味している。なお、地方譲与税等を原則として100％算入する点は、普通交付税と同じである。

　特別交付金の配分には、特別交付税同様、一定の算式等はない。災害や年度途中での急激な経済状況の変化をはじめ、普通交付金で算定されない特別の財政需要がある場合に特別交付金が交付される。ただし、特別交付金の総額は決まっているため、災害などがなくても結局全額が配分されるのも、特別交付税と同じである。

　特別区財政調整交付金の実績を見ると、2014年度における普通交付金は、不交付が港区のみで他の22区はすべて交付された。その港区にしても、特別交付金は恒常的に交付されている。

③地方分権と都区制度

　現在の東京都と特別区の関係を、普通地方公共団体の市と同じようにしたからといって、一部事務組合の設置や広域連合の活用などを行えば、必ずしも効率性が著しく失われるとは限らない。歴史的経緯から現在の都区制度があるものの、現在の姿が必ずしも地方分権時代に適当な姿と言える訳ではない。広域的自治体から基礎的自治体への分権という意味で、特別区を普通地方公共団体化すれば、より住民に近い政府が様々な意思決定を行い、地方分権を進めることができるという利点がある。

　都区制度を廃止した場合のより困難な問題は、財源面にある。これまで、東京都は特別区分を含め普通交付税、特別交付税ともに不交付団体であった。そのため、特別区分の財政調整は、調整税のみで行われている。仮に特別区をすべて普通地方公共団体とした場合、まず東京都が財源不足団体になる可能性が高い。すでに2013年度の財政力指数は1を下回る0.87となっており、特別区分の事務がなくなったからといって、財源も一部失うため劇的に向上する見込みはない。特別区については、普通地方公共団体化して個別に地方交付税の算定対象となった場合、現在の普通交付金不交付の港区に加え、普通交付税の不交付団体が一定数生まれるだろう。しかし、23区のすべてが不交付団体になることは、あり得ないと考えられる。そうすると、東京都と現行23区のうちいくつかが交付団体となり、地方交付税が必要になる。東京都といくつかの特別区が財源不足団体になった場合、マクロ調整で地方交付税の総額を増加するか、ミクロ調整において他の財源不足団体向けの金額を抑制しなければならない。ただでさえ地方交付税は財源が不足しており、各種の加算や借入金が存在するうえ、臨時財政対策債によって総額を抑制している状態である。一方、地方圏を中心とした財源不足団体の財政運営は、厳しいものがある。いずれの選択肢を取るにせよ、問題が大きくなるだろう。

　個別の特別区についても、港区をはじめ普通地方公共団体化した場合に一般財源がかなり増加する区がある一方、現行の住民サービス水準の維持が困難と

なる区が出る可能性を指摘できる。そもそも普通交付金の算定にあたり、基準財政需要額が普通交付税のものより大きく算出されている可能性が高い。例えば 2012 年度について、人口 537,668 人で面積 32.17㎢ の板橋区における都区財政調整交付金算出の際の基準財政需要額は 1,020 億円だが、それより人口が若干多い 562,679 人で面積が 186.31㎢ と大きく、取り扱う事務の多い八王子市の地方交付税算出時の基準財政需要額は 746 億円にとどまる[20]。また、府中市（人口 252,004 人、面積 29.34㎢）の基準財政需要額は 334 億円だが、人口がほぼ同じで面積の小さい目黒区（人口 255,892 人、面積 14.70㎢）の基準財政需要額は 510 億円にのぼる。こうしたことから、仮に地方交付税の総額が新たに交付団体化した東京都などの財源不足分だけ確保されたとしても、少なくとも個別の特別区のなかで交付団体化したところは、現在の行政サービスの低下を余儀無くされるだろう。

このように、都区制度を抜本的に改め普通交付団体化した場合、マクロ・ミクロ両面において、財源面での課題を乗り越える必要がある。

注

1) 基本は税収だが、海港の負担や人口密度による補正といった財政需要の側面もごく一部に限り考慮される。
2) イギリスは、イングランド、スコットランド、ウェールズ、北アイルランドの各地域によって、地方公共団体の財政調整で異なる部分がある。ここでは、イングランドの仕組みについて記述している。
3) 事業用レイト保持制度について詳しくは、松浦（2014）を参照せよ。
4) この時期の地方財政計画に示された投資的経費（単独事業）の歳出額は、実際の歳出額よりもかなり大きかった。例えば、2003 年度の同費目の地方財政計画は 14.9 兆円だが、実際には 5 兆円ほど実態より過大だったと考えられる。こうした乖離の背景には、景気低迷に対し各地方公共団体が国からの補助金を受けずに実施する公共事業を減少させると景気をより悪化させ望ましくないという、国・地方公共団体一体で景気対策を捉える考えがあった。一方、各地方公共団体では、大都市圏の地方公共団体を中心に財政再建

を実施せざるを得なかったため、公共事業への支出を削減していた。
5）交付税特会は、地方譲与税の経理も扱っているが、ここでは地方交付税のみに注目している。
6）地方交付税制度研究会編『平成26年度　地方交付税のあらまし』地方財務協会、13頁。
7）市町村の場合、都道府県の警察費が消防費に、厚生労働費が厚生費にそれぞれ変わる。また、東京都は特別区分があるので、費目も若干異なる。
8）標準団体や単位費用の算定額などは、総務省（2014）「平成26年度　各行政項目別単位費用算定基礎」による。
9）市町村の2014年度の包括算定経費は、人口1人あたり19,980円、面積1km²あたり2,489,000円である。
10）捕捉徴収率とは、徴税漏れ等を考慮したもので、税目によって異なる。例えば市町村民税（所得割）は0.98、軽自動車税が0.977となっている。
11）石原（2000）、501頁。
12）ここでの類型化は、石原等（1973）、石原（2000）などによるものに基づいている。
13）石原等（1973）、313～4頁。
14）東京都の特例分は除く。
15）特別交付税の恣意性については、湯之上（2005）や鷲見（2000）などに詳しい。
16）詳しくは、浅羽（2012）を参照せよ。
17）東日本大震災や阪神・淡路大震災のような大災害では、特別法により別途財源が手当てされる。東日本大震災では、震災復興特別交付税が別途配分されている。
18）法令に基づく事務には、「一般には市に属する事務で、法令により都が処理することとされている事務」など6種類の区分がある。特別区長会Webサイト　http://www.tokyo23city-kuchokai.jp/katsudo/pdf/jimuhaibun_kentou.pdf　2014年11月8日アクセス。
19）特別区長会事務局（2012）「都区制度に関する参考資料」では、都区財政調整制度の意義として、「大都市の一体性・統一性を確保するため、事務配分や課税権の特例に対応した財源保障制度が必要」、「都に留保される事務に市町村税を充てるため、都区間の財源配分が必要」、「特別区相互間に著しい税源の偏在がある中で、行政水準の均衡が必要」（14頁）をあげている。
20）人口及び基準財政需要額は、各市区の決算カードによる。なお、決算カードにおける基準財政需要額は、特別区については都区財政調整交付金の算定にあたり算出されたもので、市町村のものは地方交付税算定において算出されたものが記載されている。

第9章　国庫支出金

1　位置付け

①概要

　国から地方公共団体への移転財源には、使途の定めのない一般財源によるものと、使途の限定された特定財源のものがある。また、地方公共団体間の財政調整の意図が濃いものと、その意図が薄いものがある。日本において、財政調整を目的として国から地方公共団体へ移転される一般財源の中心は地方交付税である。一方、財政調整の意図を含みつつも、特定事業の着実な実行により重きを置くことの多い特定財源によるものが、国庫支出金である。なお、国からの移転財源で使途が特定されていても、航空機燃料譲与税や地方揮発油税の一部は、国庫支出金に含まない。

　国庫支出金は、国から地方公共団体への移転財源であり、使途が決められた特定財源である。地方交付税のように、決まった財源がある訳ではなく、そのための特別会計が設置されている訳でもない。国の各府省の歳出が出元であり、負担金、補助金、補給金、交付金、委託金など様々な名称となっている。

　国庫支出金は、原則としてすべての地方公共団体に対して支出される。とくに、国の利害に関わるものに対する国庫支出金は、対象事業を実施する地方公共団体の地方税がどれだけ豊かでも支出される。

②目的と種類

　国庫支出金は、その目的から大きく3分類できる。第1に、専ら国の利害に関わる事務について、地方公共団体が国を代行する役割を果たす場合の財源として、国から移転されるものである。これを委託費等と呼び、国会議員の選挙、最高裁判所裁判官国民審査及び国民投票、国が専ら用いる統計や調査、検疫、

医薬品の検定、あへん取締（一部除く）、国民年金、雇用保険及び特別児童扶養手当、農地利用関係の調整、未引揚邦人調査、に要する経費が地方財政法第10条の8に列記されている。こうした事務を国が直接行うと非効率になる恐れが高いものの、地方公共団体が費用を負担するのは不適当であり、全額を国庫支出金で賄うのは当然と言って良いものであろう。

　第2に、国と地方公共団体双方にとって利害関係があり、全国的に見た一定の水準を確保する必要がある事務に対する国庫支出金である。これを国庫負担金と呼び、一般行政経費、建設事業費、災害復旧事業等それぞれ関わるものに細分化できる（表9-1）。一般行政経費に関わる国庫負担金は、地方財政法第10条に規定された事務が大部分である。この他、地方財政法第34条に規定された、地方公共団体が行う引揚者への援護に要する経費が含まれる。建設事業費に関わる国庫負担金は、地方財政法第10条の2に示されている。災害復旧事業等に関わる国庫負担金は、地方財政法第10条の3に列記されている事業に要する経費である。

　国庫負担金か支出されるこうした事業の多くは、国と地方公共団体いずれにとっても重要なもので、単一制国家としてどの地域に居住しても受けられるようにすべき行政サービス等である。そのため、原則として費用の一定割合を国が国庫支出金として負担している。

　国庫支出金第3の分類は、専ら地方公共団体の利害に基づく事業に対するもので、特定事業の奨励や特殊な財政需要への補助を目的とするものである。奨励的・財政援助的補助金等と呼ばれ、これがいわゆる補助金や補給金である。これまで見てきた委託費等や国庫負担金は、いずれも地方財政法において支出する内容が明示されている。しかし、奨励的・財政援助的補助金等は、地方財政法第16条において、「国は、その施策を行うため特別の必要があると認めるとき又は地方公共団体の財政上特別の必要があると認めるときに限り、当該地方公共団体に対して、補助金を交付することができる。」としているだけで、内容についての記述はない。

第 9 章　国庫支出金

表 9-1　国庫負担金の内訳

区分	根拠法	事項
一般行政経費	地方財政法第 10 条	義務教育職員の給与、義務教育諸学校の建物建築、生活保護、感染症予防、臨時の予防接種や予防接種による疾病への給付など、精神保健や精神障害者福祉、麻薬や大麻等の慢性中毒者医療、身体障害者の更生援護、婦人相談所、知的障害者援護、後期高齢者医療の療養給付や入院時食事療養費など、介護保険の介護給付や予防給付など、児童一時保護所や里親など、児童手当、国民健康保険の療養の給付や入院時食事療養費など、原爆被爆者に対する介護手当の支給や介護手当事務処理、重障害児福祉手当や特別障害者手当の支給、児童扶養手当、職業能力開発校や障害者職業能力開発校の施設及び設備、家畜伝染病予防、民有林の森林計画や保安林の整備など、森林病害虫等の防除、地籍調査等、特別支援学校への就学奨励、公営住宅の家賃低廉化、緊急消防援助隊活動、武力攻撃事態等における国民保護措置や訓練など、高等学校等就学支援金支給、新型インフルエンザ等緊急事態の臨時医療施設や損害補償など、地域医療や介護の総合的な確保の促進に関する基金への繰入れ、に要する経費
	地方財政法第 34 条	引揚者への援護に要する経費
建設事業費	地方財政法第 10 条の 2	道路、河川、砂防、海岸、港湾、林地、林道、漁港等の新設及び改良、地すべり防止工事及びぼた山崩壊防止工事、重要な都市計画事業、公営住宅の建設、児童福祉施設その他社会福祉施設の建設、土地改良及び開拓、に要する経費
災害復旧事業等	地方財政法第 10 条の 3	災害救助事業、災害弔慰金及び災害障害見舞金、道路、河川、砂防、海岸、港湾、林地荒廃防止施設、林道、漁港、都市計画事業による施設、公営住宅、学校、社会福祉施設及び保健衛生施設、土地改良及び開拓による施設又は耕地の災害復旧、に要する経費

2　規模と内訳

①規模

2013 年度普通会計決算において、地方財政全体で見た国庫支出金は 16 兆円

で、歳入に占める比率は 16.3% だった。これは、地方税、地方交付税に次ぐ規模であった。都道府県は 7 兆円で、歳入の 14.2%、市町村では 9 兆円、歳入の 16.0% だった。市町村では他に都道府県支出金が 4 兆円あり、歳入の 6.2% を占めている。市町村向けの国庫支出金と合計すれば 13 兆円となり、歳入の 22.2% を占め、市町村向けの地方交付税の規模を上回る。

　これまで、国庫支出金については、幾度もの改革が行われてきた。そのうち大きなものとして、1980 年代後半の高率補助金の原則廃止と 2000 年代半ばの三位一体の改革によるものをあげることができる。1980 年代後半の高率補助金の原則廃止は、国が地方を支配する道具として国庫支出金が利用されていることや、地方公共団体にとって使途の特定される財源の比率が高いことなどを問題視し始まった改革である[1]。地方公共団体主体事業の財源のほとんどを補助金等で賄えてしまうと、住民のニーズがどこにあるかより、補助金が取れるか否かという観点で事業を選択してしまう恐れがあった。そこで、対象事業の財源に占める補助金の比率の高い高率補助金を原則として廃止し、補助率の引き下げを実施した。例えば一般国道の道路改築の補助事業では、1984 年度まで事業費の 4 分の 3 を補助金として交付していたが、1985 年度は 3 分の 2、1986 年度に 10 分の 6、そして 1987 年度に 10 分の 5.75 と順次引き下げられていった。これにより、国庫支出金は減少した（図 9-1）。ただしこの時期、国庫支出金の金額の減少より目立つのは、歳入全体に占める比率の低下である。1980 年代は、後半のバブル景気の時期はもちろん、前半の円高不況期でも、0.9%～2.5% の物価上昇率があった[2]。そのため、地方財政の歳出は増加傾向にあり、国庫支出金以外の財源のなかで、地方税や地方交付税は伸びていた。一方、国庫支出金が削減されたため、歳入に占める比率は急激に低下した。

　その後、バブル崩壊への景気対策などで、国庫支出金は増加した。ただし、地方債や地方交付税も増加したため、歳入に占める比率の上昇幅は限定的だった。その後実施されたのが、三位一体の改革における国庫支出金の大幅削減である。三位一体の改革では、国庫支出金の総額削減が強く打ち出された。2003 年 6 月という改革の初期時点において、国庫支出金（国庫補助負担金）の削減

規模を4兆円と明示した。このことが、功罪両面をもたらした。功の面は、規模を明示することにより、改革の大きさと本気度が明らかになったことである。また、その規模に合わせた削減の内容を整える必要に迫られ、改革の実現に近付ける役割を果たしたことである。結果として、改革が成就し国から地方公共団体への移転財源が地方公共団体の独自財源となり、また使途を定めていた特定財源が使途の自由な一般財源となった。一方、改革の初期時点で規模を4兆円とし、しかもその削減期間を区切ったことから、国庫支出金（国庫補助負担金）の削減対象が、本来削減すべきものだけでなく、あまり削減すべきではなかったものまで注目されるようになったことが罪としてあげられる。三位一体の改革では、最終的に国庫支出金が4.7兆円削減された。削減分の多くは、国と地方公共団体双方の利害に関わる特定の行政に関する全国水準の確保に用いられる、国庫負担金であった。国庫負担金の対象となる義務教育教職員の給与や生活保護費、児童保護費などは、地方公共団体が任意に削減できるものでは

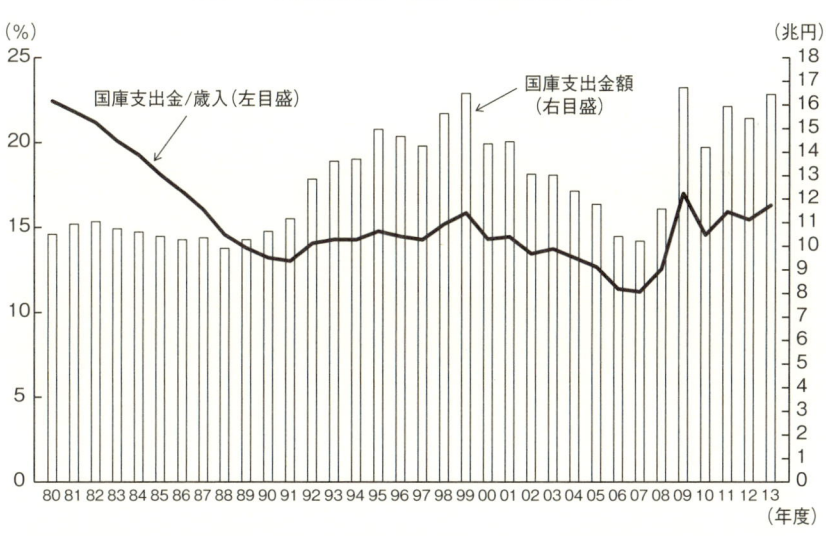

表9-1　国庫支出金の推移（普通会計、決算）

（資料）総務省編『地方財政統計年報』、総務省「平成25年度地方公共団体普通会計決算の概要」により作成

ない。しかし、国庫支出金のなかで規模が大きいことから、削減対象として俎上にのぼった。

　こうした大幅な総額の削減があり、国庫支出金は 2007 年度に 2010 兆円まで減少した。しかし、リーマン・ショックに端を発した世界同時不況に直面し、国庫支出金も増額され、上記のように 2013 年度で 16 兆円の規模となっている。

②内訳

　国庫支出金の内訳を、2013 年度地方財政計画から見てみよう（表 9-2）。国庫支出金の 3 区分のうち、委託金等はごくわずかで、国庫支出金全体の 1％にすぎない。しかも、2013 年度は参議院選挙があったため、これでも規模は大きい部類に入る年度である。

　3 区分で最も規模が大きいのは、国庫負担金である。国庫負担金の特徴として、個々に規模の大きなものが多く含まれることをあげられる。国庫支出金のなかで最大の生活保護費負担金は、それだけで 2.9 兆円と国庫支出金全体の 24％にのぼる。これは、市区及び都道府県が原則として実施する生活保護費の 4 分の 3 を国費で負担するものである[3]。この他、義務教育教職員給与の 3 分の 1 を国費で負担する義務教育費国庫負担金や、子供のための金銭の給付交付金も 1 兆円を超える規模である。ただし、このうち都道府県向けである義務教育費国庫負担金は、三位一体の改革における補助率の削減（それまでは国費で 2 分の 1 を負担）と少子化の影響により減少傾向にある。また、建設事業費に係る国庫負担金も減少傾向にある。一方、高齢化の影響により、主に市町村向けである生活保護費負担金は増加傾向にある。

　奨励的・財政援助的補助金は、項目数の割に金額はそれほど大きくない。これは、項目ごとの金額が小さいからである。国庫支出金全体に占める比率は全部合わせても 23％であり、上述の生活保護費負担金より小規模である。

第 9 章　国庫支出金

表 9-2　国庫支出金の区分と予算額（2013 年度地方財政計画）

区分		主な補助負担金	2013 年度予算額（億円）
委託費等		参議院議員通常選挙執行委託費	448
		生涯職業能力開発事業等委託費	318
		統計調査事務地方公共団体委託費	96
		小計	1,327
国庫負担金	一般行政経費に係る国庫負担金	義務教育費国庫負担金	14,879
		生活保護費負担金	28,595
		児童保護費等負担金	5,835
		子供のための金銭の給付交付金	14,311
		公立高等学校授業料不徴収交付金等	3,894
		小計	82,183
	建設事業費に係る国庫負担金	社会資本整備総合交付金の内数	1,707
		農山漁村地域整備交付金の内数	825
		小計	7,080
	災害復旧事業等に係る国庫負担金	河川等災害復旧事業費補助	252
		農業用施設災害復旧事業費補助	49
		小計	386
		計	89,649
奨励的・財政援助的補助金等	補助金	都道府県警察費補助金	302
		私立高等学校等経常費助成補助金	996
		在宅福祉事業費補助金	28
		厚生労働科学研究費補助金	440
		介護保険事業費補助金	49
		小計	22,800
	交付金	国有提供施設等所在市町村助成交付金	275
		交通安全対策特別交付金	706
		電源立地促進対策等交付金	1,289
		特定防衛施設周辺整備調整交付金	299
		小計	4,727
		計	27,527
合計			118,503

（注）公立高等学校授業料不徴収交付金等の等は、高等学校等就学支援金交付金
（資料）総務省「平成 25 年度地方団体の歳入歳出総額の見込額」により作成

3 問題点と最近の動き

①問題点

　国庫支出金には、従来からいくつかの問題点が指摘されてきた。それは、一定の部分について、国による恣意性の強い配分があること、国が地方公共団体を支配するツールとなり自主的な行財政運営の妨げとなること、国庫支出金のメニューと地方公共団体のニーズが乖離していること、などである。その象徴的な姿として、予算査定の時期に地方公共団体の首長や議会関係者などによる国への陳情等があげられた。確かに、そうした指摘には、首肯せざるを得ない面もあるだろう。しかし、それは国庫支出金のすべてに当てはまる批判ではない。

　先にあげた国庫支出金の3分類のうち、委託金等と国庫負担金はこうした批判に該当しないだろう。もちろん、そうした事務事業を地方公共団体が担うことや財源の負担割合など論点は残るものの、恣意性や地方公共団体の支配といった事柄とは無関係だろう。そもそも、委託金等と国庫負担金の対象となる事務は、一定の水準を国全体で保障すべきナショナル・ミニマムあるいはナショナル・スタンダードに該当する部分である。

　上記の批判が最も当てはまる可能性が高いのは、奨励的・財政援助的補助金等である。特定事業の奨励や特殊な財政需要への補助に相当する奨励的・財政援助的補助金等は、国が推奨する事業や地方公共団体の利害に関連するものであり、ナショナル・ミニマムなどに該当する訳ではない。また、委託金等と国庫負担金は対象が地方財政法によって明示され、負担割合も決まっている。それに対して、奨励的・財政援助的補助金等は、対象はもちろん負担割合についても一定の決まりはない。しかし、三位一体の改革では削減規模を明示したことなどから、国庫負担金中心の削減となってしまったのは先に見た通りである。

②自由度を高める動き

　もちろん奨励的・財政援助的補助金等のなかにも、廃止すべきではないもの

第9章 国庫支出金

も多数含まれていると考えられる。そして、数が多い奨励的・財政援助的補助金等の精査には、時間を要する。そこで、国庫支出金をめぐる問題点を緩和し、地方公共団体にとって使い勝手の良いものにする試みとして、公共事業関連を中心に、使途の自由度の高い交付金を導入するようになった。

　自由度の高い交付金の導入は、社会資本整備総合交付金と農山漁村地域整備交付金が創設された2010年度が始まりである。国土交通省所管の社会資本整備事業などを交付金化したものが、社会資本整備総合交付金であった。対象は都道府県と市町村のすべてで、活力創出基盤、水の安全・安心基盤確保、市街地整備、地域住宅支援の4分野それぞれについて、基幹事業に関連社会資本整備事業・効果促進事業を組み合わせて自由に事業が実施できるようになった。公共事業関係費ではあるが、関連するソフト事業にも使用可能となった。農林水産省所管の社会資本整備事業などを交付金化したものが、農山漁村地域整備交付金である。従来の農業農村、森林、水産の各分野における公共事業関連の補助金を大幅に圧縮して、農林水産業分野横断的な自由度の高い交付金に変わった。

　2011年度には、社会資本整備総合交付金の対象4分野を統合することで、地方公共団体の選択の自由度がさらに高まった。また、各府省所管の都道府県向け投資関係補助金等の一部をまとめて内閣府予算として計上し、地域自主戦略交付金（沖縄振興自主戦略交付金を含む）を創設した。2011年度の地域自主戦略交付金は都道府県向けだけだが、対象は9事業と多岐にわたり所管府省も幅広かった[4]。地域自主戦略交付金のポイントは、各府省の枠にとらわれず地方公共団体が選択し使用できるようにしたこと、箇所付け等の国の事前関与を廃止し事後チェックを重視したこと、そして恣意性のない配分の導入である。内閣府が各地方公共団体への配分額を客観的指標に基づいて決定し、地方公共団体は対象事業のなかから、配分額の範囲内で自由に事業を選択できる仕組みであった。

　2012年度には、地域自主戦略交付金の対象が政令指定都市に拡大され、あわせて沖縄振興公共投資交付金（沖縄振興自主戦略交付金は廃止）が新設され

た。沖縄振興関連では、ソフト事業などに充当する沖縄振興特別調整交付金も新設され、沖縄振興公共投資交付金とともに沖縄振興一括交付金を構成した。地域自主戦略交付金の対象事業は拡大され、都道府県分について7事業が新たに加わり、計16事業から選択できるようになった。また、従来の9事業についても、そのうち5事業の内容が拡大された。政令指定都市分については、前年度の都道府県分9事業に加え、2事業が追加された。

　このように、公共事業関連の地方公共団体向け補助金等の使途の自由度は徐々に拡大されたが、政権交代に伴い、2012年度補正予算から内閣府が各府省所管の投資関係補助金等の一部をまとめて予算化していた地域自主戦略交付金が廃止され、府省縦割りの社会資本整備総合交付金と農山漁村地域整備交付金を大幅に拡大した。そして、社会資本整備総合交付金には、防災・安全交付金が新たに設けられた。防災・安全交付金は、地方公共団体が実施する防災や暮らしの安心に資する事業について、一括して地方公共団体に交付するものである。ハード事業中心だが、全体事業費の20％を目途として、ハザードマップ作成などのソフト事業も含まれる。

　その後、対象となる事業の大括化や効果促進事業の先進事例のリスト化など、地方公共団体の使い勝手向上を図る動きも見ることができる。省庁縦割りという大きな課題は未だ残るが、交付金そのものは定着していると見て良いだろう。

4　都道府県支出金

　市町村にとっては、国庫支出金の都道府県版として、都道府県支出金がある。名称は国庫支出金同様、様々なものがあるが、地方消費税交付金など一般財源として都道府県から市町村へ交付される税交付金は含まない。都道府県支出金は、地方財政法第30条などを法的根拠としている。都道府県支出金には、国庫支出金を伴うものと都道府県費のみのものがある。

　都道府県支出金の内容は各都道府県で異なるものの、基本的な構成は国庫支出金と同様、委託金、負担金、補助金となっている。専ら都道府県の利害に関

第9章 国庫支出金

わるものについて、効率性などの観点から市町村で実施する事業に対する財源として支出されるものが、委託金である。例えば、義務教育教職員は原則として都道府県が雇用し給与を支払うが、そのための事務の一部は義務教育機関の設置運営を行う市町村が実施している。そこで東京都では、その経費（教職員給与事務費）を、都支出金の一部（教育費委託金）として財源移転している。

負担金は、都道府県と市町村双方の利害に関わる事業で、市町村が実施する場合に必要な経費の一定割合を市町村に財源移転するものである。委託金と比較して、その内容は多岐にわたる。例えば民生委員・児童委員は、厚生労働大臣が委嘱する都道府県の非常勤公務員という位置付けである。その職務が地域に根差すものであり、市町村との連携が欠かせず、都道府県と市町村双方の利害が関わるものである。民生委員・児童委員に報酬は支払われないが、交通費や通信費等相当分としてわずかながら活動費が支給される。その際、市町村が金額を決定し支給する。そこで東京都で言えば、その経費の一部を民生費都負担金（民生・児童委員活動費）として財源移転している。

補助金は、基本的に市町村のみの利害に関わる事業について、都道府県が補助するものである。数のうえでは、委託金や負担金より多いケースが一般的で、内容は多様である。都道府県によって、その中身が大きく異なるのも特徴と言えるだろう。

2013年度決算における都道府県支出金は、総額3.5兆円である。国庫支出金とは異なり、都道府県支出金の推移は比較的安定しており、1980年代を通じて1兆円台、1992年度に2兆円台に乗って以来、2010年度までそれを維持していた[5]。市町村歳入に占める比率も、1987年度から2010年度まで4％台だった。それが、2011・12年度に大幅な増加となり、歳入に占める比率は2013年度に6.2％まで上昇した。

2012年度決算では、国庫支出金を伴うものが全体の61.8％を占め、都道府県費のみのものの2倍弱の規模となっている（表9-3）。国庫支出金を伴う都道府県支出金では、障害者自立支援給付費等負担金や子どものための金銭の給付交付金が、比較的規模の大きいものとなっている。なお、都道府県費のみの

ものは、各都道府県における独自色が強いため、その他がかなり大きい。

表 9-3 都道府県支出金の内訳（2012 年度）

区分	決算額（億円）	構成比（%）
国庫財源を伴うもの	21,256	61.8
児童保護費等負担金	1,382	4.0
障害者自立支援給付費等負担金	4,017	11.7
子どものための金銭の給付交付金	3,032	8.8
普通建設事業費支出金	2,351	6.8
災害復旧事業費支出金	934	2.7
委託金	628	1.8
電源立地地域対策交付金	219	0.6
石油貯蔵施設立地対策等交付金	50	0.1
その他	8,644	25.3
都道府県費のみのもの	13,112	38.2
普通建設事業費支出金	1,630	4.7
災害復旧事業費支出金	15	0.0
その他	11,467	33.5
合計	34,369	100.0

(注) 普通会計、決算ベース
(資料) 総務省編『地方財政白書』により作成

第 9 章　国庫支出金

注

1) 高率補助金の原則廃止の動きについては、参議院予算委員会調査室編（1992）に詳しい。
2) 物価上昇率は、2009 年度国民経済計算による年度単位の GDP デフレーター。
3) 生活保護行政は、市区部では市区が、町村部は都道府県が実施する。
4) 対象事業と所轄省は、次の通りである。信号機等：警察庁、耐震性貯水槽等：総務省、産業教育施設等：文部科学省、水道水源開発等：厚生労働省、農業農村・森林・水産等：農林水産省、工業用水道等：経済産業省、道路・河川・公園・住宅等：国土交通省、長距離自然歩道：環境省、動物収容・譲渡対策施設：環境省。
5) 都道府県支出金のデータは、総務省編『地方財政統計年報』による。

第10章　地方債

1　地方債制度

①定義

　まず、日本における地方債の定義を確認しておこう。地方債は、国債や社債の地方公共団体版と言えるものではあるが、定義に大きく異なる部分があるので注意が必要である。地方債制度研究会（2013）によると、地方債は次のすべてを満たすものである[1]。
　a．地方公共団体が負担する債務
　b．資金調達によって負担する債務
　c．証書借入または証券発行の形式を有する
　d．地方公共団体の課税権を実質的な担保とした債務
　e．債務の履行が一会計年度を超えて行われるもの

　つまり、地方公共団体の債務性を有するもので、債券を発行するものだけでなく証書方式のものを含み、債務の履行が一会計年度を超えて行われない一時借入金は債券発行を伴うものでも除かれる。また、第三セクターや公社など地方公共団体ではない組織の債務や地方公共団体による債務保証などは、地方債に含まれない。そして、日本の財政ルールでは、地方債は歳入の一部として取り扱われる。

　国債や社債と大きく異なるのは、地方「債」といっても証書方式によるものを含む点にある。国債や社債の場合、証券を発行する形式のみを指し、証書方式による借り入れは借入金として峻別される。また、地方債では、証券を発行するものだけでなく、証書方式によるものであっても、新たに地方債として債務を負うことを発行もしくは起債と言う。

②意義

　地方債には弊害も多いが、地方債制度研究会（2013）では、地方債の機能にもふれている[2]。第1に、財政支出と財政収入の年度間調整である。とくに多額の財源を必要とする事業について、地方債を財源とすることで財政負担の平準化が可能になる。第2に、住民負担の世代間調整である。地方債の使途を公共事業に限定して考えれば、事業の便益は将来にもわたる。そこで、地方債を用いることで、負担を将来の受益者である後世代にも負担させることが可能となる。ちなみに、日本の地方債の償還年限は、その地方債によって建設された施設等の耐用年数以内でなければならない。また、原則として地方債は、当該事業の必要財源のすべてではなく、一定割合でなければならない。第3は、一般財源の補完である。地方税や地方交付税など一般財源が不足する際、地方債により補完することで財源を確保する。第4は、国の経済政策との調整である。これは、地方債を財源とした地方公共団体主体の公共事業などが、国の景気対策において重要な役割を果たすことになる。

　こうした4つの機能のうち、第3と第4については、そもそも必要とされる本来の機能というよりは、現状で果たしている役割を追認しているに過ぎない。一方、第1と第2の機能は、完全に否定できるものではないだろう。つまり、地方債だからと言って、すべてを否定すべきではないということである。

③建設公債の原則

　各地方公共団体は、地方債の発行を自由に行うことができる訳ではない。国が定めた一定の枠組みのなかで、起債することになる。地方債の発行対象は、原則として公共事業などに限定されている。そのため、これを建設公債の原則と呼び、公共事業などの財源として発行される地方債を、建設公債あるいは建設地方債と言う。

　地方債発行の根拠は、地方財政法による。そのうち、建設公債の原則に関連するのは、第5条第1項である（表10-1）。国の場合（財政法第4条）と同様、原則は公債不発行である。そして、ただし書きにおいて、例外としての公債発

第10章 地方債

表10-1 地方財政法第5条第1項

> 第5条 地方公共団体の歳出は、地方債以外の歳入をもって、その財源としなければならない。ただし、次に掲げる場合においては、地方債をもってその財源とすることができる。
> 一 交通事業、ガス事業、水道事業その他地方公共団体の行う企業（略）
> 二 出資金及び貸付金の財源とする場合（略）
> 三 地方債の借換えのために要する経費の財源とする場合
> 四 災害応急事業費、災害復旧事業費及び災害救助事業費の財源とする場合
> 五 学校その他の文教施設、保育所その他の厚生施設、消防施設、道路、河川、港湾その他の土木施設等の公共施設又は公用施設の建設事業費（略）及び公共用若しくは公用に供する土地又はその代替地としてあらかじめ取得する土地の購入費（略）の財源とする場合

（注）条文中の略は、カッコ内で記載されているものを省略したことを示す。例えば一については、(以下「公営企業」という。)が本来のものである

行対象が記載されている点も国と同じである。しかし、その対象事業の内容は、財政法第4条で建設国債の対象として認められる公共事業[3]、出資金、貸付金と比較して範囲が広い。地方財政法第5条第1項で地方債の発行対象として認めているのは、公共事業が五、出資金と貸付金は二に記されている。国で一定の収益を期待できる事業への融資等に公債を用いる場合は財投債によるが、地方財政法第5条第1項では一に記され、公共事業などと同じ枠組みのなかにある[4]。また、国においては国債整理基金特別会計で発行する借換債（国債や地方債の償還財源を賄うもの）についても同様に、地方財政法第5条第1項三で根拠付けられている。さらに、災害関連の費用が同四において、全般的に起債対象となっている点も、国であれば公共事業関連に限定されるのとは異なっている。

このように、地方財政法第5条第1項は、一部災害関連の部分を除けば、国で言う建設国債と財投債、そして借換債を網羅したものと言える。つまり、赤字地方債を除いたものを全般的に地方債として認めており、広く捉えれば国と類似のルールと言っても良いかもしれない。

地方財政法第5条第1項で示された発行対象以外で、経常経費に充当するための地方債は、国と同様に赤字公債または赤字地方債と言う。ただしその発行

の根拠は、国のように別途特例法を制定するのではなく、地方財政法の附則で定められる。2014年度において、地方財政法の附則となる第33条で赤字地方債として発行が認められているのは、地方交付税の総額不足を補う臨時財政対策債、定年退職者等の退職金の財源に充てる退職手当債、そして地方税収が標準税収額を下回る場合にそれを補うため発行する減収補てん債の特例分だけである[5]。

④発行

地方債の発行は、原則として事前協議制となっている。地方債発行にあたり、都道府県及び政令指定都市は総務大臣に、政令指定都市を除く市区町村は都道府県知事に、事前の協議をするのが原則である。事前協議の結果、総務大臣や都道府県知事の同意が得られた場合、起債にあたり財政融資資金や地方公共団体金融機構資金など一般的に地方公共団体にとって発行条件が有利となる公的資金の利用や、元利償還にあたり地方交付税による財源措置の可能性がある。総務省は毎年度、地方債の同意基準（地方債同意等基準）を作成し、地方債計画、地方債充当率とともに事業別起債予定額や資金などを明示する。総務大臣や都道府県知事が不同意であっても、地方財政法第5条第1項の対象事業であれば、あらかじめ議会に報告することで、地方公共団体が独自に起債することも可能である。

協議に際しては、起債の目的、限度額、起債方法、資金、利率、償還方法、起債対象事業の総額、起債対象事業の財源内訳などを示さなければならない。また、地方財政法第5条第1項の対象事業であっても、その全額を地方債で充当して良い訳ではない。起債対象事業のうち、地方債によって財源を充当することが可能な割合を、起債充当率と言う。起債充当率は、災害関連のものや事業性を有する地方公営企業債などは100％だが、一般的な公共事業について、低いものでは基本が75％、細目では50％のものもある（表10-2）。ちなみに国債の場合、起債充当率という概念がなく、対象事業費の100％に相当する建設国債を発行可能である。

表10-2 基本となる事業別地方債充当率(2014年度)

通常収支分	一般会計債	公共事業等		90%
		公営住宅建設事業		100%
		災害復旧事業		100%
		教育・福祉施設等整備事業	学校教育施設等	90%
			社会福祉施設	80%
			一般廃棄物処理	90%
			一般補助施設等	75%
			施設（一般財源化分）	100%
		一般単独事業	一般	75%
			地域活性化	90%
			防災対策	90%
			地方道路等	90%
			旧合併特例	95%
			緊急防災・減災	100%
		辺地及び過疎対策事業		100%
		公共用地先行取得等事業		100%
		行政改革推進		100%
		調整		100%
	公営企業債			100%
	臨時財政対策債			100%
	退職手当債			100%
	国の予算等貸付金債			100%
東日本大震災分				100%

（注）上記は基本のもので、事業の細目によって充当率が異なる
（資料）総務省「平成26年度地方債充当率」により作成

ただし、次のいずれかの要件に該当する地方公共団体は、地方債の発行にあたり、総務大臣または都道府県知事の許可が必要である[6]。
○実質収支の赤字額が標準財政規模に応じて2.5～10%で段階的に設定した数値以上
○実質公債費比率が18%以上
○元利償還金の支払い遅延や虚偽記載など不適正行為

○普通税の税率が地方税法で定められた標準税率未満
○早期健全化基準以上

また、公営企業が発行する地方債についても、経営健全化基準以上の場合は許可制となる。

一方、2012年度には、協議制の枠組みのなかで、財政状況など一定の条件をクリアした地方公共団体が、民間等資金による地方債を発行する場合には協議を必要とせず、事前に総務大臣または都道府県知事に対して届け出をするだけで発行が可能な事前届出制が始まった[7]。2013年度において協議が不要で事前届出だけで済ますことが可能な地方公共団体は、47都道府県のうち33、1,742市区町村のうち1,583で、そのうち22都道府県、289市区町村が事前届出制を利用した。事前に届け出た地方債が、協議を受けたならば同意すると認められるものについては、同意債同様、元利償還にあたり地方交付税による財源措置の可能性がある。つまり、事前協議制を原則としながら、財政状況などに応じて、健全性などが一定以上確保されている地方公共団体は簡便な事前届出制で済み、財政指標などで問題のある地方公共団体は許可が必要、という仕組みである。

なお、2013年度まで、総務大臣または都道府県知事により不同意となった地方債が、地方公共団体の判断によって発行（いわゆる不同意債）された実績はない。

⑤償還

地方債の償還に関して、原則として国による債務保証は付かない[8]。しかし、一部許可制を残す事前協議制、公的資金の利用、元利償還における地方交付税措置、地方財政計画、地方債計画、地方財政健全化法などの存在から、実質的に国の債務保証が付いている状態に近いと評する向きもある[9]。

地方債の償還までの期間についても、国によって定められたルールがある。公共事業の場合、建設した公共施設等の税法上の耐用年数が上限となる。そのため、起債から現金償還までの期間が、起債対象事業によって異なる。地方債

第 10 章　地方債

の満期期間が耐用年数を下回る場合、地方債の発行で償還財源を賄う借換償還は可能だが、その場合にも、借換期間の限度は新規発行時点から耐用年数までとなる。

　国の場合、個別の公債充当事業とは無関係に、各年度の国債全体で 60 年償還ルールを適用するのが基本であり、地方債とは異なる。

2　種類と規模

①会計による区分

　地方債は、会計や借入先によって区分することができる。また、2012 年度地方債計画からは、通常収支分と東日本大震災分（それぞれ名称は年度により若干異なる）という区分もある。

　会計による区分では、地方税や地方交付税といった一般財源での償還を予定する一般会計債と、原則として事業収入などで償還が予定されている公営企業債に分けられる。なお、地方税などでの償還を予定していても、赤字地方債など特殊なものはその他に区分される。

　2015 年度地方債計画で見ると、一般会計債 5.1 兆円、公営企業債 2.5 兆円、その他 4.6 兆円、総計 12.2 兆円となっている（表 10-3）。このうち東日本大震災分は 0.3 兆円で、ほとんどが通常収支分である。さらに中身を見ると、赤字地方債である臨時財政対策債が 4.5 兆円と最大で、総計額の半分弱にのぼる。

　また、地方財政を統一的に見る会計区分で言えば、普通会計と地方公営事業会計に分けられる。2015 年度地方債計画で言えば、一般会計債とその他の多くが普通会計に該当し 9.8 兆円、公営企業債の多くが該当する地方公営事業会計 2.4 兆円となっている。

　決算で見れば、2013 年度の地方債発行総額は 14.6 兆円で、このうち東日本大震災分として 0.4 兆円が含まれる。地方債発行総額のうち、建設地方債は 8.6 兆円、臨時財政対策債など赤字地方債は 6.0 兆円となっている。普通会計における地方債発行額は 12.3 兆円で歳入の 12.2％を占め、地方税、地方交付税、

表 10-3　2015 年度地方債計画の概要

(単位：億円)

区分	項目	通常収支分	東日本大震災分	合計
一般会計債	公共事業等	16,389	-	16,389
	公営住宅建設事業	1,126	345	1,471
	災害復旧事業	647	33	680
	教育・福祉施設等整備事業	3,359	-	3,359
	全国防災事業	-	2,397	2,397
	一般単独事業	20,543	10	20,553
	辺地及び過疎対策事業	4,565	-	4,565
	公共用地先行取得等事業	345	-	345
	行政改革推進	1,000	-	1,000
	調整	100	-	100
	計	48,074	2,785	50,859
公営企業債	水道事業	4,334	2	4,336
	工業用水道事業	178	-	178
	交通事業	1,786	-	1,786
	電気事業・ガス事業	164	-	164
	港湾整備事業	544	-	544
	病院事業・介護サービス事業	4,116	1	4,117
	市場事業・と畜場事業	2,096	2	2,098
	地域開発事業	805	-	805
	下水道事業	10,981	17	10,998
	観光その他事業	114	-	114
	計	25,118	22	25,140
その他	被災施設借換債	-	15	15
	臨時財政対策債	45,250	-	45,250
	退職手当債	800	-	800
	(国の予算等貸付金債)	(345)	(20)	(365)
	総計	119,242	2,822	122,064

(注) 国の予算等貸付債は、災害援護資金貸付金などの国の予算等に基づく貸付金を財源とするもので、総計額に含まない
(資料) 総務省「平成 27 年度地方債計画」により作成

国庫支出金に次ぐ規模となっている。都道府県と市町村では、都道府県が 6.8 兆円で歳入の 13.1％、市町村は 5.5 兆円で 9.7％と、発行額と占める比率いずれも都道府県が大きい。また、普通会計において赤字地方債が 6.0 兆円を占めており、建設地方債の 6.2 兆円とほぼ同規模になっている。

地方公営事業会計における地方債発行額（2013 年度）は、2.3 兆円である。地方公営企業会計では、都道府県より市町村の規模が大きい。これは、公営企業会計で発行する地方債で最大の下水道事業が、市町村中心に整備されていることが原因である。

2013 年度末の地方債発行残高は、普通会計が 145.9 兆円となっている。このうち都道府県 89.7 兆円、市町村が 56.2 兆円と、やはり都道府県の残高が大きい。将来の実質的な負担額を見る場合、将来の支出を約束した債務負担行為（残高 14.5 兆円）、交付税及び譲与税配付金特別会計借入金（同 33.3 兆円）、公営企業債のうち経費負担区分の原則等による普通会計負担分（同 22.6 兆円）を加える一方、いわゆる貯金に相当する積立金現在高（同 22.4 兆円）を控除しなければならない。これらを加除した普通会計における将来の実質的負担になる 2013 年度末の残高は、194.0 兆円にのぼる。

2013 年度末の地方公営事業会計における地方債残高は、普通会計負担分を含め 48.3 兆円である。事業別で見ると、下水道が 28.1 兆円で最大規模を有しており、水道 8.8 兆円、病院 3.7 兆円、交通 3.4 兆円と続いている。

②借入先による区分

地方債を区分する場合、借入先の資金の種類も重要である。とくに、金融市場への影響を考える場合に有効な見方である。2012 年度普通会計決算で見てみよう（表10-4）。

借入先による区分では、まず資金の源泉が国内か海外かに分けられる。このうち海外のものは、外貨建ての資金と円建ての資金に分けられるが、ともに例年地方債全体に占める比率はわずかで、2012 年度はゼロだった。国内資金は、公的資金と民間等資金、そして交付公債からなる。このうち交付公債は、当面

の資金移動がなく後年度に支払いを約束した証券を債権者に交付する特殊な地方債で、2012年度の発行実績はゼロである。

かつて地方債を資金区分別で見ると、公的資金が過半を占めていたものの、2001年度の財政投融資改革を境にその割合が低下し、2012年度は全体の3分の1強にとどまる。ただし、市場公募などの少ない市町村では、現在でも公的資金の割合が過半を占める。公的資金は、財政融資資金、地方公共団体金融機構資金、国の予算等貸付金からなる。公的資金のなかで最大の財政融資資金は、国の財政投融資の一環として、国の政策との密接な関係や、資金調達能力の劣

表10-4 資金区分別2012年度地方債発行額（普通会計、決算）

(単位：億円)

区分				都道府県	市町村	純計額
国内資金	公的資金	財政融資資金		11,284	19,505	30,789
		地方公共団体金融機構資金		4,642	9,291	13,933
		国の予算等貸付		949	181	1,131
		計		16,876	28,977	45,853
	民間等資金	市場公募資金	個別発行	19,474	4,105	23,580
			共同発行	6,931	1,559	8,490
			住民公募	1,402	670	2,072
			計	28,306	6,384	34,690
		銀行等引受資金	ゆうちょ銀行	69	15	84
			市中銀行	22,022	9,775	31,796
			その他の金融機関	3,556	4,757	8,313
			かんぽ生命保険	425	70	495
			保険会社等	41	6	47
			共済等	5	1,252	1,257
			その他	437	709	844
			計	26,555	16,584	42,836
		計		54,861	22,968	77,527
海外資金		外国債		–	–	–
合計				71,737	51,945	123,379

(資料) 総務省編『地方財政統計年報』により作成

る地方公共団体への安定的資金確保などの観点から、地方債を引き受けている。地方公共団体金融機構資金は、2008年に全地方公共団体の出資によって設立された地方公共団体金融機構が、債券を発行して資本市場から資金調達し、公営企業から得た収益金の一部の運用益などを加え、地方公共団体に長期で低利な資金を供給するものである。公的資金の多くは財政融資資金と地方公共団体金融機構資金であり、国の予算等貸付金は、災害援護資金貸付金など国の予算等に基づく貸付金を財源とするもので、例外的な扱いのものである。

　民間等資金は、大きく市場公募資金と銀行等引受資金に分けられる。市場公募資金は、証券を発行して市場から資金を調達するもので、全国型（個別発行と共同発行）と住民公募型に細分化される。全国型のうち個別発行は、個別の地方公共団体が単独で発行するもので、比較的財政規模の大きい都道府県や政令指定都市によるものが多い。共同発行は、複数の地方公共団体が規模の大型化などのメリットを生かし費用を低下させるなどの目的で発行するもので、2014年度は24の道府県と12の政令指定都市が参加した。市場公募資金は、全国型の発行が都道府県と政令指定都市に限られることから、市町村の発行実績は都道府県に比べ少ない。住民公募型は、住民参加型とも呼ばれるもので、各地方公共団体が当該地域に居住する住民向けに発行し、一般的に国債よりも利回りが良く、購入者に特典が付くものもある。

　銀行等引受は、民間の金融機関や各種共済組合等から借り入れるものである。一部、ゆうちょ銀行、かんぽ生命保険、保険会社等の資金も含まれるが、多くは市中銀行による。市中銀行の多くは各地方公共団体の指定金融機関など、一定のつながりを持ったものであることが多い。銀行等引受は、都道府県、市町村ともに資金全体の3分の1程度で、大きな差はない。

3 推移

①概観（フロー）

　日本における地方債発行の推移を、原則として一般財源での元利償還を予定

している普通会計のもので検証してみる。まず、毎年度の発行額から見てみよう（図10-1）。

1980年代の普通会計における地方債発行額は5兆円前後、名目GDP比1.5%前後の水準で比較的安定していた。それがバブル崩壊後の1990年代前半になると、大幅な増加基調に転じ、発行額で10兆円超、名目GDP比2%超となった。最大の1995年度では発行額が17兆円、名目GDP比は3.4%となった。1990年代後半に入ると、大都市圏の地方公共団体などで財政危機が表面化しやや減少したものの、発行額で10兆円超、名目GDP比2%超が続いた。

アジア通貨危機（1997年）を経た2000年代初頭に再び増加基調となり、2003年度には14兆円、名目GDP比2.8%となるが、三位一体の改革（実施は2004～07年度）などの影響から、2004年度以降は減少した。2007年度決算における普通会計の地方債発行額は約10兆円あるものの、名目GDP比で見れば1.9%となり、1980年代にやや近い水準に戻った。しかし、リーマン・ショッ

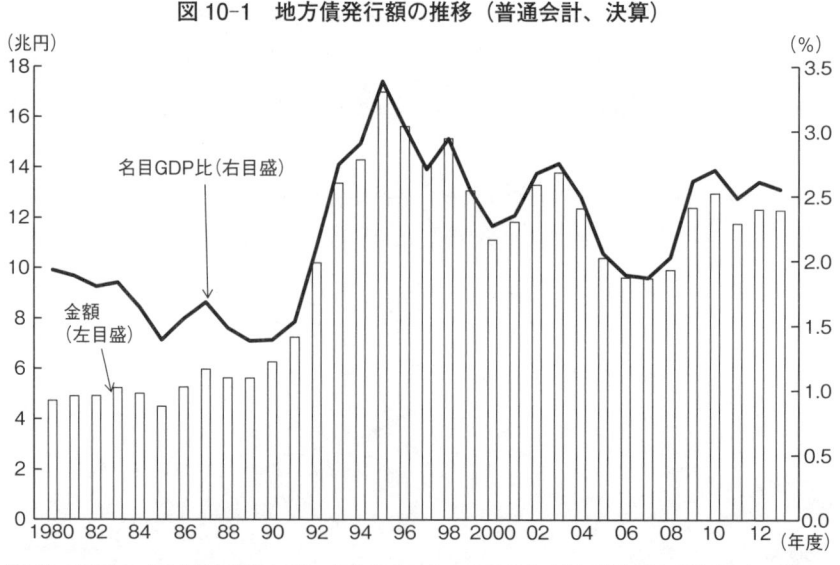

図10-1 地方債発行額の推移（普通会計、決算）

（資料）総務省編『地方財政統計年報』、総務省「平成25年度地方公共団体普通会計決算の概要」により作成

第10章　地方債

ク（2008年）に端を発した世界同時不況の影響から、再び地方債発行額は増加に転じ、2009年度以降は名目GDP比で見て2.5％前後で推移している。

②概観（ストック）

次に、毎年度末における地方債残高の推移を見てみよう（図10-2）。1980年代の地方債残高（普通会計債）は、金額こそやや累増傾向にあったものの、名目GDP比では12～13％とほぼ横ばいで推移していた。

それが1990年代以降になると、金額での累増はもちろん、名目GDP比で見ても上昇が顕著となった。2004年度末に一度ピークを迎え、地方債残高は141兆円、名目GDP比28％に達した。その後、三位一体の改革によって発行額が減少する一方、1990年代に大量発行した地方債のなかに満期を迎えるものが出だしたことから若干減少・下落し、2008年度末の地方債残高は137兆円、

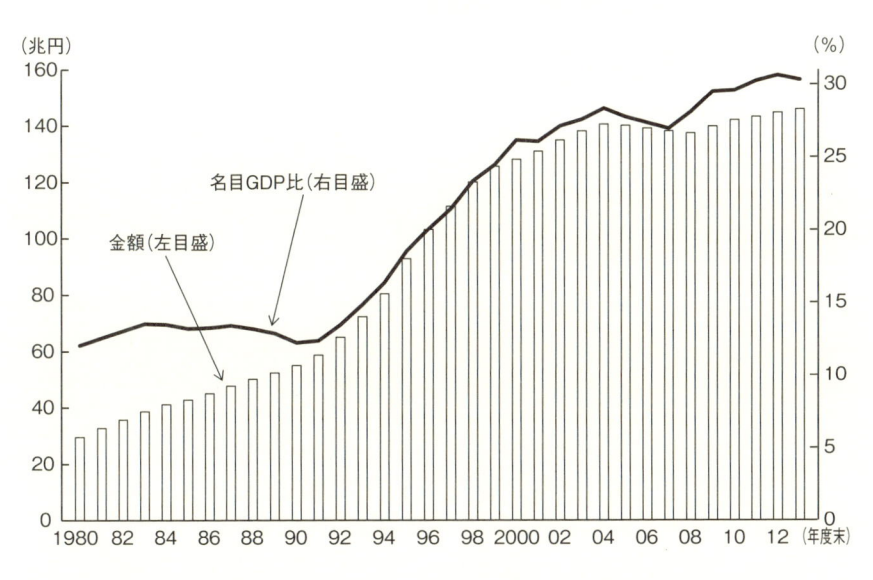

図10-2　地方債発行残高の推移（普通会計、決算）

（資料）総務省編『地方財政統計年報』、総務省「平成25年度地方公共団体普通会計決算の概要」により作成

名目GDP比27%となった。しかし、その後世界同時不況の影響による発行額の増加により再び累増し、2013年度末で146兆円、名目GDP比30%となった。この間、残高の金額での累増は大きくないのに対し、名目GDP比の上昇が目立つのは、物価の下落による名目GDP減少の影響が大きい。

③ 1990年代の累増の原因

図10-1や図10-2の通り、地方債の発行や発行残高は1990年代に大きく膨らんだ。その内訳を見ると、赤字地方債の発行はわずかで、建設地方債の増加が著しかった。1990年代で赤字地方債を最も多く発行したのは1996年度の減税補てん債の1.7兆円だが、普通会計における公債発行額全体の10.6%に過ぎない。1990年代において、減税補てん債の他、臨時税収補てん債という赤字地方債も発行されたが、やはり規模は小さく、また赤字地方債が一切発行されない年度もあった。一方、建設地方債の発行は、1990年度の6.3兆円（名目GDP比1.4%）が、ピークの1995年度には16.5兆円（同3.3%）と2.6倍に達した。その後、緩やかな減少傾向に転じるものの、それでも1999年度で12.7兆円（同2.5%）と高水準を保っていた。

日本では、地方債の発行対象は原則として投資的支出に限定されているうえ、起債充当率を設定して対象事業の一定割合までしか地方債による財源調達は認められていない。さらに、起債は自由でなく、2005年度までは総務大臣や都道府県知事の許可がなければ発行できず、2006年度以降でも事前協議に基づく同意がないと政府資金が利用できないなどの制約がある。こうした基本的な枠組みは、1980年代も1990年代も同じである。もちろん、1980年代にも地方債の発行に様々な問題は指摘されていたが、少なくとも規模の面では抑制されていた。

1990年代に入り地方債の発行が膨張したきっかけのひとつに、日米構造協議があった。日米構造協議とは、1989年9月から1990年6月にかけて、日米経済摩擦の原因だった貿易不均衡解消のために行われたもので、日本は市場の開放と内需拡大が求められた。これを受けて、1991～2000年度の総投資額を

430兆円とする公共投資基本計画が1990年に策定された。また、1994年10月には、1995～2004年度の総投資額を630兆円（弾力枠30兆円を含む）とする新たな公共投資基本計画が策定された[10]。

公共投資基本計画が策定されのはバブル景気のピーク時であり、将来の高齢化社会に備えるなどの名目も加えて、生活関連社会資本の整備などが謳われた。当初は、バブル経済に伴う税収増などである程度公共投資基本計画の財源を賄うこともできたが、バブル崩壊とともに公債発行への依存を強めることになった。また、1990年度の公的総資本形成全体の77％を地方政府が占めていたことから明らかなように、公共事業の増加分を国だけで消化できる訳ではなかった。また、国の財政赤字拡大が急激だったため、一部が地方公共団体へしわ寄せされたという側面もある。こうして、地方公共団体の公共事業も必然的に拡大することになった。さらに、バブル崩壊が明らかになり景気の低迷に拍車がかかるようになると、対米公約よりも景気対策として、公共事業を拡大させる側面が強くなった。

この時期、建設地方債膨張につながる大きな要因のひとつに、地方公共団体の公共事業を拡大させる国の誘導があった。国の誘導策として効力を発揮したものに、交付税措置をあげることができる。交付税措置とは、地方債の元利償還費の一部またはすべてを、普通交付税の基準財政需要額に算入することである。東京都のような地方税の豊かな普通交付税の不交付団体でなければ、普通交付税の増加につながる可能性が高い。地方公共団体によっては、交付税措置の付く地方債を「優良な県債」[11]と称するところもあった。

ただし、発行額のピークである1995年度の建設地方債が1990年度の2.6倍に達したのに対して、普通建設事業費は1.4倍にとどまった。金額で見ても、建設地方債が10.3兆円増加したのに対して、普通建設事業費は8.5兆円の増加である。この差の原因は、地方債の起債充当率の引き上げにある。起債充当率は、1993・94年度に大きく引き上げられた。それまで多くの公共事業の起債充当率は40％だったが、1993年度は80％、1994年度には95％が主流となった（その後90％へ引き下げられた）。地方債は、地方税の多寡に関わらず、ほ

とんどの地方公共団体にとって不可欠の存在である。また、第12章で詳述する地方財政健全化法において、資金繰りの状態を測る実質赤字比率では、地方債も地方税などと同様に歳入の一部と扱われる。実質赤字比率は、その数値が一定割合を超えると早期健全化段階や再生段階になる。そこで歳入の一部と扱われ、資金繰りのうえでも地方債は貴重な財源となる。このようにして、地方公共団体の公共事業拡大とともに、公共事業の財源に占める地方債の比率が上昇し、建設地方債の膨張が誘発されていった（図10-3）。

④ 2000年代の赤字地方債累増の原因

2000年度以降の地方債発行の特徴は、建設地方債が減少傾向の一方、赤字地方債の増加が著しい点にある（図10-4）。建設地方債の発行額は2000年度に10.6兆円あったが、2012年度は6.1兆円となっている。一方、赤字地方債の発行額は、2000年度に0.5兆円とわずかだったが、2010年度に建設地方債の発行額を抜き、2012年度は6.2兆円になった。公債発行額に占める赤字地

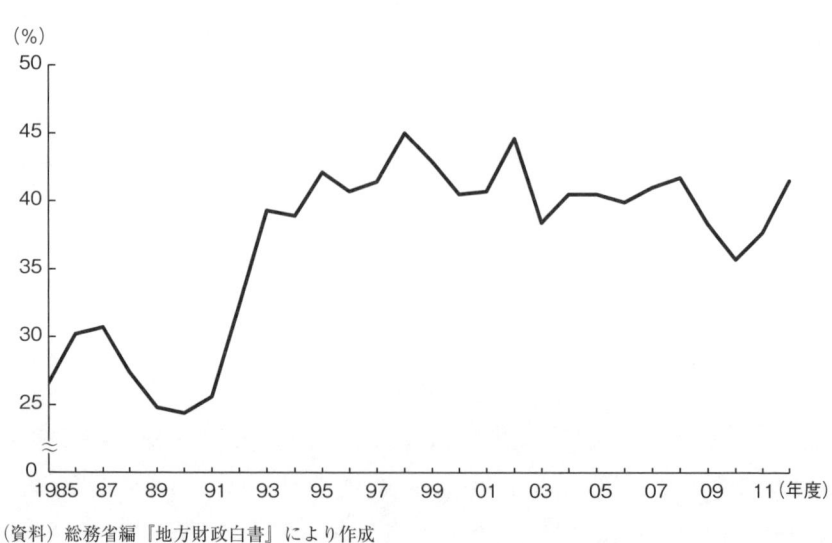

図10-3　普通建設事業費の財源に占める地方債の比率（決算）

（資料）総務省編『地方財政白書』により作成

第 10 章 地方債

債の比率で見ると、2000 年度は 4.3％ に過ぎなかったが、最も高かった 2010 年度は 56.5％、2012 年度で 50.4％ にのぼる。地方債発行額全体で見ると、2000 年度以降、9.6 兆円から 13.8 兆円の間で推移し、それほど大きな増減は見られない。建設地方債の減少を、赤字地方債の増加が埋めている格好である。

赤字地方債の増加の要因としては、2001 年度に発行を開始した臨時財政対策債が大きい。臨時財政対策債は、交付税及び譲与税配付金特別会計（交付税特会）における地方交付税の財源不足に対応するため、発行されている。臨時財政対策債は、地方財政計画の歳入に計上され、地方交付税の総額を抑制する効果をもつ。臨時財政対策債の発行以前は、交付税特会の借入金で資金の不足分を穴埋めしていた。交付税特会の借入金より臨時財政対策債の方が、債務者を明確にする点でまだ問題は小さいものの、本来であれば国税からの交付税率

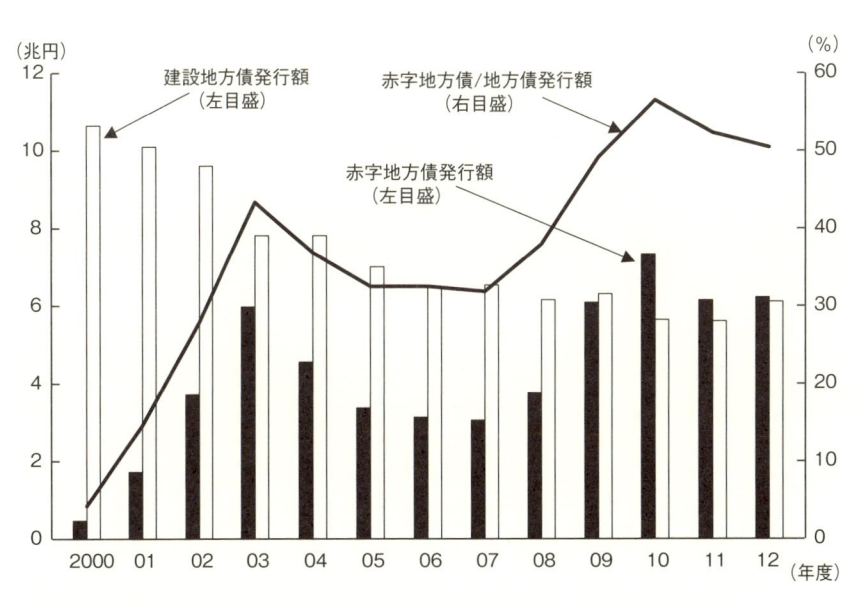

図 10-4 地方債発行額の推移（普通会計、決算）

（注）赤字地方債は、臨時財政対策債、退職手当債、減税補てん債、減収補塡債（特例分）
（資料）総務省編『地方財政白書』により作成

の引き上げ、もしくは地方財政計画の歳出抑制、あるいは地方税の増税で対応すべきものである。そのため、位置付けは名称通り臨時のものだが、2015年度現在において発行ゼロの目途は立っていない。

　建設地方債については、国による誘導が強く働いていたものの、地方公共団体の公共事業依存体質も増大の一因だった。しかし、赤字地方債について、かつては国の減税、昨今では交付税特会の資金繰りに由来するものであり、地方公共団体の責任は小さい。ただし、赤字地方債である臨時財政対策債の元利償還費は、普通交付税の算定で100％措置されるとともに、各種財政指標上、歳入の一部として扱われることから、地方公共団体にとっても当面利用しやすい財源であることは間違いない。

4　国際比較

①制度

　単一制国家の地方公共団体や連邦制国家における州を除く地方公共団体にとって、完全に独自の判断だけで自由に地方債を発行可能な国は少ない。数少ない例外は、スウェーデンである。ただし、スウェーデンの地方公共団体は、使途の制限などなく自由に地方債を発行可能だが、そもそも3年間での収支均衡を義務付けられたなかでの自由に過ぎないため、実際の縛りは却って厳しいと言えるかもしれない。

　日本では、全般的な許可制こそ2005年度限りで廃止されたものの、一部許可制を含むかなり厳格な事前協議制を採用している。また、日本も含め多くの国の地方公共団体において、地方債を発行する場合、何らかの形で議会の議決が必要である。

　主要先進国の地方公共団体では、地方債が充当できる支出を、投資支出に限定していることが比較的多い。フランス、イギリス、そしてアメリカの多くの州を、その例としてあげることができる。ただし、投資支出への限定について、その厳格さは国によって異なる。イギリスやフランスの地方公共団体は、経常

支出に充当する地方債の発行ができないのに対して、アメリカの多くの州では、経常支出に充当する地方債を発行しても罰則などはなく、実際に投資支出を超える財政赤字となることもある。

また、地方債の発行を投資支出に限定している国でも、日本の地方債における建設公債の原則のような、個別の地方債の発行から償還期限まで管理し、厳密に、後世代に負担なき受益を負わせないように意図された制度ではない。あくまで投資支出の範囲内で公債発行が可能と言う、イギリスのかつてのゴールデン・ルール（Golden Rule）やドイツのかつての建設公債の原則と同じものである[12]。日本のように起債充当率が定められていることはなく、償還期限も対象施設の耐用年数との関係から決まる訳ではない。そして、建設地方債と赤字地方債が、制度的に区分されていることもない。

地方債の消化についても、債券方式が圧倒的で市場における調達が一般的なアメリカを除けば、債券発行に限定せず、金融機関などから証書方式で融資を受ける国も多い。なかでもイギリスは、地方公共団体が債務を負う場合でも国（国家貸付資金：PWLB）がその資金を貸し付ける形を一般的としている。

②発行の実態と背景

SNAベースで見た日本の地方政府の財政赤字は、名目GDP比、支出比ともに、主要先進国の中で大きい訳ではない（表10-5）。一方、古いデータになるが、2002年における地方債発行残高の名目GDP比は、他の主要先進国に比べ著しく高い。これらの数値は、2000年代に入り地方債発行額が減少したものの、1990年代は大規模だったことを反映している。

先に見たように、日本の地方債制度が他の主要先進国に比べ、起債しやすくなっている訳ではない。逆に、制度上、地方債発行の際のハードルは高い部分が多い。それでも地方債発行残高が多い理由として、次の2点をあげることができる。ひとつは、赤字地方債の存在である。もうひとつは、そもそも投資支出が他の主要先進国に比べ大きいことである。日本は、国も含めて公共事業支出の水準が高く、その過半を地方公共団体が担っている。しかも、それが長期

間継続しているため、地方債残高累増の一因となった。日本における地方政府の公的総資本形成の名目 GDP 比は、2012 年で 2.4％と他の国に比べ高い。しかも日本のこの数値は、長期的に見てかなり低下した後のものである。

アメリカの地方公共団体には、連邦破産法第 9 章適用による、財政再建型の破綻法制度がある。一方、イギリス、フランス、ドイツ、そして日本では、地方公共団体向けの破綻法制度は存在しない。ただし、それは財政再建制度がないことを意味する訳ではない。地方債の上限規制（イギリス）、赤字解消を指導する制度（フランス）、財政が悪化した地方公共団体に財政均衡計画策定を義務付け（ドイツ）、といった様々な仕組みがある。日本においても、地方財政健全化法に基づき、早期是正を促したり財政再建を行う制度があり、有効に機能している（第 12 章参照）。

表 10-5　地方政府等の財政赤字の国際比較

(単位：％)

	日本	イギリス	フランス	ドイツ[注1]	アメリカ[注2]
財政赤字 名目 GDP 比	0.04 (2012 年)	0.26 (2013 年)	0.43 (2013 年)	− 0.09 (2013 年)	1.44 (2013 年)
財政赤字 支出比	0.2 (2012 年)	2.2 (2013 年)	3.6 (2013 年)	− 0.4 (2013 年)	7.7 (2013 年)
地方債残高 名目 GDP 比	34.6 (2002 年)	5.2 (2002 年)	7.0 (2002 年)	4.8 (2001 年)	（データなし）
公的総資本形成 名目 GDP 比	2.4 (2012 年)	1.2 (2013 年)	2.4 (2013 年)	1.5 (2013 年)	1.8 (2013 年)

(注) 1．ドイツは地方政府＋州政府のもので、マイナスは財政黒字を意味する
　　 2．アメリカは州政府のみ
(資料) OECD, National Accounts, OECD. 総務省 (2006)「諸外国の地方財政制度」（地方分権 21 世紀ビジョン懇談会提出資料）により作成

第 10 章　地方債

5　弊害

①資源配分の歪み

　地方債には一定の機能があるものの、地方債の規模が拡大すれば問題点も大きくなる。大規模な地方債発行の問題点は、大きく2点に分けられる。第1は、公共事業偏重など財政資源の配分に歪みをもたらすことである。第2は、地方債発行そのものが国債より弊害が大きいことである。

　日本における地方債の発行は、公共投資などを対象とすることが原則である。そのため、地方債の規模の増大は、地方財政法の附則に則り赤字地方債を発行しない限り、公共事業等の拡大を意味する。実際、地方債の推移で見た通り公共投資基本計画や景気対策などから、1990年代半ば過ぎまで公共事業が拡大された。例えニーズが高かったとしても、建設地方債の対象にならない教育や民生事業などのソフト事業より、公共事業が優先される問題がある。また、同じ景気対策としても減税より建設地方債の対象となる公共事業拡大が優先され、効果よりも財源確保ということで政策選択を歪めることも考えられる。

②国債より弊害が多い理由

　地方債が国債よりも弊害が大きい理由としては、3点あげられる。まず、フリー・ライダー（ただ乗り）発生の可能性が高いことである。地方債を発行してその分高い行政サービスを受けたり低い負担で済んだ後、地方債償還のために他の行政サービスの水準が低下したり負担が増すようなケースを考えてみよう。もしも地方債を発行し高い行政サービスまたは軽い負担を享受していた時期のみ当該地方公共団体に居住し、償還が始まるとともに転居すれば、本人の意図の有無とは別に結果としてフリー・ライダーとなる。もちろん、これは国債についても当てはまるが、国境を越えて転居する必要がある。一方、地方公共団体の枠を越えての転居は、すべての人に可能ではないが、少なくとも一部の人々にとって国境を越えるより易しいだろう。

　第2に、世代間の負担転嫁の可能性が国債より大きいことである。公債の世

代間転嫁については、古くから論争がなされてきたものの、完全に決着が付いたとは言い難い状態で、最近はあまり議論されなくなっている。そうしたなか、将来の世代に負担の転嫁がないとする論理の有力なひとつに、いわゆる「夫婦のポケット論」と呼ばれるものがある、これは、公債の償還時点に生きる世代へ償還負担は発生するものの、同じ当該世代が償還を受けるため、内国債であれば夫婦間で資金のやり取りをするようなもの、という考え方である。夫婦のポケット論は、かなり厳しい前提条件の下でなければ成立しないものだが、日本の国債が内国債を原則としていることもあり、支持する者も一定程度存在する。しかし、こうした考え方は地方債に該当しない。地方債の場合、当該地域内で発行や償還が完結することはほとんど考えられない。地方債の資金供給者は、国（政府資金）も含め多岐にわたり、償還相手も多岐にわたる。実際、2012年度末の普通会計債の残高145兆円のうち、政府資金等で53兆円、金融機関等が46兆円、市場公募資金43兆円などとなっている[13]。そのため、国債で言えば外国債を発行しているようなもので、償還時に償還財源を負担する者と償還を受ける者が夫婦の関係にはならない。

　第3に、資金調達コストが高い問題もある。地方債は、発行規模が小さいために流通市場がほとんど機能していない。実際、地方債の多くは債券方式ではなく証書方式で起債されている。そのため、規模が大きく流通市場が発達している国債よりも不利になる。また、新BIS規制において、リスク・ウェイトをゼロとしているものの、ごく一部の例外を除けば少なくとも形式的には国の保証はないので、どうしても国に比べ信用力が劣り、リスク・プレミアムが生じる。こうしたことから、国債に比べ地方債は全般的に資金調達コストが高くなる。

　地方公共団体の財源として、地方債発行に一定の意義は見出せるものの、債務はできるだけ小規模にとどめておく必要がある。

第 10 章　地方債

注

1) 地方債制度研究会編（2013）、1 頁。
2) 地方債制度研究会編（2013）、1 頁。
3) 公共事業の対象範囲についても、国債より地方債の方が広い。例えば耐用年数 10 年程度のものは建設国債の発行対象外だが、建設地方債では対象となる。また、建設事業と一体として整備される備品のうち、一品当たり 20 万円以上で耐用年数が 5 年以上のものも建設地方債の対象となる。
4) 財投債は特別会計に関する法律第 62 条第 1 項、借換債は同法第 46 条を根拠として発行する。
5) 減収補てん債には、地方財政法第 5 条第 1 項に基づき建設地方債として発行されるものと、第 5 条の特例として発行される特例分がある。減収補てん債は、地方税収が標準税収額を下回る場合にそれを補うため発行するという性格上、地方債計画では金額が計上されず、その他同意等の見込まれる項目として記載される。
6) 実質収支とは、形式収支（歳入決算－歳出決算）から、翌年度への繰越財源（継続費の逓次繰越や繰越明許費繰越等）を控除したもの。標準財政規模とは、標準的な規模の収入額（臨時財政対策債発行可能額を含む）のこと。実質公債費比率とは、普通会計の一般財源のうち実質的な公債費（交付税措置分を除く）充当分の占める割合を意味し、3 年平均値として示される。
7) 事前届出制の対象となる地方公共団体は、元々許可が必要ではなく、実質公債費比率が 16％未満、実質赤字額・連結実施赤字比率が 0、将来負担比率が都道府県と政令指定都市で 300％以下・その他市区町村で 200％以下、発行する地方債の総額が標準財政規模及び公営企業の事業規模の当該年度前 3 年度平均で 25％以下、という条件をすべて満たす必要がある。
8) 例外として国の保証が付く地方債は、外貨で支払われる地方債（外貨地方債）のうち、「国際復興開発銀行等からの外貨の受け入れに関する特別措置に関する法律」に基づくものに限られる。ただし、2001 年度以降は政府保証付き外貨地方債の発行がなく、2012 年度末において残高もゼロとなっている。なお、政府保証の付かない外貨地方債は、地方債全体のごく一部だが、残高がある。
9) 例えば、地方債制度研究会（2013）では、「「暗黙の政府保証」との指摘がされることがある」（141 頁）としている。
10) 1997 年 6 月に再改訂されて最終年度が 2007 年度へと延長となった後、2002 年、小泉政

権において公共投資基本計画は廃止された。

11) 例えば 1986 年 2 月 29 日、岩手県議会（定例会）において増田知事（当時）は、「近年、一定の条件のもとに後年度の財政負担が軽減される措置が講じられているところでございまして、より一層これら優良な県債を活用することによりまして、社会資本の整備を初め、各種事業を積極的に推進していく、こういう考え方をとったところでございます。」と述べている。

12) イギリスのゴールデン・ルールは、ブレア政権（1997 〜 2007 年）などにおいて、財政収支目標のひとつとして掲げられていた。そこでは、景気循環を通じて、公債発行を投資支出の資金調達の範囲内に限定し、経常支出のための財源には用いないというものであった。ドイツの建設公債の原則は、旧西ドイツ時代の 1969 年に導入され、2009 年に現行の起債制限規定に改正されるまでの間、実施されていたものである。投資支出の金額を公債発行の上限とするものだが、経済全体の均衡のかく乱を防止するための公債発行は例外とされていた。地方債を含めた建設公債の原則については、浅羽（2013）を参照せよ。

13) 借入先別に見た地方債残高は、総務省編『地方財政白書』による。

第11章 地方公営企業

1 地方公営企業

①意義

　地方公営企業とは、地方公共団体が経営する企業の総称である。地方公営企業の存在意義は、まず当該地方公共団体における住民の福祉の増進に資することである。その点では、普通会計において地方税や地方交付税などを財源に実施する事業と変わりはない。普通会計で実施する事業と決定的に異なるのは、原則として受益者負担に基づく独立採算によって運営されることである。

　ただし、独立採算が可能なものであっても、民間で十分に実施可能な事業を地方公共団体が経営しては、単なる民業圧迫になる。そこで、住民のニーズがあり住民の福祉の向上に必要な事業であっても、民間が当該地域において実施が困難な場合や、不十分な量しか提供できないケースにおいて、地方公共団体が実施する。例えば、病院や路線バスの運営などが考えられる。

　また、費用逓減産業のケースも考えられる。費用逓減産業とは、供給量に応じてかかる可変費用に対して、供給量とは独立してかかる固定費用が圧倒的に大きい産業で、一般的には電力や電車などがその例としてあげられる。こうした産業では、いわゆる規模の利益が巨大なため、民間企業にそのすべてを任せてしまうと、市場の独占を目指すことになり、仮に独占が果たされると独占的価格として高い価格が常態化する。一方、多くの企業が乱立していると規模の利益が働かなくなるため、価格が高くなることや、共倒れによる供給量の不足の心配もある。そのため、政府が自ら経営することや、独占を認める代わりに価格の規制を行うなどの対策が講じられる。とくに生活に不可欠な財やサービスを提供する産業の場合、そうした方策は不可欠である。

　こうした費用逓減産業で、地域性のあるものの例としてあげられるのが上下

水道である。上水道が、住民の生活に不可欠であることは言うまでもない。また、下水道が住民の福祉の向上に資することも、疑う余地はないだろう。いずれも、大規模な施設や水道管など多額の固定費用を要する事業である。また、受益者負担による運営が可能な事業である。そこで、市町村が地域独占的に経営することによって、安定しかつ低価格での供給を担っている。

②種類と特徴

　地方公営企業について規定しているのは、地方公営企業法である。地方公営企業法では、諸規定の適用が必要な事業を定めている。それが、水道、工業用水道、交通（軌道）、交通（自動車）、交通（鉄道）、電気、ガス、病院の各事業である。これらの事業は、地方公営企業法の諸規定の適用が必須なため、当然適用事業と呼ばれる。一方、地方公営企業法諸規定適用は必須でなく、かつ任意でも適用していない事業を、法非適用事業と呼ぶ。法非適用事業には、交通（船舶）、簡易水道、港湾整備市場、と畜場、観光施設、宅地造成、公共下水道、介護サービス、駐車場整備、有料道路、その他（有線放送や廃棄物等処理施設等）の各事業がある。なお、こうした事業でも、地方公営企業法諸規定を任意で適用することは可能で、実際に適用した場合、それらは任意適用事業と呼ばれる。そして、当然適用事業と任意適用事業を合わせて法適用事業と呼び、設置する地方公共団体に対して特別交付税算定などでの優遇措置がある。

　法適用事業の特徴として、企業会計方式の採用があげられる。一般会計では、いわゆる官庁会計方式に基づいて、現金主義及び単式簿記で経理される。それに対して企業会計方式では、発生主義や複式簿記に基づく経理の処理が必要となる。具体的には、損益取引と資本取引の区分、期間計算や費用配分、資産・負債・資本の概念がある、PL（損益計算書）とBS（貸借対照表）の作成、などがあげられる。発生主義とは、現金の授受に関わらず、財産価値の減少・増加・移動の事実が発生した時を基準に、計算整理する会計処理の原則のことである。発生主義のもとで、借入金は収入に計上されず、債務償還費を支出に含まない。また、借入金によって施設を建設した場合、負債と資産にそれぞれ計

上し、その施設の価値が減った分（例えば経年劣化）を減価償却費として支出に計上する。発生主義は、現金主義に比べ複雑でわかりづらい面はあるものの、当該企業等の財務状況を適格に捉えられる利点がある。

　法適用企業の経営状況は、純損益、経常損益、総収支比率、経常収支比率等によって示される。純損益とは、総収益と総費用の差額で、総収益が総費用を上回る場合が純利益、逆を純損失と呼ぶ。経常損益は、総収益から特別利益を控除した経常収益と、総費用から特別損失を控除したものの差額で、経常収益が経常費用を上回ると経常利益、逆の場合が経常損失である。総収支比率とは総費用に対する総収益の割合を示し、経常収支比率は経常費用に対する経常収益の割合である。それぞれの比率は、100％を上回っていれば黒字を、下回っていれば赤字を意味する。

③決算状況

　地方公営企業の現状について、2013年度決算を見てみよう（表11-1）。事業数は、合計8,703にのぼる。事業数で最多のものは下水道事業で、全事業数の41.8％に相当する3,639となっている。それに次ぐのは、水道事業の2,111（全事業数の24.2％）である。

　職員数は総計35万人で、全地方公務員275万人の12.6％になる。一般行政部門や教育部門には及ばないものの、警察部門の28万人や消防部門の16万人を凌ぐ規模である。事業の種類別に見ると、事業数では3番目だった病院事業が、全職員数の64.1％を占める22万人と圧倒的な規模である。それに続くのが水道事業の5万人で、全職員の13.6％になる。

　決算規模は、17兆円である[1]。普通会計の決算額97兆円と比べ2割弱の規模である。決算規模で最大なのは、事業数の最も多い下水道事業である。6兆円の決算規模で、全事業の32.7％を占める。これに続くのが職員数最大の病院事業で、全体の27.0％に相当する5兆円である。

　法適用企業の純損益は4,159億円の黒字、法非適用企業の実質収支（歳入歳出差引額（形式収支）から翌年度へ繰り越すべき財源を除いたもので他会計繰

表11-1　地方公営企業決算の概要(2013年度)

事業の種類	事業数	職員数（人）	決算規模（億円）	事業別総収支額（億円）	企業債発行額（億円）	他会計繰入金（億円）
水道（含簡水）	2,111	47,108	39,126	2,518	3,640	2,158
工業用水道	154	1,693	1,981	274	190	184
交通	91	26,741	10,081	770	1,197	1,212
電気	79	1,793	1,126	158	101	15
ガス	28	1,048	1,176	20	37	18
病院	642	221,774	45,536	△429	2,789	7,165
下水道	3,639	28,860	55,244	1,405	11,443	17,925
その他	1,959	16,815	14,448	365	3,300	2,582
合計	8,703	345,832	168,717	5,081	22,697	31,259

(資料) 総務省自治財政局編『地方公営企業年鑑』により作成

入金等を含む）は923億円の黒字となっており、合計すると5,081億円の黒字である。総事業数のうち、88.3％が黒字で、残りの11.7％が赤字だった。法非適用企業では97.7％の企業が黒字だったのに対して、法適用企業の黒字は70.7％にとどまっている。事業別に見ると病院事業のみ429億円の赤字で、他の事業は合計すると黒字であった。

企業債発行額は2兆2,697億円で、事業別に見ると、下水道事業の11,443億円が全体の50.4％を占め最大で、水道事業、病院事業、交通事業が続いている。2013年度末の企業債現在高は48兆3,886億円で、発行額同様に下水道事業が最大の28兆873億円であり、全体の58.0％を占めている。主に一般会計から公営企業に繰り入れられた他会計繰入金は、3兆1,259億円にのぼる。事業別ではやはり下水道事業が最大で、病院事業、水道事業、交通事業が続く。

④推移

公営企業のこれまでの推移を検証してみよう。事業数では、2002年度末の12,613をピークに、減少を続けている。2013年度末までの11年間で、31.0％に相当する3,910の事業数が減少した（図11-1）。これは、市町村合併や事業

第 11 章　地方公営企業

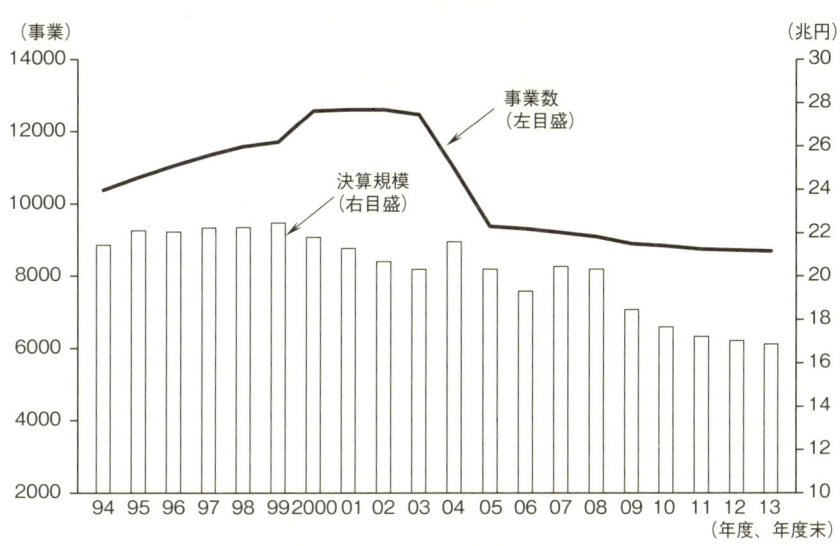

図 11-1　地方公営企業の推移

（資料）総務省自治財政局編『地方公営企業年鑑』により作成

の整理が主な原因である。事業の種類別に見ると、事業数が大きく減少したのは水道事業で、2002 年度末に 3,629 あったものが、2013 年度末までに 1,518 減少して 2,111 となった。水道事業自体が廃止される訳ではなく、この原因の多くは市町村合併による事業の統合にある。この他、下水道事業の減少（ピークの 2003 年度の 4,956 が 2013 年度は 3,639）も大きく、これも市町村合併が主な要因である。減少の割合で言えば、ガス事業が著しい。2002 年度末に 61 あったものが、2013 年度末には 28 と半分以下になっている。一方、病院事業は 2002 年度末の 758 が 2013 年度末で 642 と、他の事業と比較すれば減少率が小さい。

　決算規模のピークは、1999 年度の 22.5 兆円だった。2013 年度はピーク時と比べ 24.9％減少している。これは、事業の整理が大きな要因である。ただし、事業数のようにピーク後常に減少を続けている訳ではなく、2004 年度や 2007 年度のように増加した年度もある。決算規模でこの間の減少が著しいのは下水

道事業で、1999年度に8兆359億円あったものが、2013年度までに1兆1,142億円、割合にして31.3％減少した。交通事業は下水道事業を減少率でさらに上回り、この間31.9％減少した。一方、病院事業は1999年度の4兆7,001億円から3.1％の減少にとどまっている。

職員数のピークは、2000年度の418,056人だった。その後職員数は減少を続けたが、2013年度の職員数をピーク時と比較した減少率は17.3％で、事業数や決算規模と比べ減少率は小幅にとどまっている。これは、職員数で最大の病院事業が、他の事業に比べそれほど縮小していないことが大きい。2000年度の病院事業の職員数は233,273人で地方公営企業の全職員数の55.8％だったが、2013年度は221,774人で64.1％を占めている。

⑤課題

地方公営企業は、独立採算を原則としながら、重要な住民サービスを提供しており、全体として見れば住民生活にとって欠かすことのできないものである。しかし、課題もいくつか浮かび上がっている。

なかでも、経済性と公共の福祉の両立が最大の課題である。原則として独立採算ながら、2013年度における他会計からの繰り入れが、決算規模の9.0％に相当する。下水道事業が最大で決算規模の32.4％、次いで病院事業が15.7％相当の繰り入れが行われている。繰り入れの多くは一般会計からのもので、事実上の収入補填の役割を果たしている。下水道事業は2013年度末時点の普及率が77.0％で、整備を進めている途中である[2]。とくに、徳島県の16.8％をはじめ地方圏での普及が遅れており、採算を取りにくい状態である。そのため、ある程度の補填は不可避な地方公共団体が多いものの、受益者負担を原則とする事業のため、無原則な補填は避けなければならない。

赤字の発生や、累積欠損金の存在も問題である。決算規模が最大だった1999年度には、地方公営企業全体で見て396億円の赤字だった。とくに交通事業の赤字が大きく、1,677億円の赤字だった。また、それに次ぐ病院事業も952億円の赤字だった。2013年度では事業全体で黒字、交通事業も黒字となっ

ており、1999年度当時より経営的にはかなり健全な姿になっている。しかし、2013年度の黒字事業の比率88.3%は、1999年度の87.3%と大きく変わりがない。また、規模は縮小したものの病院事業の赤字構造は変わっていない。さらに、法適用企業における累積欠損金が4.9兆円にのぼり、2008年度のピーク時の5.1兆円と比較し減少しているとはいえ、それほど大きな変化は見られない（図11-2）。とくに現在でも赤字の続く病院事業の累積欠損金（2013年度末2.0兆円）が累増しており、長期にわたり最大だった交通事業（同2.1兆円）に近付いている。

　地方公営企業は、その意義や必要性、そして事業手法の選択について、常に見直しが求められる。本当に地方公共団体が経営すべきか、他の事業手法はないか、そもそも住民のニーズがあるかなど、問い続けなければならない。とくに赤字発生事業では、単に赤字を問題視するだけでなく、地方公共団体における位置付けなども含め、議論すべきである。

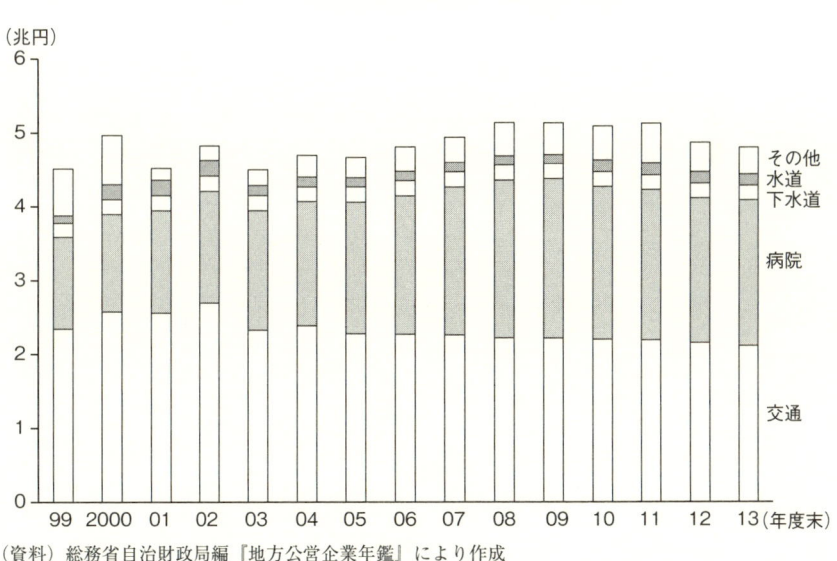

図11-2　累積欠損金の推移（法適用企業）

（資料）総務省自治財政局編『地方公営企業年鑑』により作成

2 その他の事業等

①収益事業

　地方公営企業以外にも、地方公共団体が実施する様々な事業等が存在する。まず、収益事業を見てみよう。収益事業は、公営競技と宝くじ事業に分けることができる。日本の刑法では、第186条において賭博場の開帳や常習とばくなど、第187条で富くじの発売・取次・授受を禁じている。その例外が、公営競技や宝くじである。

　公営競技は、産業の助成と収益の還元を目的として地方公共団体が実施するもので、競馬、自転車競走（競輪）、小型自動車競走（オートバイレース）、モーターボート競走（競艇）がある。産業の助成という目的もあるが、収益事業として地方公共団体の財源への貢献が求められる。バブル景気のピークだった1990年度には、公営競技合計で5,198億円の収益をあげ、地方公共団体の財源に大きく貢献した。公営競技の種類別で見ても、すべて黒字であった。

　しかし、2012年度決算では、合計23億円の赤字となっている（表11-2）。事業別で見ても、黒字となったのは小型自動車競走とモーターボート競走で、

表11-2　収益事業の経営状況（2012年度）

	競馬	自転車競走	小型自動車競走	モーターボート競走	公営競技計	宝くじ	合計
収益（百万円）	△25,294	△3,309	2,201	24,122	△2,280	390,384	388,104
売上（百万円）	334,068	609,334	75,817	915,129	1,934,348	898,235	2,832,583
収益率（％）	△7.6	△0.5	2.9	2.6	△2.6	43.5	13.7
施行団体数	51	60	7	105	223	67	290
都道府県	11	7	1	1	20	47	67
市町村	40	53	6	104	203	20	223

（資料）総務省編『地方財政白書』により作成

競馬と自転車競走は赤字だった。しかも赤字の傾向は継続しており、地方財政への貢献ではなく、逆に負担となっている。そうしたこともあり、公営競技を実施する地方公共団体は減少傾向にある。1990年度に505の地方公共団体（28都道府県と477市町村）が施行していたものの、2012年度では223（20都道府県と203市町村）と半数にも満たない[3]。

一方、宝くじ事業は、1990年度の46.0％と比較すればやや低下しているが、2012年度で43.5％という高い収益率を維持している。そのため、公営競技とは異なり、施行する地方公共団体は67（47都道府県と20市町村）で、1990年度の58（47都道府県と11市町村）と比べ増加している。

②保険事業等

地方公共団体が行う事業には、国民健康保険事業や介護保険事業といった保険事業もある。

国民皆医療制度の下、農業従事者や自営業者等が対象の医療保険が、国民健康保険である。保険者は市区町村で、保険料（税）や国庫支出金などを財源として、医療保険給付を行っている。歳入歳出差引額（形式収支）から翌年度へ繰り越すべき財源を除いた実質収支は、2012年度決算で黒字だった。しかし、実質収支から財源補填を意味する他会計繰入金と都道府県支出金を控除し、繰出金を加えた再差引収支は、赤字となっている。再差引収支の赤字は継続的なもので、市区町村財政を圧迫する要因となっている。

その他にも、地方公共団体は各種事業を実施している。例えば、75歳以上の後期高齢者を対象とした後期高齢者医療事業、少額の会費で交通事故被災者を助け合う交通災害共済事業などがある。

③介護保険事業

保険事業のなかで、介護保険事業に注目してみよう。介護保険は、高齢者の介護を主たるリスクと想定して、2000年度にスタートした社会保険制度である。国が制度化しているものだが、介護保険の保険者は市区町村である。複数

の地方公共団体が共同で広域連合を組む例もあることから、2014年8月末における保険者数は1,579となっている。介護サービスにかかる費用の9割が介護保険の給付費から支払われ、残りの1割が利用者による自己負担である。

介護保険の給付費の50％は公費負担で、市区町村12.5％、都道府県12.5％、国25％となっている（施設等給付の場合、市区町村12.5％、都道府県17.5％、国20％）。残りの50％は、被保険者による保険料で賄われる。

保険者である市区町村は、3年を1期とする介護保険事業計画を策定し、3年ごとに見直す必要がある。保険料は、事業計画に定めるサービス基盤の整備やサービス利用の見込みに応じて、3年間を通じて財政の均衡を保つことができるように設定される。介護保険事業は、実質収支、再差引収支ともに黒字を維持している。

被保険者は、65歳以上の第1号被保険者（2,978万人、2011年度）と、40歳から64歳までの第2号被保険者（4,299万人、同）である。第1号被保険者と第2号被保険者の保険料のバランスは人口比で設定され、2012年度から2014年度の間は、給付費の21％分が第1号被保険者、29％分が第2号被保険者からの保険料で賄われる。

65歳以上の第1号被保険者の保険料は、市区町村が原則として公的年金から天引きして徴収する。保険料は被保険者本人の収入に定率で課せられ、保険料率は、保険者ごとに設定される。ただし、低所得者への配慮から、一定の収入額以下の被保険者には、市町村民税の課税状況等に応じて保険料率が段階別に設定される。2014年度の保険料は、全国の加重平均額で月額4,972円となっている。

40歳から64歳の第2号被保険者は、各医療保険者を通じて保険料を徴収する。全国の第2号被保険者1人あたりの保険料額を計算し、これを各医療保険者が被保険者数に応じて納付する。各保険者は定率の保険料率を決め、被用者保険であれば標準報酬月額や標準賞与額、市町村国保であれば所得などに課す（市町村国保では均等割部分などもある）。例えば、2014年度の協会けんぽの介護保険料率は、総報酬額の1.72％（労使折半、全国一律）である。

被保険者は、市区町村で申請し医師などの診断を受け、介護認定審査会を経て要介護認定を受けることで、介護保険からサービスを受給できる。受給要件は、寝たきりや認知症等で介護が必要な状態の要介護（5段階）か、日常生活に支援が必要な状態の要支援（2段階）である。ただし、第2号被保険者は、末期がんや関節リウマチ等の加齢による特定の疾病で要介護、要支援になった場合のみ認定される。2014年8月における要介護認定者は、65歳以上の第1号被保険者が581万人、第2号被保険者が15万人だった。

要介護認定を受けると、所得に関わらず1割の利用者負担で、利用者が自ら種類や事業者を選択し介護サービスを利用できる。月々の自己負担額が上限を超えた場合、その分が払い戻される制度もある。介護サービスを提供する事業者は、民間企業、農協、生協、NPOなど多様な形態によるものが認められている。

3 地方公共団体が密接に関わる組織

地方公共団体が密接に関わる組織として、第三セクター、地方三公社、地方独立行政法人も重要である。

第三セクターとは、地方公共団体が出資している社団法人、財団法人、株式会社などを言う。第三セクターは、2013年度末に6,730法人あり、このうち社団法人・財団法人が3,228法人、株式会社などが3,502法人となっている[4]。第三セクターの数は、2003年度末には8,357法人あったが、10年間で19.5％減少した。とくに社団法人・財団法人の減少が大きく、同時期に28.8％減少している。

第三セクターの業務分野は多岐にわたるが、法人数で最も多いものは農林水産である。これは、森林や農業用地の保全事業、地元の農林産物を使用した加工・製造・販売事業など、様々な農林水産業の振興を行う目的のもので、1,198法人にのぼる。また、株式会社札幌ドームや株式会社エムウェーブなど観光・レジャーが、1146法人ある。さらに、教育・文化も、1,013法人にのぼる。例

えば神奈川県で言えば、神奈川芸術文化財団や神奈川文学振興会（ともに公益財団法人）がある。その他にも、鉄道では多摩都市モノレール株式会社や埼玉高速鉄道株式会社など、商工では東京ビックサイトなどを保有する東京臨海ホールディングスなど、多様である。さらに、指定管理者として公共施設の管理運営者となっている法人が、第三セクター全体の38.6％に相当する2,600法人ある。

　第三セクターは、民の機動性や弾力性を発揮したうえ、市場による規律やガバナンスが働くことで、高い効率性を得られるとともに、地方公共団体の出資により官の信用力が加わり、低い費用で高い成果を得られる組織になると期待して創設されてきた。しかし、現実には短所が目立つ法人が存在する。第三セクターの短所としては、曖昧な責任の所在をあげられる。第三セクター全体で見た地方公共団体の出資額は2.2兆円で、出資比率は51.9％である。設立時の経営見通しに甘さがあり、運営においても民と官がともに主導的な役割を果たさず、結果として赤字を出し廃止された法人も少なくない。

　2013年度において、赤字を計上した第三セクターは全体の39.2％にのぼり、第三セクターの統廃合を進めているにも関わらず、厳しい状況である（表11-3）。とくに国際交流や教育・文化といった業務分野で、赤字法人が多い。債務超過に陥っている第三セクターも4.3％（233法人）ある。なかには設立して日が浅く、初期投資が大きい影響で一時的に債務超過となっている法人もあるが、多くは厳しい経営状況にある。業務分野で見ると、運輸・道路や観光・レジャーで債務超過の割合が高い。

　地方三公社とは、地方住宅供給公社、地方道路公社、土地開発公社のことを言う。地方住宅供給公社は、住宅の分譲、住宅や関連施設の建設、宅地造成、賃貸、管理などを行うもので、都道府県と政令指定都市が設立できる。地方道路公社は、有料道路の維持管理を行い、地方住宅供給公社同様、都道府県と政令指定都市が設立可能である。土地開発公社は都道府県や政令指定都市以外の市町村でも設立でき、地域に必要な公有地となる土地の先行取得や造成、管理などを行う。2013年度末で、地方住宅供給公社が47法人、地方道路公社35

第11章　地方公営企業

法人、土地開発公社822法人、合計904法人ある。

地方三公社は、不動産を取り扱うものが多いため、1990年代のバブル崩壊の影響が大きく、経営状況の悪化等により法人数は長期的に見て減少傾向にある。2013年度までの10年間の減少率は43.1%にのぼり、第三セクターの減少率を大きく上回っている。残った地方三公社の経営状況も厳しい法人が多く、2013年度に赤字を計上した法人は全体の44.4%にのぼる（表11-3）。地方三公社のうち、地方道路公社の赤字法人は11.4%（4法人）にとどまるものの、法人数の多い土地開発公社が46.6%（382法人）、地方住宅供給公社でも29.5%（13法人）が赤字となっている。また、債務超過に陥っている法人も5.5%（49法人）で、第三セクターの比率を上回る。債務超過の法人の比率では、地方住宅供給公社が最も高い13.6%（6法人）で、土地開発公社の4.9%（40法人）がそれに続いている。

住民に対して必要なサービスでも、地方公共団体が必ずしも直接実施する必要はなく、しかし民間に任せ切ることができない事業について、その実施主体として地方公共団体によって設立されるのが地方独立行政法人である。地方独立行政法人の役職員は、非公務員型の一般地方独立行政法人が主流だが、地方公務員型の特定地方独立行政法人の設立も可能である。地方独立行政法人の特徴として、地方公共団体と比較した人事や給与等の自由度の大きさ、役員報酬や退職手当の業績連動、外部評価を受けなければならないこと、企業会計に準じた会計処理、複数年度にわたる目標や計画の設定（中期目標、中期計画）、などがあげられる。

地方独立行政法人は、2013年度末で111法人ある。このうち、公立大学や試験研究機関といった教育・文化分野が63法人、公立病院など社会福祉・保健医療分野が39法人と多い。2013年度の経営状況で見ると、赤字は全体の17.1%の19法人で、債務超過は2法人のみとなっており、第三セクターや地方三公社より健全な状況である（表11-3）。これは、地方独立行政法人の仕組みが2003年にできた新しいもので、主に国の独立行政法人の地方公共団体版ではあるものの、経営面で第三セクターや地方三公社の失敗例も参考にして作

られたことが大きい。ただし、ほとんどの法人が地方公共団体から補助金を受けて運営されており、経営環境の厳しさは変わらない。

表11-3 第三セクター等の経営状況（法人数の構成比、2013年度）

		第三セクター	地方三公社	地方独立行政法人
経常損益	黒字	60.8%	55.6%	82.9%
	赤字	39.2%	44.4%	17.1%
純資産又は正味財産	資産超過	95.7%	94.5%	98.2%
	債務超過	4.3%	5.5%	1.8%
地公体から補助金	なし	54.5%	76.3%	2.7%
	あり	45.5%	23.7%	97.3%
地公体から借入	なし	90.4%	70.4%	58.6%
	あり	9.6%	29.6%	41.4%
地公体以外からの借入	なし	76.5%	46.2%	99.1%
	あり	23.5%	53.8%	0.9%

（資料）総務省自治財政局公営企業課編「第三セクター等の状況に関する調査結果」により作成

注

1) 決算規模の算出は、総務省「地方公営企業決算の概要」によって、次の通りと定義されている。法適用企業は、総費用（税込み）－減価償却費＋資本的支出、法非適用企業は、総費用＋資本的支出＋積立金＋繰上充用金、である。
2) 公益財団法人日本下水道協会Webサイト、http://www.jswa.jp/rate/、2014年10月26日アクセス。なお、東日本大震災による影響で、福島県は調査対象から外されている。
3) 公営競技と宝くじを実施する地方公共団体数は、総務省編『地方財政白書』による。
4) 株式会社などには、会社法に基づき設立された法人すべてが含まれる。なお、第三セクターに関するデータは、総務省自治財政局公営企業課編「第三セクター等の状況に関する調査結果」による。

第12章 地方財政健全化法と財政指標

1 地方財政健全化法成立の背景

①破綻法制の議論

　小泉政権（2001年〜06年）のキー・ワードのなかに、「改革」と「市場メカニズム」があった。そして、改革や市場メカニズムは、地方財政にも及んだ。まず、競争条件を整備するためのひとつとして、財政基盤の強い地方公共団体の育成を目的に、いわゆるアメとムチを利用した平成の大合併を推し進めた。また、2004年度からは三位一体の改革も実施され、それまで比較的重視されていた地方公共団体にとっての使途の自由度よりも、自主財源という点が強調されるようになった。

　また、竹中総務大臣（2005年10月〜2006年9月）によって、地方債発行の自由化や貸手責任追及（デフォルト等）などの検討の方向性が示された。その背景には、アメリカの地方債において、格付取得や連邦破産法制適用など、市場による起債のチェックが財政規律の確保に効果をあげているという考え方があった。そして、こうした流れのなか、地方公共団体のいわゆる破綻法制の整備が議論されるようになった。

　地方公共団体の財政再建に関する従来の制度は、1955年にできた地方財政再建促進特別措置法に基づくものであった。同法は、戦後混乱期の影響が抜け切れていない当時の地方公共団体の再建を目的として制定されたものである。その後は、同法の規定の一部を準用する形で財政再建に活用されてきた。起債制限などに結び付く指標としては、実質収支比率と起債制限比率が用いられてきた。実質収支比率とは、普通会計における資金繰りの状態を示すもので、歳入には地方債も含まれる。この実質収支比率の赤字が一定の水準を超えると厳しい起債制限が掛かり、解消するには地方財政再建促進特別措置法のもとで準

用財政再建団体になる必要があった。その際、当該地方公共団体の申し出により、きわめて厳しい財政再建計画を作成・決議（総務大臣の同意が必要）しなければならない。そして、その実施にあたり、実質的に国などの管理下に入る形となる。起債制限比率とは、普通会計の一般財源のうち実質的な公債費（交付税措置分を除く）充当分の占める割合のことで、これも一定の基準を超えると起債に制限が掛かるようになっていた。

　破綻法制整備の議論を主導したのは、総務大臣のもとに設置された地方分権21世紀ビジョン懇談会であった。地方分権21世紀ビジョン懇談会の報告書（2006年5月）では、「いわゆる"破綻"の意味するところを明確にし、透明な早期是正措置によってその事態を回避し、再生への道筋を明らかにすることが重要」とし、「いわゆる"再生型破綻法制"の検討に早期に着手し、3年以内に整備すべきである」とした。そして、「いわゆる"再生型破綻法制"の制度の概要を今秋までに作成・公表すべき」と明示した。同報告書では、「「自由、責任、自立」をキーワード」[1]にして、地方債の完全自由化なども提言している。

　こうして地方債の市場メカニズム活用の方向が明らかになるなか、2006年6月にいわゆる夕張ショックが起こった。後に発覚したのだが、北海道夕張市は観光事業や公立病院などで多額の累積債務があったものの、不適正な資金繰りにより表面上の数値を取り繕っていた。しかし、無理な資金繰りに限界が近付いたことや報道等で財政状況が明らかにされたこともあって、市が準用財政再建団体申請を表明するに至った。

　夕張ショックは、議論の終盤に差し掛かろうとしていた破綻法制の内容に強い影響を与えるとともに、新たな枠組みが必要という点では強い後押しの役割を果たした。そして2007年6月、「地方公共団体の財政の健全化に関する法律」（以下、地方財政健全化法）が成立した。

②夕張ショックのポイントと与えた影響

　夕張ショックは、地方財政健全化法の内容に強い影響を与えたと考えられる。夕張ショックのポイントと、浮かんだ対応策をまとめておこう。

第12章 地方財政健全化法と財政指標

　まず、従来の地方財政再建促進特別措置法では対処し切れない問題として、4点あげられる。第1に、それまでの財政指標の不十分さである。夕張市の実質収支比率は、夕張ショックの前年度まで黒字で推移していた。しかし、不適正な資金繰りが明らかになった途端に実質収支は大幅な赤字となり、一気に準用財政再建団体となるに至った。これにより、従来の指標だけでは地方公共団体の財政状況を把握するのに不十分であることが明らかになった。

　第2に、いきなり準用財政再建団体とするのではなく、その前にいわゆる警告を発し、地方公共団体や住民に危機意識を持たせ、早めの財政再建を促す仕組みの必要性が明らかとなった。準用財政再建団体になると、きわめて厳しい財政再建策を長期間強いられることになる。そうすると、ただでさえ財政基盤が弱いうえに、行政サービスの低下の長期化が住民や企業の離散を招き、より税収等が減少し財政状況を悪化させかねない。

　第3に、一般会計以外が夕張市の財政破綻の主要因だったことをあげられる。夕張市では、とくに観光事業特別会計や病院事業特別会計で債務が累増していた。しかし、従来の指標では一般会計中心の普通会計だけが対象範囲のため、チェックが不十分だった。そのため、地方公営事業会計なども含めた指標の必要性が明らかとなった。

　第4に、チェック機能強化の必要性である。夕張市の場合、決算の正当性が担保されていなかった。夕張市のケースはいわゆる「飛ばし」による不適切な会計処理に基づくもので、一般化して考えるべきではないだろう。夕張市では、出納整理期間に予算や決算に計上する必要がない一時借入金を悪用して、表面上の資金繰りを取り繕っていた。しかし、こうした特殊な事例からも、重要な示唆が得られた。それが、チェック機能強化の必要性である。従来も、議会や監査委員によって各地方公共団体の財政運営は予算、決算、財産処理などの際にチェックされてきたはずだが、その責任の範囲は必ずしも明確ではない部分があった。なかには議会の審議が形骸化している例も指摘されており、チェック機能強化が不可欠となった。

　破綻法制の方向性に大きく修正を迫るポイントとして、債務調整を含む地方

債の自由化など、市場メカニズムの考え方を地方財政制度に導入することの難しさも明らかになった。まず、債務調整の一環として、貸し手責任を問うことの困難さが示された。夕張市の場合でも貸し手責任を問う声はあがったが、仮に何らかの貸し手責任を負わせた場合、他の地方公共団体に多大な影響を及ぼすことが強く懸念された。財政状況の悪化した地方公共団体の債務にデフォルト（債務不履行）やリスケジュール（返済繰り延べ）を実行する規定を導入すれば、多くの地方公共団体で起債が困難になったり、金利が急上昇する可能性が高い。実際、夕張ショック後、地方債の金利は軒並み上昇した。そのため、少なくとも当面、デフォルトやリスケジュール等の導入は非現実的で、金融機関のモラル・ハザード防止策が必要となった。

　市場メカニズムを地方公共団体により強く求める動きも、修正を余儀なくされた。夕張市では、財政再建の期間は2006年度から2024年度までの19年間となっている。そうした再建期間の長さに加えて、給与水準の大幅切り下げや小中学校の統廃合など多くの歳出削減策が計画に盛り込まれている。一方、様々な負担増加も含まれているが、そもそも歳入に占める自主財源の割合が非常に小さいこともあって、負担増の財政再建への貢献は相対的に小さい。また、歳出削減にしても、いわゆるナショナル・スタンダードは維持する必要があり、おのずと限界がある。こうしたことは、景気回復や税源移譲の恩恵が少ない地方公共団体の存在を強調する形となり、一定程度の財政調整制度の必要性を示した。

　さらに、夕張市の破綻は、合併政策の限界も示した。夕張市やそれに準じる財政状態の地方公共団体は、なかなか合併の対象とはなりにくい。そのため、合併による財政基盤強化にも限界があると考えるべきだろう。

2　地方財政健全化法

①概要

　地方財政健全化法の特徴として、いわゆるイエロー・カード（予備的段階）

第12章 地方財政健全化法と財政指標

の導入があげられる。いきなり厳しくかつ強制的な財政再建を迫るのではなく、財政状況の悪化時に自主的な財政再建を実施できる仕組みが作られた。また、普通会計に加えて公営企業会計などとの連結ベースの指標も導入された。普通会計だけでは地方公共団体の活動を網羅できる訳ではなく、財政悪化の原因が公営企業などにある場合にも対応可能になっている。さらに、監視機能強化も特徴のひとつである。議会や監査委員による地方公共団体の財政運営への監視を従来より厳格化し、住民の代表としての機能を一層果たすことが期待されている。地方財政健全化法は、従来の地方財政再建促進特別措置法と同様、財政の悪化した地方公共団体を再生することが目的のひとつなので、引き続き再生時の国の継続的な関与も盛り込まれている。

　地方財政健全化法では、4種類の健全化判断比率を用いて、地方公共団体の財政状況を3段階に区分し、1つの指標で地方公共団体（組合及び地方開発事業団を含む）が経営する公営企業会計を2段階に区分する。このうち地方公共団体については、4つの健全化判断比率のすべてで一定の基準（早期健全化基準）未満となり、とくに問題のない地方公共団体は健全段階に区分される。健全段階に区分された地方公共団体にとっての必要事項は、財政指標の整備や住民等への適切な情報開示などである。もちろん、健全段階に区分されてもあくまで当該年度の指標によるものであって、将来の健全性が保障されている訳ではなく、健全な財政運営を続ける必要がある。

　地方財政健全化法で新規に導入された区分が、早期健全化段階である。4指標のうちひとつでも早期健全化基準以上になった場合、早期健全化段階に区分される。早期健全化段階の狙いはあくまで警告を発することにあり、地方公共団体の自主的な改善努力が基本となる。ただし、財政健全化計画の策定と議会での議決、実施、そして公表が必要事項となり、都道府県、政令指定都市、中核市以外でも外部監査が義務付けられる[2]。あくまで自主的な改善努力を原則としているが、必要に応じて総務大臣や知事による勧告も想定されている。早期健全化段階から健全段階への移行には、4種類の健全化判断比率のうち実質赤字比率は収支均衡まで健全化しなければならず、それ以外の3指標は早期健

全化基準値を下回る必要がある。

　再生段階は、従来の準用財政再建団体に相当する区分であり、再生基準のない将来負担比率を除く3指標のうちひとつでも再生基準以上になった場合に適用される。再生段階の基本スキームは、国や都道府県の関与による確実な再生である。財政再生計画を策定し議会で議決、それを総務大臣と協議して同意を得る必要がある。同意を得られない場合には、災害復旧事業等を除き地方債の発行が厳しく制限される。一方、同意を得られれば、再生振替特例債の起債が可能となり、資金繰りが楽になる。実際の財政運営が財政再生計画に合致しないと認められる場合等には、予算の変更などを総務大臣や知事から勧告されることもある。再生段階に区分されると、早期健全化段階への移行は認められず、健全段階になるまで財政再生を行う。健全段階への移行は、早期健全化段階からと同様である。

　公営企業会計は、経営健全段階と早期経営健全化段階の2段階に区分され、地方公共団体の再生段階に相当するものはない。資金不足比率が一定比率（経営健全化基準）を超えた公営企業会計を経営する地方公共団体は、経営健全化基準を下回るまで、経営の健全化に原則として自主的に取り組む必要がある。

②健全化判断比率等

　地方財政健全化法では、地方公共団体を区分する健全化判断比率として、フローに関する財政指標が3点、ストック関連の財政指標が1点ある。その他、公営企業会計についての指標が1点、設定されている（表12-1）。

　フローに関する財政指標には、まず従来の実質収支比率に相当する実質赤字比率がある。これは、普通会計の赤字に関する指標で、資金繰りの状態を測る。黒字であれば問題はないということで、赤字の場合のみ数値を示す点が、従来の実質収益比率との違いである。従来同様、収入には地方債が含まれ、赤字とは資金不足のことを指す。連結実質赤字比率は、地方財政健全化法において新規に設定された財政指標である。実質赤字比率が普通会計だけを見るのに対して、連結実質赤字比率では全会計を対象に資金繰りの状態を測る。実質赤字比

第 12 章　地方財政健全化法と財政指標

表 12-1　健全化判断比率等の算定方法・基準値

実質赤字比率
【意味】普通会計における資金繰り
【算定】実質赤字比率＝一般会計等の実質赤字額／標準財政規模
【基準値】許可制移行基準：市町村 2.5～10％（標準財政規模に応じる）、道府県 2.5％
　　　　　早期健全化基準：市町村 11.25～15％（標準財政規模に応じる）、道府県 3.75％
　　　　　財政再生基準：市町村 20％、道府県 5％

連結実質赤字比率
【意味】全会計の資金繰り
　　　　※一部事務組合、第三セクター、地方公社、広域連合等は対象外
【算定】連結実質赤字比率＝連結実質赤字額／標準財政規模
　　　　※公営企業の特別会計は資金不足（剰余）を赤字（黒字）と算定。また、解消可能資金不足額（例：売り出しを始めた土地の売却収入見込額）等を黒字要素として算入
【基準値】早期健全化基準：市町村 16.25～20％（標準財政規模に応じる）、道府県 8.75％
　　　　　財政再生基準：市町村 30％、道府県 15％

実質公債費比率
【意味】普通会計の一般財源のうち実質的な公債費（交付税措置分を除く）充当分の占める割合
【算定】実質公債費比率＝$((A + B) - (C + D)) / (E + F - D)$　3 年平均値
　　　A：地方債の元利償還金（繰上償還等を除く）
　　　B：地方債の元利償還金に準ずるもの
　　　C：元利償還金・準元利償還金充当特定財源
　　　D：基準財政需要額元利償還費算入額
　　　E：標準財政規模　F：臨時財政対策債発行可能額
【基準値】早期健全化基準：市町村・都道府県 25％
　　　　　財政再生基準：市町村・都道府県 35％

将来負担比率
【意味】普通会計が将来負担すべき実質的な負債の標準財政規模に対する比率
【算定】将来負担比率＝$(A - (B + C + D)) / (E - F)$
　　　A：将来負担額　B：充当可能基金額　C：特定財源見込額
　　　D：地方債現在高等に係る基準財政需要額算入見込額　E：標準財政規模
　　　F：元利償還金・準元利償還金に係る基準財政需要額算入額
　　　※将来負担額＝普通会計地方債現在高＋債務負担行為支出予定額
　　　　　＋企業債元金償還充当分普通会計繰入見込額
　　　　　＋組合等の地方債元金償還充当分の負担等見込額
　　　　　＋退職手当支給予定額の普通会計負担見込額
　　　　　＋一定の地公体設立法人の負債額等の普通会計負担見込額
　　　　　＋連結実質赤字額
　　　　　＋組合等の連結実質赤字額相当額のうち普通会計負担見込額
【基準値】早期健全化基準：市町村 350％、都道府県・政令市 400％（財政再生基準はなし）

資金不足比率（公営企業会計）
【意味】公営企業ごとの資金の不足額の事業の規模に対する比率
【算定】資金不足比率＝資金不足額／事業規模
　　　※資金不足額
　　　　法適用企業：流動負債＋建設改良費等以外の為の地方債現在高－流動資産
　　　　　　　　　　－解消可能資金不足額
　　　　非適用企業：繰上充用額＋支払・事業繰越＋建設改良費等以外の地方債現在高
　　　　　　　　　　－解消可能資金不足額
　　　※事業規模
　　　　法適用企業：営業収益額－受託工事収益額
　　　　非適用企業：営業収益相当収入額－受託工事収益相当収入額
【基準値】経営健全化基準：20％

（注）東京都の実質赤字比率及び連結実質赤字比率の基準値は、特別区があることから別途設定される
（資料）地方財政調査研究会編『地方公共団体財政健全化法のあらまし』地方財務協会、により作成

率同様、資金不足を示す赤字の場合に数値が示される。

　実質公債費比率は、従来の起債制限比率と基本的に同じものである。地方債の返済負担に関してフローとストックをつなぐ指標であり、普通会計における実質的な元利償還費の重さを測る。将来負担比率は、公営企業等を含む普通会計の実質的負債に関するストック指標であり、地方財政健全化法で新たに定められた。従来あまり重視されていなかった、実質的な負債の重さを測る指標である。

　公営企業会計が対象となる資金不足比率も、地方財政健全化法で新規に設けられた指標である。公営企業ごとに資金収支の累積不足額を表すもので、流動負債から流動資産を控除した額などで算定される。

　これらの健全化判断比率等の指標は、あくまで早期健全化や再生の段階を示すためのものである。財政状況や住民サービスの水準を、総合的に判断する指標ではない。財政指標が悪い場合には間違いなく問題があるものの、良いからと言って当該地方公共団体の自主財源が豊富な訳ではなく、行政サービスの水準を示すものでもない。そもそも資金繰りで大幅な黒字が出る状態は、地方公共団体が提供する行政サービスに比して、資金を過剰に集めているという意味で、却って問題があるとも言えるだろう。また、債務が軽いからと言って、社会資本整備が著しく劣っていては、住民生活にとってやはり問題があるだろう。

第12章 地方財政健全化法と財政指標

③議会・監査委員の責務

地方財政健全化法により、財政運営における議会や監査委員の重要性が増した。議会の基本的役割への追加事項として、健全化判断比率の報告を首長から必ず受けることになった。そしてそれを住民に公表するとともに、総務大臣及び知事に報告する義務を負っている。地方財政健全化法以前でも、主要な財政指標は議会で報告などされていたと思われるが、それが義務化されたことで、議員は「知らなかった」と言えなくなった。そして、決算と健全化判断比率の整合性や適正性、財政運営の維持可能性等のチェックが求められている。議会には、予算、決算、そして財産処理などの審議に加え、財務状況や財政運営に関する責任が加わった。また、早期健全化段階や再生段階に区分された場合、財政健全化計画や財政再生計画の議決が必要となり、事実上そうした計画の策定に関与する。

議会では、基本的に監査の厳正実施を確認する形で、健全化判断比率が適正に算出されているかチェックする。仮に健全段階であっても、早期健全化段階に近い指標がないかを確認し、ある場合にはその原因を検討する必要がある。また、健全化判断比率が健全段階でも、悪化している指標はないかという視点も重要である。悪化している指標があった場合、その原因が一時的なものか構造的なものか分析し、必要に応じて対策を考えなければならない。さらに、健全段階でも財政運営上無理をしていないかという点も重要であろう。基金取り崩しに過度に依存していないか、住民サービスを必要以上に犠牲にしていないか、一時借入金の処理は適正か、などを見る必要がある。その他、健全化判断比率に算定されない部分で将来負担を増すものはないか、とりわけ第三セクターの財務が悪化している場合など、早めの対応が重要となる。必要に応じて、他の類似地方公共団体や近隣の地方公共団体との比較もすべきであろう。

議会は、行政当局と良い意味での緊張関係の強化が求められる。より詳細な資料をより早く請求するなど、当局に対して厳しい姿勢を取り、疑問の目を向ける必要がある。岐阜県多治見市のように、財政健全化に関する独自の条例を制定した例もある[3]。

地方財政健全化法では、監査委員の役割も重くなった。監査委員の役割には、それまでの予算・決算・財産処理等の適正性審査に、財務状況や財政運営に関するチェック機能が加わった。具体的には、健全化判断比率の審査が加わった。地方公共団体の長から健全化判断比率と基礎財務データを受領し審査を行い、意見を付し議会に報告する。監査委員の責任としては、善良な管理者としての注意義務である善管注意義務が課せられている。

3 健全化判断比率等の実態

①地方公共団体

　2008年9月30日に、2007年度決算に基づく健全化判断比率の概要（速報）が総務省から公表された。ただし、2007年度決算では、財政指標の公表等に関わる規定の部分のみ施行された。そのため、早期健全化段階や再生段階に区分されることなく、また財政健全化計画や再生計画の作成義務もなく、本格的な開始前の予備期間の形であった。2007年度決算では、43市町村で早期健全化基準以上の指標があり、そのうち北海道夕張市、北海道赤平市、長野県大滝村は財政再生基準以上のものがあった（図12-1）。しかも、複数の指標で早期健全化基準以上になっているケースも多く、早期健全化基準以上の指標の延べ数では51あった。健全化判断比率のなかでも実質公債費比率で早期健全化基準以上の市町村が多く、33（うち財政再生基準以上が2）にのぼった。一方、都道府県では早期健全化基準以上の地方公共団体はなかったが、大阪府は実質赤字比率で赤字を計上した。

　2009年4月から、計画策定義務等に関わる規定が施行され、地方財政健全化法が本格的に始まった。そして、2008年度決算に基づく指標が公表され、早期健全化段階以上の地方公共団体は22市町村となった（都道府県はゼロ）。2007年度と比べ、3団体が新たに早期健全化基準以上となったものの、24団体は早期健全化基準以上から脱した。財政再生団体は、準用財政再建団体だった夕張市のみであった。早期健全化基準以上の市町村は、地方財政健全化法に

第12章　地方財政健全化法と財政指標

従い、2010年3月末日までに財政健全化計画や再生計画を策定し財政再建を始めた。

2009年度決算でも、早期健全化段階以上の地方公共団体は減少し、財政再生基準以上の夕張市を含め14市町村となった。また、2009年度の特徴として、新たに早期健全化基準以上となった地方公共団体がなかったこと、そして実質赤字比率及び連結実質赤字比率において、早期健全化基準以上の地方公共団体がゼロだったことをあげられる。夕張市は変わらず財政再生団体だったが、それまで実質赤字比率及び連結実質赤字比率でも財政再生基準以上だったものが早期健全化基準を下回り、実質公債費比率のみが財政再生基準以上となった。

その後、2010・11年度でも早期健全化基準以上の地方公共団体は減少を続け、2011年度決算において、財政再生団体は夕張市のみ、財政健全化団体は大阪府泉佐野市と青森県大鰐町のみとなった。しかも青森県大鰐町は早期健全化基準未満になりながら、財政再建を続けるとの理由で完了報告をしないだけで、早期健全化基準以上は夕張市と泉佐野市のみであった。そして、2012年度もその状態が続き、2013年度には泉佐野市が早期健全化基準を下回ったため、早期健全化基準以上の地方公共団体は、財政再生団体の夕張市のみとなった。

これまで、健全化判断比率が早期健全化基準以上になったことのある地方公共団体は、すべて市町村だった。そして、早期健全化基準以上になったことがある市町村には、元々地方税などの自主財源に恵まれない地方公共団体が多い。もちろん、地方税などが豊かではなく低い財政力でも、一見すると早期健全化基準とは無縁の地方公共団体の方が圧倒的に多い。しかし、地方税などが豊かではない地方公共団体の場合、観光施設事業などで失敗した場合、早期健全化基準以上になる可能性が高くなる。2007年度決算時点で財政再生基準以上だった王滝村では、当時公営企業として運営していた「おんたけスキー場」の経営悪化などで債務の返済が重くのしかかり、実質公債費比率で財政再生基準を超えていた。また、元々歳入に占める比率の低い地方税収が伸び悩むなか、地方交付税などが減少し一般財源の規模が縮小した一方、義務的経費である公債費がかさんだ結果、実質公債費比率が早期健全化基準以上になったというケース

もある。

　ただし、地方税などが少なく財政力の低い地方公共団体のみが、早期健全化基準以上になった訳でもない。例えば、2012年度まで財政健全化団体だった泉佐野市は、全国的に見れば、地方税など自主財源がかなり多い豊かな地方公共団体に属する。しかし、関西国際空港の開港にあわせた地域整備を短期間に推進したことなどで多額の地方債残高を抱え、将来負担比率が2007～12年度、連結実質赤字比率は2007～08年度で早期健全化基準以上となっていた。

　地方財政健全化法の施行以降、夕張市は再生段階に区分されている。しかし、法の趣旨からすると、健全化判断比率による財政運営が定着した現在となって

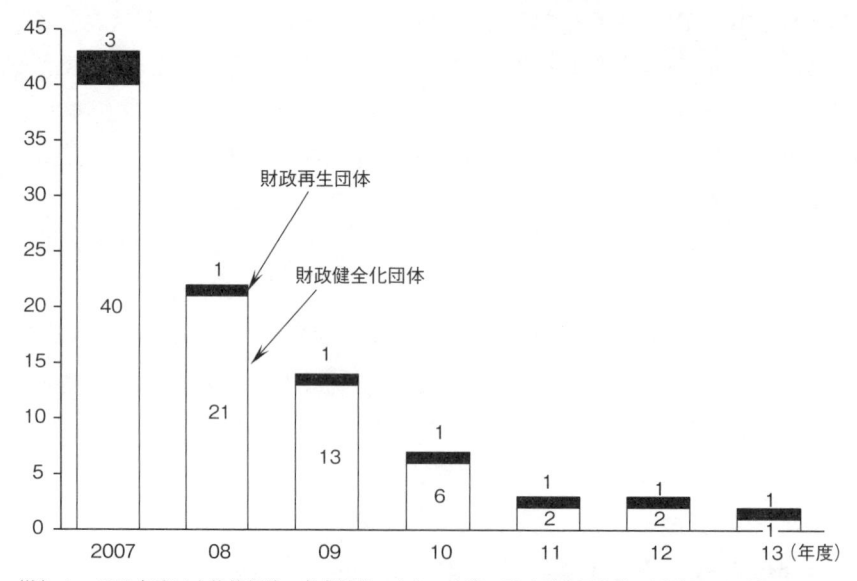

図12-1　財政再生団体・財政健全化団体数の推移

（注）1．2007年度は本格施行前の参考数値であり、実際に財政再生団体等に区分された訳ではない
　　　2．複数の健全化判断比率で早期健全化基準以上の場合、重複して算定せず純計数を計上
　　　3．2010年度には、健全化判断比率が早期健全化基準未満でも実質赤字額があるため引き続き財政健全化団体だった奈良県御所市と、早期健全化基準未満となっても完了報告を行わず財政健全化団体だった青森県大鰐町を含み、2011～13年度には同じ理由による青森県大鰐町を含む
（資料）総務省編「健全化判断比率・資金不足比率の概要（確報）」（各年度）により作成

第 12 章 地方財政健全化法と財政指標

は、新たに早期健全化段階に区分されることはあっても、再生段階になることはないと考えられている。そうでなければ、法の目的である「地方公共団体の財政の健全化に資する」（第1条）は果たされない。実際、これまで新たな財政再生団体は生まれておらず、またそれに近いケースも出ていない。さらに、早期健全化段階に区分される地方公共団体も着実に減少を続け、新たに財政健全化団体となる地方公共団体も 2008 年度以降出ていない。2013 年度では、基準を下回っているものの引き続き財政再建を行うため完了報告を出していない大鰐町のみが早期健全化段階にあり、実質的にはゼロとなった。

　しかし、地方財政健全化法は、資金繰りや公債費の比率などをシグナルにして、各地方公共団体の財政状況を健全化するのであり、地方税の不安定さや、人口や経済以上に存在する税収格差など、地方財政の根本的な課題を解決するものではない。元々地方税などの少ない地方公共団体では、地域の独自性を発揮して多様化した活力ある地域づくりを行うことができにくくなっている。あるいは、少し無理をして頑張っても、失敗した場合はそのダメージが大きい。独自性を発揮しようとする地方公共団体にとって、地方財政健全化法が委縮する要因となっていないか、注意する必要がある。地方財政健全化法が定着しても、地方分権時代に即した財源の改革が不可欠であることに変わりはない。

②公営企業会計

　公営企業会計についても、地方公共団体同様、資金不足比率が 20% 以上になる早期経営健全化段階の会計数は減少している（表 12-2）。2007 年度決算における本格施行前の参考数値で、公営企業会計総数の 2.1% に相当する 156 会計が経営健全化基準以上だった。本格施行された 2008 年度決算に 61 会計が経営健全化基準以上で全体の 0.8%、以降減少が続き、2013 年度には経営健全化基準以上が 18 会計で全体の 0.3% まで減少した。こうしたことから、地方財政健全化法は公営企業会計においても、健全化に資することができていると捉えられる。ただし、地方公共団体の場合とは異なり、例えば 2012 年度の京都府舞鶴市公設地方卸売市場事業会計のように、2009 年度以降でも新たに経営健

全化基準以上となる会計が出ている。

　公営企業会計の場合、事業の種類によって資金不足比率が経営健全化基準以上になりやすいものとそうでないものとに分かれる。例えばガス事業や工業用水事業は、2007年度決算の参考数値以来、経営健全化基準以上になった会計はない。一方、交通事業は2007年度決算において全会計の17.5％、2013年度でも3.4％が経営健全化基準以上である。交通事業で経営健全化基準以上になった会計は、地方圏に位置する経営条件の厳しい地域のものが多いものの、2012年度の京都市自動車運送事業特別会計のような都市部でも苦戦している。また、観光施設事業、病院事業、宅地造成事業においても、比較的経営健全化基準以上の会計が多い傾向にある。これらは、比較的大規模な施設等を必要とする事

表12-2　早期経営健全化段階会計数と公営企業会計総数の推移

年度	2007		08		09		10		11		12		13	
事業の種類	(a)	(b)	(a)	(b)	(a)	(b)	(a)	(b)	(a)	(b)	(a)	(b)	(a)	(b)
水道事業	3	1,406	2	1,390	1	1363	1	1,356	1	1,351	0	1,350	0	1,349
簡易水道事業	6	937	4	918	3	875	0	855	0	836	0	800	1	806
工業用水道事業	0	150	0	151	0	152	0	152	0	152	0	154	0	154
交通事業	17	97	10	95	9	94	7	93	7	93	3	88	3	87
電気事業	1	64	0	63	0	65	0	63	0	63	0	63	0	77
ガス事業	0	35	0	32	0	30	0	30	0	29	0	29	0	28
港湾整備事業	0	73	0	78	1	80	1	82	1	83	0	82	0	84
病院事業	53	668	10	658	10	646	9	638	7	624	4	612	1	610
市場事業	9	178	3	175	3	172	3	174	4	170	2	170	1	169
と畜場事業	3	63	1	65	1	64	1	62	1	58	1	55	1	53
宅地造成事業	27	534	12	529	5	503	4	485	4	464	4	438	3	456
下水道事業	13	2,740	6	2,710	4	2640	1	2,641	3	2,609	0	2,557	1	2,598
観光施設事業	22	350	12	338	11	320	9	315	7	301	5	283	6	280
その他事業	2	146	1	143	1	142	2	131	1	123	1	125	1	122
計	156	7,441	61	7,345	49	7146	38	7,077	36	6,956	20	6,806	18	6,873

(注)　1．表中の（a）は早期経営健全化段階会計数、（b）は公営企業会計総数を示す
　　　2．2007年度は本格施行前の参考数値であり、実際に早期経営健全化段階に区分された訳ではない
(資料) 総務省編「健全化判断比率・資金不足比率の概要（確報）」（各年度）により作成

業である。

4 地方財政健全化法以外の主要指標

①財政力指数

各地方公共団体の財政状況を知るには、まず地方財政健全化法で定められた健全化判断比率を見るべきだが、それだけで十分とは言えない。その他の指標を、あわせて検討する必要がある。ここでは、地方公共団体の財政状況を知るうえで、重要となる指標を紹介する。

はじめに、財政力指数を見てみよう。財政力指数とは、地方公共団体の財源の豊かさを示すもので、自前の税収等でどれだけ支出を賄えるか測る。財政力指数の算定式は、以下の通りである。

$$\frac{基準財政収入額}{基準財政需要額} \quad 【3年間の平均値】$$

分母分子ともに、地方交付税において算定される数値で、基準財政収入額は地方税の75%や地方譲与税の100%など、基準財政需要額は、合理的で標準的な水準で行政を行う場合に必要な経費として算出される（詳しくは第8章5節参照）。財政力指数は、3年間の平均値を用いる。

財政力指数では、標準的な財政需要をどれだけ地方税などの財源で賄うことができるか、あるいは財源に余裕があるか、を知ることができる。財政力指数の見方としては、数値が大きい程、地方税などが多く財政力が強いことを示す。とくに基準財政収入額が基準財政需要額以上の場合を示す1以上になると、概ね地方交付税の普通交付税が不交付となり、かなり豊かな地方公共団体だと考えられる。財政力指数が高いほど付加的な行政サービスを提供しやすいが、財源はその他にもあるうえ、財政運営の巧拙も加わることから、必ずしも財政力指数と行政サービス水準が一致するとは限らない。ただし、財政力指数の分子となる基準財政収入額の多くは地方税のため、国の政策によって配分などが大

きく左右されない財源であり、財政力指数が高ければそれだけ自立した財政運営が可能となる。

また、国から地方公共団体への補助金などで、財政力指数の数値によって補助率が変わるものもある。例えば 2014 年度において、厚生労働省による簡易水道等施設整備費の国庫補助の補助率は、財政力指数が 0.3 超の場合、原則 4 分の 1 だが、0.3 以下の場合は 3 分の 1 が原則となっている。

財政力指数は、地方公共団体による格差が大きい。2013 年度を例に取ると、都道府県において 1 以上の地方公共団体はないが、東京都をはじめとした大都市圏は 0.5 以上になる（図 12-2）。一方、財政力指数が 0.3 未満の地方公共団体が 10 ある。市町村でも、政令指定都市や中核市はほとんど 0.5 以上だが、

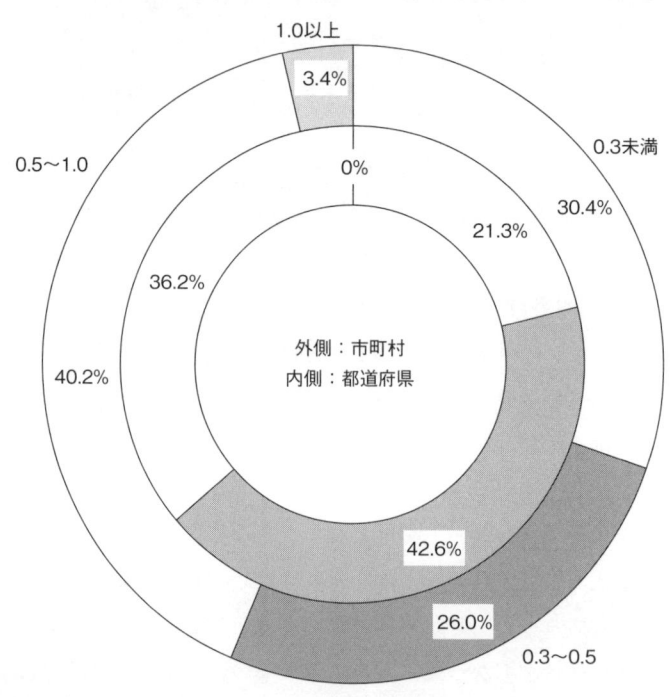

図 12-2　財政力指数別に見た地方公共団体数の割合（2013 年度）

（資料）総務省編「平成 25 年度地方公共団体の主要財政指標一覧」により作成

第12章 地方財政健全化法と財政指標

町村では全体の半数近くが財政力 0.3 未満に位置する。財政力指数が 1 以上の市町村は、全体の 3% である。2013 年度における財政力指数の最も高い地方公共団体は愛知県飛島村で、2.08 となっている。一方、財政力指数が最も低い地方公共団体は、鹿児島県三島村と鹿児島県十島の 0.05 であった。

②経常収支比率

次に、財政構造の弾力性を測る経常収支比率を見てみよう。経常収支比率は、使途の自由な一般財源のうち、義務的性格を持つ経常経費にどれだけ充当しているかを見る。

経常収支比率の算定式は、以下の通りである。

$$\frac{経常経費充当一般財源}{経常一般財源 + 減収補てん債特例分 + 臨時財政対策債}$$

ここで経常経費とは、任意に削減が困難な義務的経費のことであり、経常的に支出される人件費、扶助費、公債費などを指す。このうち、特定財源や臨時財源で充当された分を除いたものが、経常経費充当一般財源である。経常一般財源は、地方税や普通交付税等で、使途が自由な一般財源でも臨時財源である特別交付税などは含まない。分母の経常一般財源に加算する減収補てん債特例分と臨時財政対策債は、使途の特定されない赤字地方債である。

経常収支比率は、一般財源のうちどれだけ経常経費の支出に充当したかを測るので、数値が高いほど財源の余裕度が小さく、財政構造が硬直化していることを示す。一方、数値が低い地方公共団体は、臨時の支出や突発的な収入減などに対応しやすく、弾力的な財政構造にあると考えられる。

経常収支比率は、長期継続的に上昇している（図 12-3）。都道府県は、1990 年代に急激な上昇により 1998 年度に 94.2% となった後、上昇や下落はありながらもほぼ横ばいの傾向で推移している。市町村は都道府県ほど急激な上昇ではなかったが、2000 年代半ば頃まで長期継続的な上昇傾向にあり、その後は概ね横ばいで推移している。市町村は傾向的に都道府県より経常収支比率は低

図12-3 経常収支比率の推移

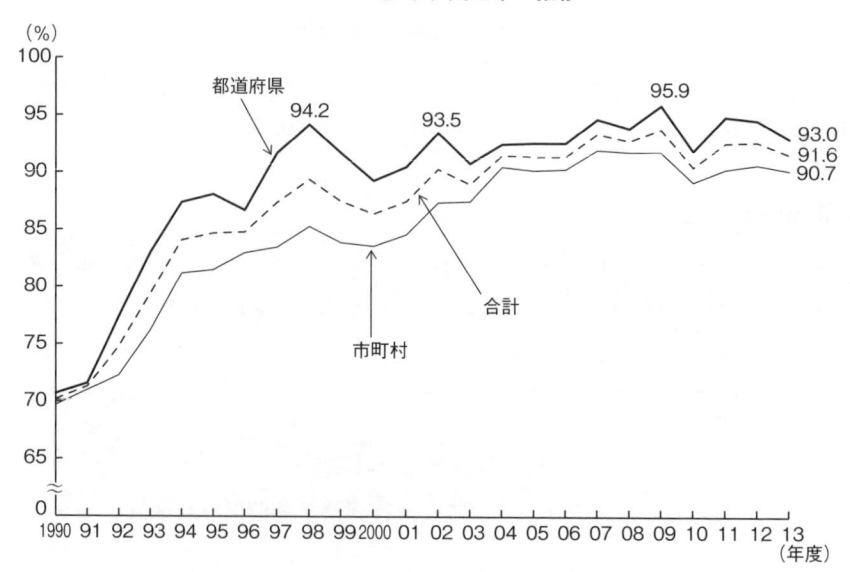

(%)
都道府県 94.2 93.5 95.9 → 93.0
91.6
合計
市町村 90.7

(年度 1990〜13)

(資料) 総務省編『地方財政白書』、総務省「平成25年度地方公共団体普通会計決算の概要」により作成

いものの、2013年度で90.2%とかなり高い水準にあり、財政構造が硬直的になっている。1990年代の上昇の原因は、公債費の膨張が大きく、2000年代では扶助費が増加している。

経常収支比率の数値を評価する場合、1980年代までは70%あるいは75%が一種の分岐点とされたが[3]、現在では70%台ならばかなり弾力的な財政構造にある地方公共団体と言うことになる。とくに都道府県は押並べて数値が高く、2013年度で最低の東京都さえ86.2%あり、最高の大阪府では98.7%に達する。

③ラスパイレス指数

地方公務員の給与水準は、各地方公共団体で異なっている。しかし、人件費の金額を見ただけでは、公務員の人数、年齢構成、学歴など様々な要素が入っているため、給与水準は分からない。各地方公共団体の給与水準を示すものと

しては、ラスパイレス指数がある。ラスパイレス指数は、教育、消防、警察といった特別職の地方公務員以外の、一般行政職の給与水準を、国家公務員の一般行政職と比較したものである。

ラスパイレス指数は、職員構成を学歴別と経験年数別に区分したうえで、地方公共団体の職員構成が国の職員構成と同じだと仮定して算出する。地方公共団体の学歴別、経験年数別の平均給料月額に国の職員数を乗じ、その合計額（仮定給料総額）を国の俸給総額で除し、加重平均値を算出する。

ラスパイレス指数は、国家公務員の一般行政職の俸給月額を100として示されるため、100より上の場合は国家公務員より給与水準が高いことを意味し、100より下であれば国家公務員より低いことになる。また、地方公共団体間の比較で、数値が高いほど給与水準が高いことを示す。

2014年度（2014年4月1日）のラスパイレス指数を見ると、全般的に100前後が多く、地方公共団体全体の加重平均は98.9であった（表12-3）。2013年度の都道府県平均は99.9とほぼ国家公務と同水準だが、91.8の鳥取県から102.9の愛知県まで最大1割強の差があった。市町村では、政令指定都市で高い数値が目立ち、2014年度における政令指定都市平均のラスパイレス指数は100.1と国の水準をわずかながら上回った。政令指定都市の最高は神奈川県川崎市の104.0で、最低は91.5の大阪府大阪市だった。

市町村では、給与水準に大きな差があることがわかる。平均値は市で98.6、町村で95.6だが、市の最高である兵庫県芦屋市は105.8、町村最高の千葉県神崎町が103.8と、国家公務員の給与水準よりかなり高い。一方、市の最低は北海道夕張市の76.6、町村で最低は大分県姫島村の74.9となっており、100を大幅に下回っている。

表 12-3　団体区分別ラスパイレス指数の分布状況と平均値（2014 年 4 月 1 日）

	都道府県	政令指定都市	市	町村	特別区
110 以上	0	0	0	0	0
105 ～ 110	0	0	1	0	0
100 ～ 105	22	16	202	49	8
95 ～ 100	24	3	468	510	15
90 ～ 95	1	1	90	314	0
90 未満	0	0	9	56	0
平均値	99.9	100.1	98.6	95.6	99.7

（資料）総務省『地方公務員給与実態調査結果』

注

1) 『自治研究』第 82 巻第 8 号、153 ～ 154 頁。
2) 都道府県、政令指定都市、中核市については、1997 年の地方自治法改正に伴い、健全段階でも外部監査を義務付けられている。
3) 多治見市健全な財政に関する条例（2008 年 4 月 1 日施行（一部については 2008 年 1 月 1 日施行））。
4) 1990 年発行の石原信雄監修『3 訂版　地方財政小辞典』ぎょうせい、では、「経常収支比率は、一般的には、都市にあっては 75%、町村にあっては 70% 程度が妥当と考えられ、これが各々 5% を超えると、その地方公共団体は弾力性を失いつつあると考えられる」（114 頁）としていた。なお、2011 年発行の石原信雄・嶋津昭監修『六訂版　地方財政小辞典』ぎょうせい、では妥当な水準に関する記述はなくなっている。

あとがき

　10.2％増と11.7％減、2000年10月1日から2013年10月1日の13年間における、東京都と秋田県の人口の増減である（総務省統計局『人口推計』より）。東京の一極集中が問題視されるようになって久しく、様々な政策が打ち出されているものの、その流れは一向にとどまる気配を見せない。本書でも取りあげた北海道夕張市は、夕張ショックの起こった2007年3月までの7年間で18.7％の人口減を記録していたが（15,538人→12,631人）、夕張ショックから7年たった2014年3月までにさらに22.7％も減少した（9,765人）。夕張市は市制を維持しているものの、新たに区分することになれば、町制に適合する人口規模である。人口が減少している多くの地方公共団体では、決して人口減に手を拱いている訳ではなく、魅力あるまちづくりなど積極的に行っている。しかし、葉っぱビジネスで有名になり、地域活性化の成功例として有名な徳島県上勝町でさえ、2014年10月までの10年間で21.6％人口が減少している。しかも、人口が減少している多くの地方公共団体では、高齢者の比率が高くなっており、65歳以上人口比率は、秋田県31.6％、夕張市46.3％、上勝町52.6％と全国平均の25.1％と比べ、高齢化が進んでいる（2013年10月、夕張市のみ2014年1月）。

　一方、それでは人口が増加している東京都では問題がないのかと言えば、それもまた間違っている。多くの保育所入所待機児童問題の一方、65歳以上人口は2014年1月で283万人にのぼり、過去10年間で33.6％も増加している。これだけ早いペースで増加すると、特別養護老人ホームはじめ関連する施設をいくら増やしても追いつかない。そもそも東京一極集中と言われるが、東京都の財政力指数は2011年度から1を下回っており、2013年度は0.87で、愛知県の0.93と神奈川県の0.91を下回っている。財政力指数が1.41あった2008年度以降、世界同時不況や事業税（法人）の改正の影響などで急速に低下しており、決して財政に余裕が十分あるとは言えない状況になっている。

　こうしたなか、大都市圏・地方圏問わず、地方公共団体の財政運営が厳しい

ことは容易に想像がつく。しかも、新千年紀がはじまりまだ10余年しか経っていないにも関わらず、その間、三位一体の改革（実行は2004〜06年度）、リーマン・ショック（2008年）に端を発した世界同時不況、そして東日本大震災（2011年3月11日）と福島第一原発の事故といった、地方財政を大きく揺さぶる出来事が起きている。一方、地方公務員を志す若者は多く、人気の高い職種のひとつとなっている。これには、公務員という安定した職に就きたいという保守的な思いが含まれることを完全に否定するのは難しいが、決してそれだけではない。地方分権がある程度進み、地方公共団体での仕事に魅力が増していることも事実である。本書は、そうした地方公共団体の動きを、貨幣の流れを中心に見てきたが、困難な財政状況が浮き彫りになっている。各地方公共団体が財政的に安定して、各地で将来を見据えた個性的で魅力ある地域づくりが進むことを心から願う。そのためには、各地方公共団体の努力に加え、地方自治の進展、地方交付税はじめ国の各種制度も安定させないといけないだろう。

　本書は、同友館出版部佐藤文彦氏との3冊目の仕事になる。佐藤氏からは、常に新たな企画など刺激を受けており、本書出版についても声を掛けていただいた。佐藤氏の存在なしには本書はなかった筈であり、ここに記して感謝する。また、中央大学経済研究所財政研究部会では、年に一度のペースで報告の機会があり、研究部会の研究員の方々に厳しくも建設的な意見や批評をいただいており、大変勉強になっている。最近の私の報告には地方財政関連のものが多く、本書にもその成果の一部が含まれている。この他にも、数多くの方に指導していただき、また、有益なコメントや示唆などをいただいている。本来であれば、きちんと御名前を記し感謝すべきところだが、あまりに多くの方々に支えていただいており、まとめての感謝にさせていただくことを御容赦いただきたい。もちろん、本書に残る誤謬などすべて筆者の責任に帰するものであることは、言うまでもない。

　最後に、私事になるが、家族への感謝を記して筆をおきたい。

2015年初春
浅羽　隆史

参考文献

浅羽隆史（2013）『建設公債の原則と財政赤字』丸善
浅羽隆史（2012）「特別交付税の算定ルールと果している役割」『〔日本地方財政学会研究叢書第19号〕地方分権の10年と沖縄、震災復興』勁草書房
浅羽隆史（2009）『格差是正の地方財源論』同友館
浅羽隆史（2007）『入門　財政学』同友館
朝日新聞大阪本社編集局「地方は」取材班（2008）『今、地方で何が起こっているのか』公人の友社
天川晃（1983）「広域行政と地方分権」『ジュリスト増刊総合特集』29号、120～126頁
石原信雄（2000）『新地方財政調整制度論』ぎょうせい
石原信雄・矢野浩一郎・辻誠二（1973）『新地方自治講座第8巻　地方財政制度』第一法規
礒崎初仁・金井利之・伊藤正次（2014）『ホーンブック地方自治　第3版』北樹出版
稲沢克祐（2013）『自治体の財政診断と財政計画』学陽書房
稲継裕昭（2011）『地方自治入門』有斐閣
岩波一寛編（2001）『どうする自治体財政』大月書店
碓井光明（1999）『要説　自治体財政・財務法－改訂版』学陽書房
遠藤安彦（1996）『地方交付税法逐条解説』ぎょうせい
大塚勲（2014）『地方交付税制度の運用と展開』九州大学出版会
岡本全勝（2002）『地方財政改革論議』ぎょうせい
岡本全勝（1995）『地方交付税』大蔵省印刷局
貝塚啓明編著（2008）『分権化時代の地方財政』中央経済社
片山信子（2013）「カナダにおける連邦・州の税財政改革」『国立国会図書館調査及び立法考査局　レファレンス』平成25年2月号、59～86頁
兼村高文・星野泉（2014）『自治体財政がよくわかる本』イマジン出版
金井利之（2007）『自治制度』東京大学出版会
河野惟隆（2010）『地方交付税と地方分権』税務経理協会
黒田武一郎編著（2007）『三位一体の改革と将来像－地方税・地方交付税』ぎょうせい
小西砂千夫（2012）『地方財政のヒミツ』ぎょうせい
小西砂千夫（2009）「わが国の地方財政制度の特徴と建設公債主義」『経済学論究』第63巻第3号、1299～314頁
小西砂千夫（2008）『自治体財政健全化法』学陽書房
小西秀男（2005）「ティブーの地方公共財の理論-足による投票による均衡の最適性をめ

ぐって」『大阪大学経済学』第 54 巻第 4 号（通号 169 号）、230 〜 251 頁

小村武（2010）『四訂版　予算と財政法』新日本法規
財務省財務総合政策研究所編（2006）『主要諸外国における国と地方の財政役割の状況』財務省財務総合政策研究所
佐藤主光（2011）『地方税改革の経済学』日本経済新聞出版社
参議院予算委員会調査室編（1992）『財政ファイルブック　平成 4 年 3 月』
重森暁・植田和弘（2013）『Basic　地方財政論』有斐閣
自治省財政局編（1989）『地方交付税制度沿革史　第 3 巻』自治省
自治省財政局編（1977）『地方交付税制度沿革史　第 2 巻』自治省
自治省財政局編（1969）『地方交付税制度沿革史　1』自治省
柴田直子・松井望編著（2012）『地方自治論入門』ミネルヴァ書房
渋谷博史・根岸毅宏・塚谷文武（2014）『福祉国家と地方財政』学文社
神野直彦（2007）『財政学　改訂版』有斐閣
神野直彦編著（2005）『三位一体改革と地方税財政』学陽書房
神野直彦・池上岳彦（2003）『地方交付税　何が問題か』東洋経済新報社
神野直彦・金子勝（1998）『地方に税源を』東洋経済新報社
竹下譲監修（2008）『よくわかる　世界の地方自治制度』イマジン出版
地方行政調査委員会議編（1950 年）『行政事務再配分に関する勧告』地方行政調査委員会議
地方交付税制度研究会（2003）「地方交付税講座（11）特別交付税の算定」『地方債月報』第 283 号、56 〜 60 頁
地方債制度研究会編（2013）『平成 25 年改訂版　地方債』地方財務協会
地方債制度研究会編（2013）『地方債のあらまし』地方財務協会
地方財務協会編（2003）『地方税の現状とその運営の実態』地方財務協会
飛田博史（2013）『財政の自治』公人社
内閣府政策統括官（経済社会システム担当）（2012）『日本の社会資本 2012』内閣府
長沼進一（2012）『現代日本地方財政論：地方財政の構造と改革』勁草書房
中野祐介（2009）「地方議員のためのわかりやすい地方交付税（第 8 回）特別交付税の仕組み」『地方議会人』第 40 巻第 6 号、48 〜 51 頁
西尾勝（2007）『地方分権改革』東京大学出版社
橋本行史編著（2011）『現代地方自治論』ミネルヴァ書房
原田尚彦（2005）『新版　地方自治の法としくみ　改定版』学陽書房
兵谷芳康・横山忠弘・小宮大一郎（1999）『地方交付税』ぎょうせい
本庄資・岩元浩一・関口博久（2014）『四訂版　現代地方財政論』大蔵財務協会
松浦茂（2014）「イギリス及びスウェーデンの地方財政調整」『国立国会図書館調査及び

参考文献

　　　　　立法考査局　レファレンス』平成 26 年 5 月号、27 ～ 40 頁
三宅裕樹（2013）「地方債と地方金融」（重森曉・植田和弘編『Basic　地方財政論』有斐閣）
宮本憲一・鶴田廣巳（2008）『セミナー現代地方財政Ⅱ　世界にみる地方分権と地方財政』
　　　　　勁草書房
村松岐夫（2010）『テキストブック地方自治　第 2 版』東洋経済新報社
持田信樹編（2006）『地方分権と財政調整制度』東京大学出版会
山口和人（2010）「ドイツの第二次連邦制改革（連邦と州の財政関係）(1) ―基本法の改正」
　　　　　『外国の立法』No.243、3 ～ 11 頁
山下茂（2010）『体系比較地方自治』ぎょうせい
山田光矢・代田剛彦編（2012）『地方自治論』弘文堂
湯之上英雄（2005）「特別交付税における官僚の影響に関する分析」『公共選択の研究』
　　　　　第 45 号、24 ～ 44 頁
読売新聞北海道支社夕張支局編著（2008）『限界自治　夕張検証』梧桐書院
鷲見英司（2000）「補助金の地域配分における政治・官僚要因の検証」『三田学会雑誌』
　　　　　第 93 巻第 1 号、33 ～ 50 頁
和田八束・星野泉・青木宗明編（2004）『現代の地方財政 [第 3 版]』有斐閣
Bewley,T.F.（1981）A Critique of Tiebout's Theory of Local Public Expenditures, *Econometrica* ,
　　　　　49, pp. 713-740.
Bryce, James（1952）*Modern democracies,Vol.1*, Macmillan.
Peacock,Alan & Jack Wiseman（1961）*The Growth of Public Expenditure in the United Kingdom*,
　　　　　Princeton U. P.
The Shoup Mission（1949）*Report on Japanese Taxation,* General Headquarters Supreme
　　　　　Commander for the Allied Powers.（総合司令部民間情報教育局訳（1949）
　　　　　『シャウプ使節団日本税制報告書』連合国最高司令官本部）
Tiebout,Charles（1956）A Pure Theory of Public Expenditures, *Journal of Political Economy*
　　　　　,64,pp.416-424.

索 引

あ

足による投票	24
依存財源	98
委託費等	183
一時借入金	40
一定税率	120
一般会計	42
一般財源	97
一般消費税	133
一般政府	62
移転財源	98
NPM	33

か

会計年度独立の原則	48
外形標準課税	133
介護保険事業	229
解職請求	17
外部監査	34
カウンシル・タックス	19
貸付金元利収入	109
課税権	117
款項目節	41
監査委員	54、244
神戸勧告	29
議員	15
議会	15
企業会計	43
基金	48、108
起債充当率	200、211
起債制限比率	236
基準財政収入額	163
基準財政需要額	161
義務的経費	72、76
逆進性	134
行政委員会	11
行政投資実績	88

銀行等引受	207
首長	10
組合	5
繰入金	108
繰越明許費	40
経営費総合交付金	149
経済安定化機能	36
警察交付金	149
経常一般財源	100
経常財源	99
継続費	40
決算	54
現金主義	49
権限踰越の法理	3
減債基金	49
減収補てん債	200
建設公債の原則	198
健全化判断比率	239、240
健全段階	239
現年災	175
公営企業債	203
公営競技	228
公会計改革	50
公共財	21
公共投資基本計画	211
合成の誤謬	144
公的資金	206
交付税及び譲与税配布金特別会計	156
交付税特会借入金	157
高率補助金	186
ゴールデン・ルール	215
国内総生産	62
国家貸付資金	215
骨格予算	45
国庫支出金	183
国庫負担金	184
固定資産税	135
個別算定経費	161

索引

個別消費税	133
混合課税制度	119

さ

災害防災対策	175
財産区	5
最終消費支出	63
歳出	39
財政危機宣言	103
再生段階	240
財政調整基金	49
財政調整制度	147
財政の硬直化	78
財政融資資金	206
財政力指数	249
歳入	39
歳入援助交付金	149
歳入欠陥	40
歳入歳出予算	40
債務負担行為	40
暫定予算	45
算入率	164
三位一体の改革	109、186
3割自治	93
事業税（個人）	131
事業税（法人）	132
事業用レイト	149
事業用レイト保持制度	149
資金不足比率	242、247
自主財源	98
市場公募資金	207
事前協議制	200
事前決議の原則	39、46
事前届出制	202
市町村民税（個人均等割）	130
市町村民税（所得割）	129
市町村民税（法人税割）	133
執行	54
執行機関多元主義	11
実質赤字比率	240
実質公債費比率	242

実質収支比率	235
指定管理者制度	81
島根県	95
シャウプ勧告	29
社会資本整備重点計画	86
社会資本整備総合交付金	191
収益事業	228
州間財政調整	148
集中過程	31
住民監査請求	18
住民公募型	207
住民自治	2
住民訴訟	18
住民投票	18
準公共財	22
準特定項目	172
準用財政再建団体	236
準ルール項目	172
将来負担比率	242
奨励的・財政援助の補助金等	184
職員	12
所得	130
所得再分配機能	35
人件費	79
人事委員会	14
人事院勧告	14
垂直的財政調整制度	147
出納整理期間	42
水平的財政調整制度	148
スピルオーバー（Spillover）	22
生活保護	84
制限税率	121
制限列挙方式	3
性質別分類	71、76
制度的保障説	4
政令指定都市	5
世代間の負担転嫁	217
専決処分	15
早期経営健全化段階	240、247
早期健全化段階	239
総計予算	47

- 261 -

項目	頁
総固定資本形成	87
総資本形成	63
測定単位	161
租税原則	124

た

項目	頁
第三セクター	231
大都市圏	102
タイム・ラグ仮説	67
宝くじ	229
単一課税制度	119
単一制国家	7
単位費用	161
地域自主戦略交付金	191
地圏	103
地方公営企業	221
地方公営事業会計	45
地方公共財	22
地方公共団体金融機構資金	207
地方交付税	151
地方交付税率	157
地方公務員	12
地方債	197
地方財政計画	55
地方財政健全化法	238
地方財政再建促進特別措置法	235
地方財政平衡交付金	151
地方三公社	232
地方自治	1
地方準公共財	23
地方消費税	134
地方譲与税	104
地方税	117
地方独立行政法人	81、233
地方特例交付金	106
地方分権21世紀ビジョン懇談会	236
地方分権一括法	30
中核市	5
超過課税	122、138
調整項目	172
直接請求	17

項目	頁
ティブー	24
手数料	107
デモンストレーション効果	67
転位効果	31
伝来説	4
東京都	95
投資的経費	72、76
当初予算	45
当然適用事業	222
道府県民税（個人均等割）	130
道府県民税（所得割）	129
都区財政調整制度	178
都区制度	177
特定項目	172
特定財源	98
特別会計	42
特別区	5
特別交付金	179
特別交付税	169
特別地方公共団体	5
特例市	5
都市計画税	136
都道府県支出金	192

な

項目	頁
肉付け予算	45
二元代表制	10
任意税率	121
任意適用事業	222
農山漁村地域整備交付金	191
ノンアフェクタシオンの原則	106

は

項目	頁
発生主義	49、50、222
ピーコック＝ワイズマン	31
PDCAサイクル	33
標準税率	121
標準団体	161
費用逓減産業	22、221
夫婦のポケット論	218
複式簿記	222

索引

扶養費 …………………………… 83
負担金 …………………………… 107
普通会計 ………………………… 43
普通建設事業費 ………………… 90
普通交付金 ……………………… 179
普通交付税 ……………………… 160
普通地方公共団体 ……………… 5
ブライス ………………………… 2
フリー・ライダー ……… 26、217
ふるさと納税制度 ……………… 143
分担金 …………………………… 107
分与（共同）課税制度 ………… 118
分離課税制度 …………………… 119
平衡交付金 ……………………… 148
包括算定経費 …………………… 162
包括授権方式 …………………… 3
防災・安全交付金 ……………… 192
法人擬制税 ……………………… 131
法人実在税 ……………………… 131
法定外普通税 …………………… 137
法定外目的税 …………………… 137
法定税 …………………………… 119
法定外税 ………………… 119、137
法適用事業 ……………………… 222
法非適用事業 …………………… 222
補正係数 ………………………… 162
補正予算 …………………… 45、53

ま

マクロ調整 ……………………… 154
ミクロ調整 ……………………… 160
民間等資金 ……………………… 207
目的別分類 ………………… 71、73

や

夕張ショック …………………… 236
予算 ……………………………… 39
予算単一の原則 ………………… 42
予算の単年度主義 ……………… 49
予算編成 ………………………… 51
予備的段階 ……………………… 238

ら

ラスパイレス指数 ……………… 252
留保財源 ………………………… 164
臨時財源 ………………………… 99
臨時財政対策債 ……… 159、200、213
類似団体（類団） ……………… 6
ルール項目 ……………………… 172
連結実質赤字比率 ……………… 240
連邦制国家 ……………………… 7
連邦補充交付金 ………………… 148

わ

ワグナーの法則 ………………… 67

【著者略歴】
浅羽　隆史（あさば　たかし）
　成蹊大学法学部教授
　1965年東京都生まれ
　中央大学大学院経済学研究科博士後期課程中退
　主な著書　『建設公債の原則と財政赤字』丸善、2014年
　　　　　　『格差是正の地方財源論』同友館、2009年
　　　　　　『入門　財政学』同友館、2007年
　　　　　　『手にとるように財政のことがわかる本』かんき出版、2001年

2015年4月1日　初版第1刷発行

入門　地方財政論

著　者 ⓒ　浅　羽　隆　史
発行者　　　脇　坂　康　弘
発行所　株式会社 同友館
　　　　東京都文京区本郷3-38-1　（郵便番号113-0033）
　　　　TEL 03-3813-3966　FAX 03-3818-2774
　　　　URL http://www.doyukan.co.jp/

落丁・乱丁はお取り替え致します。　三美印刷／松村製本
ISBN 978-4-496-05125-8　Printed in Japan

本書の内容を無断で複写・転載（コピー）、引用することは、
特定の場合を除く、著作権・出版社の権利侵害となります。